미래지향적인 한중 관계

: 소통과 성찰

미래지향적인 한중 관계 : 소통과 성찰

1판1쇄 펴냄 2009년 9월 28일

엮은이 | 백권호

펴낸이 | 정민용
펴낸 곳 | 폴리테이아
등록 | 2002년 2월 19일 제300-2003-108호
주소 | 서울 마포구 서교동 394-67번지 삼양빌딩 2층(121-893)
편집 | 02-739-9929, 9930 제작영업 | 02-722-9960 팩스 | 02-733-9910
홈페이지 | www.humanitasbook.co.kr

값 15,000원

ISBN 978-89-92792-18-9 93340

이 도서의 국립중앙도서관 출판시도서목록(CIP)은 e-CIP 홈페이지(http://www.nl.go.kr/ecip)에서 이용하실 수 있습니다.(CIP제어번호: CIP2009002886)

미래지향적인 한중 관계
: 소통과 성찰

백권호 엮음

차례

서 론

한·중 관계는 1992년 수교 이후 경제 교류를 비롯하여 정치 외교, 사회문화 전반에 걸쳐 폭넓게 급속한 발전을 이룩했다. 특히 경제적인 면에서 중국은 수교 후 불과 15년 만에 우리의 최대 교역국이자 투자 대상국으로 부상했으며, 정치 외교적으로도 양국 관계는 동맹의 바로 전 단계인 전략적 협력 동반자 관계로 발전했다. 하지만 이러한 괄목할 만한 양국 관계의 발전에도 불구하고 양국 간에는 경제 분야는 물론이고 정치 외교, 사회문화적인 방면에서도 미묘한 이해관계의 차이와 괴리가 나타나고 있다. 이것이 때로는 양국 혹은 양 국민들 사이에 사소한 오해를 불러일으키기도 하고 때로는 갈등의 요인으로 작용하기도 한다. 이러한 차이를 국제 관계에서 일상적으로 나타나는 현상으로 치지도외할 수만 없는 것이 한·중 관계의 중요성 때문이다. 문제는 양국 관계가 양적으로나 질적으로 발전해 갈수록 이러한 갈등의 소지가 더 넓어지고 확대되는 경향마저 나타나고 있다는 점이다. 무엇 때문일까?

이 문제를 이해하기 위해서는 먼저 현대 한·중 관계의 발전 과정을 회고해 볼 필요가 있다. 제2차 세계대전 후 한국동란과 함께 시작된 동북아에서의 냉전 체제가 한·중 관계에서 50년 가까운 적대적 단절의 시대를 가져왔다. 그나마 한·중 관계가 비공식적으로 매우 제한적이고 간헐적이나마 시작된 것은 1978년 중국이 개혁·개방을 발표하면서부터다. 주로 홍콩을 통한 중계무역 형식으로 한·중 간 간접교역이 이루어졌다. 당시는 중국이 개혁·개방을 발표하면서 동시에 이미 공식적으로 선린외교를 추진하기 시작했던 시기다. 그럼에도 불구하고 한·중 관계는 남북 대치 상황의 영향을 받아서 냉전의 중심에 있었다. 중국 정부는 공식적으로 한·중 간에 어떤 형태의 직접적인 접촉이나 교류도 인정하거나 허용하지 않았다. 따라서 당시 한·중 교류는 매우 제한적이고 엄격히 통제된 형태로 이루어졌다. 당시 중국 외교부장이던 황화(黃華)는 한·중 관계를 '문은 닫혀 있으되 빗장은 열려 있는' 소위 '빗장론'으로 정의했다.[1] 이는 당시 한·중 관계가 양국 정부가 인지는 하고 있으나 공식적으로는 인정하지 않는 가운데 매우 비공식적이고 제한적인 '우연한' 형태로 진행되는 경우에 한해 묵인하는 상태로 이루어지고 있었음을 의미한다. 이러한 '우연한' 한·중 관계의 진전은 1986년 한국 여권 소지자에 대한 비자 발급 및 출입국 허용과 함께 한국 기업의 대중국 최초 투자 사례로 이어졌는데, 역시 공식적으로는 3국을 통한 입출국과 홍콩 기업 명의의 투자 형식을 갖추었다.[2]

한·중 관계가 반 공식적인 형태로나마 공개적인 교류 단계로 한 단계 발전한 것은 동서 해빙을 상징하는 '88 서울 올림픽'에 중국 대표단이 참가하면서부터다. 1988년에는 두 차례에 걸쳐 한국 재계를 대표하는 방문단이 중국을 방문했고, 이를 계기로 홍콩과 일본의 중국 영사관을 통한 중국 방문 루트가 개설되었다. 중국 정부는 정경분리를 내세워 한·중 관계를 경제 교류에 국한시키면서 산둥성과 랴오닝성을 한국과의 경제 교류 카운터파트로

---

1) 1972년 역사적인 미·중 간 핑퐁외교 이후 1975년 외교부 관리를 대상으로 한 동북아 정세에 관한 강연에서 황화 외교부장이 밝힌 당시 한·중 관계에 관한 중국 정부의 입장이다.
2) 인형 봉제 제조업체이던 한스물산과 조선무역이 한국 기업으로는 최초로 1986년 홍콩 법인 명의로 심천에 투자했다.

지정했다. 같은 시기 중앙 차원에서는 각각 중국국제무역촉진위원회와 대한무역투자진흥공사를 내세워 양국 간 무역대표부 설치 문제를 논의하기 시작했다. 미수교 상태이지만 일단 한·중 간 교류가 경제 교류와 인적 교류를 중심으로 공개적으로 추진되면서 한·중 관계는 무역과 투자를 중심으로 급속하게 발전하기 시작했다. 이러한 한·중 관계의 발전 과정은 비단 양국 내부의 필요성뿐만 아니라 전 세계적인 국제정치 정세의 변화와 1989년 천안문 사태 이후 서방의 '화평연변'(和平演變)에 대응하는 중국의 동아시아 전략과도 밀접한 연관을 가지면서 진행되었다.

1980년대 후반 '뉴 데탕트'와 함께 때맞추어 시작된 사회주의권의 개혁·개방 정책과 우리나라의 북방 정책 추진, 그리고 동서 해빙을 상징하는 '88 서울 올림픽'의 성공적인 개최와 이를 통해 알려진 한국 경제의 눈부신 성장 등이 상승작용을 일으키면서 소·동구 사회주의권과 국교 수립이 시작되었고 이어서 1992년 최종적으로 한·중 수교로 이어졌다. 수교를 추진하면서 한·중 양국은 적대적인 역사적 유산은 묻어 두고 갈등 요인은 우회한 채 미래 지향적인 선린 우호 관계 구축에 합의하고 호혜적 협력 관계를 발전시키는 데 매진했다. 이처럼 수교를 전후한 시기에 양국을 둘러싼 국제적 환경과 정치적 분위기는 매우 우호적이었다. 양국 관계도 이러한 분위기에 호응하여 공식적으로나 민간 차원에서도 매우 우호적인 친선 분위기가 주류를 이루었다. 양국을 둘러싼 이러한 우호적 분위기에 힘입어 양국 관계도 급속한 발전을 이룩할 수 있었다. 이렇게 보면 한·중 간 수교에 이르기까지 초기의 한·중 관계는 '물이 흐르다 보면 물길이 생긴다'는 중국의 고사처럼 중국 측에서 보면 시장의 필요와 우연에 맡기는 듯 순리를 거스르지 않는 자연스러운 발전 단계를 거쳐 왔다.

하지만 수교 이후 급속한 관계 발전을 추진하는 과정에서 국제 정세도 급변을 거듭했으며 양국을 둘러싼 대내외적 환경과 여건도 크게 달라졌다. 이 과정에서 과거의 유산과 미래의 불확실성이 교차하면서 양국은 상호 이해관계를 중심으로 좀 더 현실적이고 이성적인 눈으로 서로를 바라보게 되었다. 때로는 여기에 문화 민족주의 정서까지 겹쳐지면서 서로에게 불편한 부분들이 증폭되거나 과장되어 나타나고 있다. 물론 이러한 현상들은 공식적인 양국 국교 관계 수립이 불과 20년도 채 안 되는 짧은 기간이라는 점을 생각할 때 불가피한 학습 과정이라는 면도 없지 않다. 다만 양국 관계가 수교 전후의 초기처럼 종속변수로 결정되기에는 그 자체로서 이미 매우 중요한 관계로 발전하고 있다. 따라서 불가피하다고 받아들이기보다는 상호 윈-윈할 수 있는 미래지향적 양국 관계의 발전을 위해 반드시 극복해야 하는 문제 해결이라는 관점에서 적극적으로 대처해야 할 과제로 보는 것이 바람직하고 타당하다. 어쩌면 지금부터 양국 관계는 상호 신뢰를 바탕으로 좀 더 치밀하게 미래를 위한 호혜적이고 상생적인 한·중 관계 전략을 설계해야 하는 단계로 넘어가고 있다. 그렇다면 구체적으로 무엇을 어떻게 시작할 것인가?

먼저 '어떻게'와 관련해서는 한·중 간 원활한 '소통'으로 문제를 풀어 가는 방법에 초점을 맞추어야 한다. 소통이 어려워지면 그만큼 불필요한 오해와 갈등이 증대될 가능성이 크기 때문이다. 최근 들어 양국 관계는 갈수록 소통의 문제에 어려움을 겪고 있다는 징후가 여러 곳에서 나타나고 있다. 우려를 자아낼 정도로 소통의 문제를 겪고 있는 한·중 관계를 어떻게 해결할 것인가? 첫째는 소통 통로의 문제다. MB 정권이 집권하고 한미 동맹을 강화한 이후 이러한 분위기가 더욱 두드러지게 나타나고 있다. 국민의 정부 이후 진보 정권 10년 동안 형성된 한·중 간 소통 루트가 더 이상 작동하지 않고 있는 가운데 이를 대체하는 보수 정권의 대중국 소통 루트는 취약성을 드러내고 있는 설정이다. 둘째는 소통 내용의 문제다. 양국 간 원활한 소통을 위해서는 서로에 대해 무엇을 이해해야 하는가?

이 문제에 답변을 찾기 위해서는 우선 중국의 정책적 입장을 결정짓는 요소들을 먼저 이해하는 것이 우선되어야 한다. 앞에서 회고했듯이 한·중 관계와 관련된 중국의 정책적 입장은 동아시아를 둘러싼 국제정치 질서의 변화와 중국의 내부 여건 그리고 한반도 관련 정치적 역학 관계 등에 의해 결정된다. 특히 한·중 관계를 결정짓는 독립변수로는 한국과 중국의 내부 요소보다는 앞서 언급한 국제관계적 요소들이 복합적으로 작용하는 특성이 강하다. 어떤 의미에서는 황화 전 외교부장이 정의했던 '한·중 관계 빗장론'이 아직도 어느 정도는 유효하다는 의미이기도 하다. 첫째는 한국과 중국 가운데 중국이 문 안쪽에 있는 측이고, 따라서 중국이 한·중 관계의 주도권을 쥐고 있다는 점에서, 둘째는 한·중 관계가 국제 정세의 변화에 따른 중국의 정책적 포지셔닝의 종속변수라는 점에서 그러하다. 따라서 우리의 입장에서는 상대방의 입장을 정확하게 이해하는 데서부터 시작할 수밖에 없다.

본 연구 총서의 편집 기획은 미래지향적 한·중 관계 구축을 위해 양국 간 원활한 소통에 기여하는 데 구체적인 목표를 두고 있다. 편집 방침은 한·중 간 소통 자체의 문제를 해결하는 데 맞추기보다는 양국 간 원활한 소통을 통해 신뢰 관계를 구축하는 데 초점을 맞추고 있다. 양국 간 원활한 소통에 필요한 중국 측 입장을 이해하기 위해서는 중국 측의 무엇을 어떻게 이해해야 하는가? 이를 위해 본 연구 총서는 앞서 살펴본 회고에 기초해 크게 세 분야를 다루도록 구성되었다. 먼저 제1부에서는 중국의 동아시아 정책을 포함한 대외 전략을 검토하고, 이어서 제2부에서는 미국과 함께 G2로 부상하고 있는 중국이라는 국가의 본질에 접근할 수 있는 이슈를 집중 해부하고 있다. 그리고 마지막 제3부에서는 한반도를 중심으로 하는 한·중 관계 이슈를 분석하고 있다.

본 연구 총서는 현대중국학회 회원들을 대상으로 한·중 간 미래지향적 관계 발전을 위한 소통을 주제로 연구자들을 공모한 뒤 편집 취지와 기획에 합당한 연구 주제를 제안한 전문가들을 선발하여 집필진을 구성했다. 편집 취지가 장절 간에 엄밀하고 치밀한 논리적 연계를 중시하기보다는, 개별 연구 과제들이 중국을 이해하는 데 얼마나 중요한 주제들인가에 중점을 두고 있다. 따라서 독립적으로 완성된 개별 논문들이 각각의 장을 구성하고 있어 각 장 간의 치밀한 논리적 연결 구조는 취약할 수밖에 없다. 경우에 따라서는 전혀 별개의 주제를 다루는 형식으로 장 간 편집이 구성되어 있는 부분들도 있다. 이하에서는 독자들의 이해를 돕기 위해 본 연구 총서의 편집 내용에 대해 구체적으로 설명하기로 한다.

먼저 제1부에서는 한·중 관계를 쌍무적 관계로 좁혀서 보기보다는 다층적 맥락에서 리뷰한다. 소위 G2로 상징되는 미국과 중국을 중심으로 새로이 형성되고 있는 세계 질서 속에서 한·미 동맹과 한·중 전략적 협력 동반자 관계를 조화시키는 문제를 비롯해, 쌍무적인 협력 필요성과 갈등 가능성 간의 딜레마 해결 문제, 그리고 한반도 통일 과정에서 중국 역할의 특성 등을 중심으로 궁극적으로는 중국이 한국에게 무엇인가라는 본질적인 질문으로 회귀한다. 필자는 한국이 처한 상황 즉. ① 4대 열강에 비해 상대적으로 약한 중급 정도의 국력, ② 대외 관계 모순적 구조, ③ 미래 안보 환경의 불확실성 등을 감안해 '국가 전략' 혹은 중장기 전략 방침의 수립·운용 필요성을 강조한다. 이는 미·중을 포함한 주변국에 대해 정책의 일관성과 맥락을 제공할 뿐만 아니라 한반도 유사시 기회비용을 감소시키고 한국의 대외적·전략적 교섭 능력(negotiation power) 강화에도 긍정적으로 작용할 수 있기 때문이라고 역설한다. 다만, 한국은 주변 강대국에 비해 전략적 선택의 범위가 제한적이기 때문에 오히려 그럴수록 전략적으로 유연해야 하며, 우리 정치

체제의 속성상 5년 주기로 전략을 검토하고 조정하는 메커니즘이 공식화·제도화될 필요가 있음을 강조한다. 그리고 무엇보다도 국력 및 위상의 유지·발전을 중시해 상대적 교섭력을 강화할 수 있도록 역량을 갖추는 노력이 중요하다고 제안한다. 이를 전제로 한·미 관계에 대해서는 한·미 동맹에도 불구하고 미국의 대한반도 정책의 진정한 의미에 대해 국내에 회의의 시각이 존재하고 있음을 감안할 때 '협력적이고 실용적인' 형태로 유지되는 것이 바람직하다는 주장이다. 한·중 관계에 대해서는 양국이 국가 잠재력, 국제적 위상, 국가 이념과 체제 속성, 대외 동맹 관계상의 차이, 그리고 역사적 유대감과 적대감의 혼재 등으로 인해 서로 다른 국가이익과 감정 구조를 갖고 있다는 점과 중국의 한반도 전략의 모호성 등을 감안할 때 대미 전략과의 '전략적 차등화'가 불가피하다는 것이 필자의 견해다.

이어서 2장에서는 동아시아에서 중국의 동맹 정책에 대해 분석한다. 중국이 개혁·개방 이후 비동맹 원칙을 천명했음에도 불구하고 1990년대 이후 '새로운 형태'의 실질적 동맹 정책을 추진하고 있다고 필자는 주장하고 있다. 아세안지역안보포럼, 상하이협력기구, 북핵 6자회담 기제 등을 그 예로 들고 있다. 제3세계 비동맹의 맹주에서 21세기 새로운 세계 질서를 농단하는 G2로 부상하면서 어쩌면 당연한 변화일지 모른다. 하지만 아직은 국제 질서 속에서 하나의 새로운 축을 형성하는 힘으로 부상할지, 단순히 동아시아 지역 세력으로 머물지는 미지수다. 중국이 개혁·개방 이후 줄곧 동아시아 지역에서 안정과 평화를 강조하고 중시해 온 이유도 아직은 국가 역량을 증대시키고 강화시키는 것을 최우선 과제로 삼아야 하기 때문이다. 따라서 동아시아 지역의 안정과 평화를 위해 불확실성을 해소하는 것은 중국이 국가 역량 강화를 추구하는 데 중요한 전제가 된다. 중국이 수세적·방어적 비동맹 외교에 머물 수 없는 이유가 이것이며, 좀 더 적극적이고 능동적인 외교 전략을 추진할 필요가 있는 이유도 이것이다. 중국의 다자간안보협력 체제 구축 전략을 동맹 정책으로 볼 수 있는가에 대해 이론의 여지가 있으나 아세안지역안보포럼과 상하이협력기구가 경제협력 기구로 당초 출범해 외교 안보 분야로 확대되고 있다는 점에서 미·일 동맹 강화에 대응하는 중국의 동맹 정책의 일환으로 파악해야 한다는 것이 필자의 주장이다.

마지막으로 제3장에서는 북핵 6자회담을 중심으로 중국의 한반도 관련 동아시아 전략의 이해관계를 파헤친다. 중국은 동북아 다자 협력 안보 체제의 틀을 북핵 6자 회담을 통하여 구축하려는 의도를 가지고 있다고 필자는 분석하고 있다. 중국은 '평화부상론'과 '평화 발전 노선'을 기본으로 '대국 책임 외교', '다자간 지역주의 외교', '양자 외교로서 주변국과의 선린외교', '다극화 외교'를 추진하고 있다. 북핵 6자 회담에서 중국이 주도적 역할을 하는데는 중국의 이러한 외교 전략과 동북아 다자 협력 안보 체제 구축을 잇는 '중재' 외교의 특성이 강하게 나타나고 있다. 미국도 이러한 중국의 구상에 동조하고 있다는 점에서 북한의 BATNA(Best Alternative To a Negotiated Agreement) 전략인 핵실험과 유도탄 발사 실험을 어떻게 포기시킬 것인가 여부에 따라 동북아 지역에서 중국의 외교 역량이 판가름 날 것이다.

제2부에서는 중국 내부 문제를 집중 분석한다. 중국이라는 본질에 접근하기 위해 제4장에서는 중국의 민주화 담론에 대해 심층 분석을 시도한다. 이 이슈는 중국이 세계 질서를 주도하는 국가로 부상하기 위해 기존의 자유민주주의 정치체제를 대신해 글로벌 스탠더드가 될 수 있는 새로운 민주주의 정치체제의 대안을 제시할 수 있는 것인가에 관한 것이다. 서구식 자유민주주의를 거부하는 중국이 궁극적으로 추구하는 '중국적 특색의 민주주의'는 어떠한 색깔과 특징을 가질 것인가? 과연 여타 국가들이 수용할 수 있는 보편적 가치를 가지는 새로운 민주주의를 탄생시킬 수 있을 것인가? 아니면

후진타오의 중국 정권이 추구하는 '당내 민주화에 기초한 사회민주주의 달성'이 결국은 통치 방식의 민주화, 효율화, 절차의 정당성에 그치고 말 것인가? 필자는 인민민주주의에 기초하는 공산당 영도하의 거버넌스 구조의 개혁을 통해 통치의 효율성을 극대화하는 것이 결국 현 중국 정부가 추진하는 중국적 특색을 지닌 민주주의라고 결론 내리고 있다. 필자가 기대한 서구적 민주주의와 차별화되고 기존의 중국이 추구해 온 전통적 인민민주주의와도 구별되는 제3의 민주주의 대안은 적어도 현재로서는 기대하기 어렵다는 판단이다. 다만 민주주의가 인류 사회 발전을 위해 기여해 온 보편적 가치를 중국이 인정하고 있다는 점에서 '사회주의 초급 단계론'이 완료되는 2050년 이후 중국의 장기적인 정치 개혁 일정을 눈여겨 볼 필요가 있을 것이다.

제5장은 중국 경제의 부상과 함께 대국굴기를 꿈꾸는 중국의 문화 민족주의의 정치학에 대해 파헤친다. 이 부분은 역시 4장과 밀접하게 관련된 이슈로서 중국적 가치와 문화가 글로벌 경쟁력을 갖는 것인가라는 질문에 답하기 위한 것이다. 5대 인류 문명의 발상지 가운데 하나인 중국의 문화가 동아시아 문화의 원류라는 점을 부정하는 사람은 없다. 중국은 경제 성장의 기적과 성공적 베이징 올림픽 개최를 계기로 문화 민족주의적 의도를 강력하게 표출하고 있다. 대국굴기에도 나타나듯이 세계를 이끄는 성공한 대국은 결국 문화 대국이었다는 인식에 기초한 것이다. 문제는 이러한 문화 민족주의가 주변 국가들의 문화와 역사를 말살하고 중화 문화에 통합하는 방식으로 추진되고 있다는 점이고, 이러한 문화 민족주의가 '바링허우' 세대들의 애국주의와 맞물려 동아시아에서의 문화적 패권을 추구하고 있다는 우려와 맞닿아 있다. 문제는 중국이 문화 민족주의적 정치 공세를 강화할수록 주변 국가들의 문화적 차별성과 고유성에 대한 반발도 커질 것이라는 점이다. 베이징 올림픽과 함께 일어난 티베트 장족들의 대내외적 올림픽 보이콧 운동

을 비롯하여 신장 위구르 자치주의 폭동 사건 그리고 동북공정이 가져온 한·중 간 역사적 갈등 등이 그 예라 할 수 있다. 오히려 국가주의가 개입된 문화 민족주의를 지양하고 '동아시아(문화) 공동체'를 형성하는 데 동아시아 국가들이 함께 지혜를 모으고 힘을 합치는 것이 중요하다고 필자는 주장한다. 동아시아적 가치와 질서 문화를 새로운 국제 질서의 한 가지 대안으로 만들어 가기 위해서도 문화적 패권주의는 바람직하지 않을 뿐만 아니라 성공하기도 힘들다.

6장에서는 중국 사회가 당면한 위기의 본질을 파악해 본다. 필자는 복합위험사회로서 중국의 특징을 한국의 경험에 대비해 선진국형, 후진국형, 폭증사회형, 날림사회형, 사회주의형, 시장경제형, 체제전환형 등의 복합적 위험이 도사리고 있는 사회로 진단하고 있다. 한국이 경험한 복합위험사회보다 더 극도로 복합적인 위험사회로서의 중국은 위험 자체가 별도로 핵심적인 사회 불평등 체계를 구성하고 있음을 주목하면서, 이것이 탈사회주의적 체제 전환과 경제 발전의 사회·정치적 아킬레스건으로 작용할 것이라고 전망한다. 그리고 오늘날 중국 사회의 불평등 구조는 물질적 불평등에 덧붙여 위험 경험(experience of risk)의 측면들을 반드시 함께 고려해야 한다고 충고한다. 복합위험사회가 가지는 위험의 특징은 압축적 경제 발전의 미지급 기회비용과 같은 특성을 가진다. 특히 중국의 경우 막대한 사회적·정치적·생태적 비용 지급과 희생에 대비할 필요가 있음을 지적하고 있다. 사회·정치·생태적 난제들의 해결은 국가와 인민이 혼연일체가 되더라도 오랜 기간 투쟁적으로 대처해야 할 중대 사안이기 때문이다.

제3부에서는 한·중 관계를 다룬다. 7장에서는 한·중 FTA 추진 현황과 핵심 이슈를 다룬다. 양국 간에는 이미 2005~06년, 2007~08년에 걸친 두 차례의 민간 및 산관학 차원의 공동 연구가 완료된 상태다. 한국의 입장은 포

괄적이고 실질적 자유화가 이루어지는 전제하에 민감 부문을 고려하는 원칙을 선호하고 있으나, 중국은 포괄적이기보다는 상품 분야로 제한하고 관세 인하 폭도 소폭으로 제한하는 원칙을 선호하고 있다. 따라서 양국이 선호하는 한·중 간 FTA 시나리오가 서로 다르기 때문에 추진이 쉽지 않을 전망이다. 다만, 중국은 한·중 FTA 체결에 대해 경제적 목적보다는 정치적 목적을 우선시하고 있다. 그리고 4대 경제협력 파트너 가운데 한국 경제의 규모가 가장 작기 때문에 중국이 본격적인 FTA 체결을 추진하게 되면 한국을 가장 우선적인 협상 대상자로 선택할 가능성이 커서 서두르지 않는다면 상황에 따라서 바람직한 협상 타결의 여지는 충분하다.

8장에서는 인터넷 댓글에서 나타난 한·중 간 언론 정책과 댓글 속성을 통해 양국의 사회 저변에 흐르고 있는 상대방 국가와 국민에 대한 불편한 감정과 부정적 정서를 확인할 수 있다. 양국 관계가 경제·정치·사회·문화 등 각 방면에서 발전해 갈수록 양국 네티즌 간 반중(反中)과 혐한(嫌韓)의 골이 깊어지고 있다는 우려가 베어 나고 있다. 2000년대 초반까지만 해도 한류(韓流)와 한풍(漢風)이 주류를 이루던 것이 불과 4~5년 사이에 정반대로 돌아선 분위기는 우려할 만하다. 이러한 분위기가 아직은 성숙되지 않은 양국의 청소년 네티즌이나 일부 국수주의자들에 의해 왜곡되고 과장되거나 확산되는 경향이 없는 것은 아니다. 그럼에도 불구하고 좀 더 근본적으로는 한·중 교류가 양적으로 확대되어 가면서 범위도 확산되고 깊이도 심화되어 갈수록 양국 사회 저변에는 상호 이해관계의 불일치가 확산되고 불신의 충돌도 확대되는 데 따른 서로에 대한 반감 정서가 깔려 있다고 보아야 한다. 필자는, 서로를 잘 알지 못하고 이해하지 못하는 세대와 계층에 의해 조장되고 확대되는 서로에 대한 반감 정서는 이러한 사회 저변의 분위기가 반영되고 있기 때문이며, 양국의 모호한 언론 정책과도 관련이 있다고 주장한다. 일·

16

중 간 관계 개선이 시작되면서 중국 인민들의 반일 감정이 베이징 올림픽을 계기로 우호 무드로 급전환되고 오히려 반한 감정이 이를 대체하는 현상이 나타난 것이 이를 반증한다.

9장에서는 중국과 한국의 행정개혁 사례를 신공공관리 차원에서 비교한다. 국가 행정조직 구조에 차이가 크면 양국 간 공식적 관계 추진해 가는 데 걸림돌로 작용하기도 한다. 한국과 중국은 국가 이념, 조직 원리, 국가·사회 관계, 정부 조직 체계 등의 측면에서 상당히 다른 국가 체제를 가지고 있다. 세계화가 급진전되면서 한국은 특히 IMF 위기 이후 작은 정부와 효율적 행정 서비스를 목표로 한 행정조직 관리 및 서비스의 시장화가 급진전되었다. 중국도 개혁·개방 이후 신공공관리 차원의 행정개혁을 추진해 왔으나 본격적인 개혁은 사회주의 시장경제 체제를 도입한 1992년 14전 대회 이후다. 15전 대회를 전후로 중국의 행정개혁은 신공공관리 차원에서 확산되기 시작했으나, 16전 대회에서 '조화 사회'를 채택하면서 새로운 진화의 방향을 모색하고 있다는 것이 필자의 판단이다. 즉, 행정 서비스의 시장화는 지속되고 있지만 행정 기구 축소는 더 이상 진행되지 않고 있음을 주목하고 있다. 이런 분석은 미국발 금융 위기가 정부의 역할이라는 측면에서 결국 신공공관리의 한계와 맹점을 노정시켰다는 점에서 중국의 향후 행정개혁 방향에 대해 시사하는 바가 클 것이다. 향후 미래지향적 한·중 간 소통 채널의 성공적 구축을 위해서는 중국의 행정 체제 개혁 과정과 방향을 주시하고 이를 고려할 필요가 있다.

연구 총서를 집필하는 데 전문적 식견과 혜안을 보여 주신 연구진은 다음과 같다. 장절의 편집 순으로 김태호(한림대), 조영남(서울대), 김재관(전남대), 이정남(고려대), 임춘성(목포대), 장경섭(서울대), 양평섭(대외경제정책연구원), 김진호(단국대), 정해용(신라대) 선생님들께 심심한 감사를 드리며 노고를 차하한다. 아울러 편집을 위해 수고해 주신 남수중(공주대) 선생께도 고마움을 전하며 출판에 심혈을 아끼지 않으신 폴리테이아 편집부에도 감사를 드린다. 끝으로 본 연구 총서의 내용은, 집필해 주신 연구자 개개인의 전문가적인 견해일 뿐이며 현대중국학회 차원의 공식적인 의견이나 견해가 아님을 밝힌다. 끝으로 이 자리를 빌어 본 총서가 발간될 수 있도록 연구 자금을 지원해 주신 (사)미래인력연구원 이진규 원장님께 깊은 감사를 드린다.

제1부

중국의 동아시아 전략

한·중 관계의 명(明)과 암(暗):

다층적 맥락 및 한·미 동맹을 중심으로*

김태호

중국의 부상은 한국의 현재 및 미래의 대외 환경에 어떤 영향을 미칠 것인가? 한반도 및 역내 안정에 대한 미국의 역할과 영향력 그리고 점증하고 있는 한국에 대한 중국의 중요성을 감안할 때, 한국은 대미 동맹과 대중 협력을 어떻게 조화시킬 것인가? 한국은 중국과의 협력 필요성과 갈등 가능성 간의 딜레마를 어떻게 극복할 것인가? 중국은 북한 정권의 미래 그리고 한반도의 통일에 어떤 역할을 하게 될 것인가? 좀 더 원론적으로 "우리에게 중국은 과연 어떤 국가인가?"

이는 '중국'(China)과 관련된 매우 거시적이고 근본적인 문제다. 또한, 상기한 주제는 매우 복잡하고 광범위한 문제로서 이를 종합적으로 검토한 연구 결과는 국내외적으로 존재하지 않는다. 이는 기본적으로 고려해야 할 변수가 너무 많을 뿐만 아니라, 상당 부분의 전제 조건을 현재는 알 수 없기 때문이다. 이와 같은 방법상의 문제로 인해 그 간 국내에서는 중국의 외교·안보 연구자를 중심으로 보다 구체적이고 부분적인 정책 연구가 진행되었다. 예를 들어, 한·중 관계, 북·중 관계, 그리고 "미·중 관계와 한반도" 관련 연구는 일일이 거론하기 어려울 정도로 많은 결과물이 있다. 또한, 국제 관계 및 한·미 동맹 연구자와 북한 전문가들도 상기한 연구 주제의 일부를 다루고 있다.

이와 같은 현실을 감안할 때, 본 연구에서 한·중 관계를 '재고찰'하는 것은 무의미할 뿐만 아니라, 독자들에게 누(累)를 끼치는 일이라고 생각된다. 그러므로 본고에서는 상기한 근본적인 문제를 일부나마 반추하려고 한다. 또한, 기존의 연구 중 분야별로 대표성이 있는 연구 결과를 선별적으로 소개함으로써 독자들의 올바른 이해를 돕고자 노력했다.[1] 본 연구의 대상 기간은 1990년대부터 현재까지, 즉 탈냉전 시기로서 1992년 한·중 수교 이후를 다룬다. 특히, 본 연구는 ① 중국의 대한국 정책의 국내외적 맥락, ② 중국의 대외 정책과 동아시아/한반도 간의 관계, 그리고 ③ 한반도 및 역내 현안에 대한 한·중의 입장과 '미국 요인'을 중심으로 논의를 전개하고 있다. 다만, 본고는 필자가 판단하는 주요 맥락과 현안, 그리고 대응책을 선별적으로 다루고 있기 때문에 각 요인 간의 함수관계를 종합적으로 고찰하기에는 충분하지 않다. 그러므로 본 연구에 나타난 주장 및 결론은 잠정적이고 시론(試論)적 성격을 띠고 있다.

본 연구는 총 여섯 절로 구성되어 있다. 제1절에서는 중국의 국내외적 환경 변화에 대한 중국 지도부의 인식과 대응을 동아시아를 중심으로 고찰한

* 이 글은 김태호, "중국의 대한국, 대북한 전략 : '미국 요인' 및 다층적 맥락을 중심으로," 한국해양전략연구소 편, 『한반도 주변국 정세와 한국의 안전보장』(한국해양전략연구소, 2008), pp. 9-63 및 Taeho Kim, "Opportunities and Challenges of a 'Strategic Partnership' Between the ROK and China," paper presented at the Second Taiwan-Korea Forum on 'Taiwan-China Relations and Korea-China Relations' co-organized by The New Asia Research Institute and The Cross-Strait Interflow Prospect Foundation, Lexington Hotel, Seoul, Korea, August 2, 2008을 수정·보완한 것이다.

1) 특히, 본 연구는 2000년대 국내에서 상기한 주제와 관련한 중국 연구자들의 연구 결과물이 다수 발간되고 있는 점을 감안하여 중문 혹은 영문 자료보다는 국내 발간 자료를 주요 출처로 사용했다.

다. 제2절에서는 한반도가 중국의 대외 정책에 갖는 의미를 중국의 대아시아 정책 그리고 중국의 대미 정책 차원에서 분석했다. 제3절에서는 중국의 대한 반도 목표 및 정책 기조를 소개한 후, 중국의 대남북한 관계를 영역별로 정리함으로써 중국의 대남북한 정책의 변화 추이를 비교할 수 있도록 구성했다. 제4절은 한반도 및 역내 주요 현안에 대한 중국과 한국의 입장을 다루고 있는데, 기존의 입장차와 정책적 맥락에 중점을 두었다. 제5절은 한·미 동맹과 한·중 협력을 어떻게 조화시킬 것인가의 문제로서, 이명박 정부가 추진하고 있는 한·미 간 '전략적 동맹 관계'와 한·중 간 '전략적 협력 동반자' 관계가 향후 어떤 모습으로 나타날지의 문제와 이에 대한 우리의 고려 사항을 제시하고 있다. 마지막으로 제6절은 본 연구의 결론과 주장을 요약할 뿐만 아니라 한국의 대중국 외교·안보 정책 방향을 제언했다.

1. 중국의 국내외 환경 변화와 동아시아

지난 160여 년의 강대국의 역사에서 중국만큼 국내외적으로 큰 변화를 겪은 국가도 드물다. 국가로서의 '중국'(PRC)은 1840년 아편전쟁 이후 1949년 건국까지 약 110년 간 외세의 중국 침략 및 분할, 군벌의 활거 그리고 극심한 내란의 소용돌이 속에서 세워졌고, 이후 중국에서는 1970년대 말까지 대약진운동과 문화대혁명과 같은 정책 실패 및 정국 불안정이 지속되었을 뿐만 아니라 대외적으로도 미국, 소련 및 베트남과 같은 초강대국 및 주변국과의 급격한 외교 관계 변화를 겪어 왔다.[2) 이와 같은 역사적 배경 및 중국의 국내외적 환경 변화, 특히 다른 강대국과 비교 시 중국의 절대적·상대적 국력 격차는 1978년 당시 덩샤오핑을 비롯한 중국 지도부로 하여금 '제2의 혁명'이라고 불리는 개혁·개방 정책(실제로는 '노선')을 채택하도록 만들었다. 주지하는 바와 같이 중국의 개혁·개방 정책은 큰 성공을 거두고 있고, 국내 개혁과 대외 개방을 추진함으로써 중국의 국내외 환경 변화를 야기하고 있는데, 특히 주목할 점은 과거와는 달리 현재의 변화는 중국의 주도로 이루어지고 있다는 사실이다. 이는 중국의 대외 정책, 강대국 및 주변국과의 관계, 그리고 대아시아 정책의 변화를 순차적으로 수반하고 있고, 주지하는 바와 같이 경제력은 '중국의 부상'을 가능케 한 가장 중요한 요인이다.

중국의 국내외 환경 변화를 야기한 또 다른 지전략적 요인은 소연방의 해체와 미국의 유일 초강대국화로 정의되는 탈냉전기의 도래다. 냉전의 대부분 기간 가운데 중국은 자국의 최강 요인인 인구와 면적의 효용성을 극대화한 '인민전쟁'(人民戰爭) 전략, 그리고 대외적으로는 초강대국인 미국과 소련 간의 체제 경쟁을 활용한 '전략적 삼각관계' 등의 전략을 통해 국가의 생존과 안전을 도모했는데, 소련 위협의 감소·소멸은 중국의 전략 환경을 근본적으로 변화시키는 계기가 되었다. 이로 인해 중국은 소련 위협에 대비한 다양한 국가 자원을 국내 경제 발전으로 돌릴 수 있었고, 군사 안보 배비를 과거 북·북서에서 동아시아를 포함하는 남·남동 방향으로 전환할 수 있었다.

즉, 탈냉전기 '중국의 부상'이 제기된 배경에는 상기한 중국의 특수성과 역사적 맥락, 개혁·개방의 추진·성공과 같은 국내 환경 및 노선의 변화, 그리고 탈냉전기의 도래와 같은 '세계-역사적'(world-historic) 사건이 자리 잡고 있다. 특히, 중국의 개혁·개방 추진과 소련 위협의 소멸은 공히 중국의 국내외 환경 변화를 주도한 양대 요인으로서, 중국의 국가 목표, 대외 정책 목표,

....

2) '강대국'인 중국의 국내외적 환경 변화에 대한 대표적인 역사적 고찰은 Oksenberg(1999, 291-331) 참조.

그리고 강대국 및 주변국과의 관계에 지속적으로 영향을 미치고 있다. 이 중 본 절에서 다루고자 하는 부분은 중국의 동아시아 정책 변화다.

이를 이해하기 위해서는 중국 지도부의 세계관 및 정세 판단이 서방 혹은 비사회주의 국가와는 매우 다르다는 사실을 인지할 필요가 있다. 중국 지도부는 기본적·공식적으로 서방의 국제 관계 이론이나 세계관을 수용하지 않으며, 서방의 국제 관계 이론은 '제국주의 외교정책'을 위한 도구로서, 중국은 유물론과 변증법, 그리고 마르크스-레닌주의·마오쩌둥 사상·덩샤오핑 이론에 입각한 대외 정책을 추구한다. 또한, 상기한 세계관에 입각하여 중국은 서방의 현실주의 시각과는 달리 전쟁의 원인을 힘의 불균형(imbalance of power)이나 오판이 아닌 '경제 자원의 추구'로 판단하고 있다.[3]

특히, 중국 지도부는 덩샤오핑이 정의한 세계정세 판단의 기본 틀을 현재까지 유지하고 있는데, 이는 과거 마오쩌둥의 '전쟁 및 혁명 불가피론'과는 매우 다른 시각이다. 덩샤오핑이 정의한 세계정세는 동·서 간의 '평화' 및 남·북 간의 '발전' 문제로서, "평화와 (경제)발전"(和平與發展)이 현 시대의 주요 과제라는 판단이다. 냉전기 중국은 세계 차원의 미·소 간 경쟁에 외교·정보력을 집중했는데, 중국은 1980년대 중반에 이미 초강대국 간의 범지구적 경쟁으로 인한 미·소 간 전략적 교착 및 양국의 국력 감소, 국제 질서의 다극화 추세를 예견했고, 초강대국 간의 세계대전 발발 및 중국에 대한 소련의 침공 가능성이 낮을 것으로 판단했다. 이에 대해 덩샤오핑은 향후 국제 체제가 몇 개의 극으로 형성될지는 예측할 수 없으나, "소위 다극(체제)에서 중국은 1극을 형성한다. 중국은 스스로를 낮게 평가할 필요가 없으며, 어떻

---

3) 최근 전 세계를 대상으로 한 중국의 '에너지 외교'는 중국 지도부의 기존 세계관을 더욱 극명하고 보여 주고 있다. 특히, 중국은 2003년 이후 세계 2위의 석유 소비국이자, 세계 3위의 석유 수입국이 되었다. 이에 대한 최근 중국 측 논의로는 戚文海(2006, 222-232) 참조. 중국의 에너지 외교에 대한 종합적인 최근 분석은 박병광(2008, 287-326) 참조.

게 계산하더라도 중국은 (다극 체제의) 1극이다"라고 판단하여 다극 체제가 중국에 갖는 중요성을 역설했다.[4]

중국의 다극화 전략 구상은 국내외적 환경 변화에 대한 중국 지도부의 전략적 대응으로서, 다양한 논의 과정과 추진 방식을 경험했다. 우선, 덩샤오핑의 개혁·개방 정책은 연안 지역에 대한 외국의 투자 유치 및 대외무역의 증대를 통해 경제를 활성화시키는 국가 발전 전략으로서, 중국 내륙의 개발 및 자력갱생에 중점을 둔 마오쩌둥의 전략에 비해 연안 지역 및 주변국과의 선린 관계의 중요성이 크게 부각되었다. 특히, 중국의 국가 목표인 경제 발전의 성공을 위해서는 "안정되고 평화로운" 주변 환경의 조성이 필수적이기 때문에 중국은 개혁·개방 정책 추진 이후 점진적이나 분명히 주변국과의 관계 개선 노력을 기울이고 있다. 예를 들어 중·소 관계 정상화(1989년), 그리고 싱가포르(1990년), 브루나이(1991년), 한국(1992년)과의 수교는 이와 같은 중국의 필요에 기인한 바 크다.[5]

사실, 중국은 1978년 개혁·개방 정책의 채택 이후부터 주변국에 대한 선린외교를 추진했으나, 지역 차원에서 좀 더 세련되고 조직화된 정책을 추진하게 된 계기는 냉전의 종식이다. 이는 냉전기 "중국은 지역 정책이 없는 지역 국가다"(Levine 1984, 107)라는 표현에 잘 나타나 있듯이, 당시에는 미국과 소련에 집중된 국가 전략으로 인해 지역 정책은 차하위 수준에 머물게 되었다.[6] 단, 중국은 지정학적으로 동아시아의 중심 국가(즉, '中國')일 뿐만 아니라 동 지역은 중국의 경제·외교 활동의 주 무대로서 중국의 영토 및 영해 문제, 국경의 안전 및 주요 해상 교통로 보호, 그리고 화교의 활동 등 주요 이익

....

4) 鄧小平(1993, 353), 張愛萍 主編(1994, 296-299) 참조.
5) 중국은 1990년에서 1992년까지 무려 22개국과 수교했다. 中華人民共和國外交部(2007, 419-20) 참조.
6) 탈냉전기 중국의 동아시아 정책에 대한 최근 연구로는 김재철(2007, 130-73), 김태호(2003, 7-32) 참조.

26

이 발현되는 지역이다. 그러므로 중국이 원칙적이고 전 지구적인 차원에서 동·서 간의 '평화'와 남·북 간의 '발전'을 주창한다고 하더라고 결국 중국의 국익은 동아시아를 발판으로 조성되고 있으며, 이와 같은 추세는 '중국의 부상'으로 인해 더욱 공고화되고 있다고 평가된다.[7)]

또한, 중국의 다극화 전략은 '미국 요인'과 밀접한 관련이 있다. 중국의 발전을 위해서는 미국과의 원만한 관계가 필수적인 요건이나, 미·중 양국 관계는 협력과 경쟁의 동인이 반복적으로 표출되는 특징을 지니고 있다. 예를 들어, 탈냉전기 미국의 유일 초강대국화, 즉 단극(unipolar) 체제의 출현은 국제 체제의 다극화(multipolarization) 필요성에 대한 중국의 신념을 더욱 공고하게 했다고 볼 수 있다. 더욱이, 톈안먼 사태(1989년), 대만해협의 긴장(1995~96년) 및 베오그라드(Belgrade) 주재 중국 대사관 '오폭' 사건(1999년), 미 EP-3 정찰기 사건(2001년)과 같은 일련의 사건들은 미·중 관계를 악화시켰을 뿐만 아니라 양국 간의 불신을 심화시키는 결과를 가져왔다. 그러므로 중국의 지도부로서는 탈냉전기 미국 주도의 단극 체제에 대한 대응 전략으로서의 다극화 체제를 지속적으로 강조하기보다는 중국의 실제적 국력과 위상이 발현될 수 있는 방식을 채택하게 되었는데, 이와 같은 필요성은 동아시아에 대한 중국의 다자주의(multilateralism) 혹은 다자/주변 외교로 나타나게 되었다.

사실, 중국은 전통적으로 다자간 협력 체제, 특히 국제적 차원의 안보 체제에 대해 부정적인 인식을 유지했는데, 이는 동 체제가 미국을 비롯한 다른 강대국의 주도로 창설·운용되고 있기 때문에 자국의 이익에 부합되지 않는다고 판단했기 때문이다. 1990년대 중반 이후 중국이 국제적 차원뿐만 아니

---

7) 중국의 국제적 차원의 노력(예컨대, '국제정치경제 신질서')과 현재적 모순에 대해서는 김애경(2004, 13-36) 참조.

라 지역적 차원의 경제·안보 체제에 대해 좀 더 적극적이고 다양한 참여를 하고 있는 근본적인 원인은 아시아 및 주변국의 중요성 제고, 톈안먼 사태로 인한 외교적 고립 타개, 그리고 상기한 다극화 전략 추진의 수단으로서의 다자/주변 외교의 필요성이 포함되어 있다. 중국의 다자 외교의 대표적인 예로는 동남아시아 국가들과의 ASEAN+3과 아세안지역포럼(ARF), 러시아 및 중앙아시아 국가들과의 상하이협력기구(SCO), 그리고 동북아시아에서는 북핵 문제 해결을 위한 6자 회담이 있다. 이는 중국이 동아시아를 중심으로 경제·외교·군사 활동의 지평을 확대하고 있는 사례로서, 그 배경에는 ① '중국 위협론' 불식과 자국의 이미지 제고, ② 강대국으로서의 위상 투영 및 역내 미국의 일방적인 영향력 견제, ③ 개혁·개방 성공에 대한 자신감과 자국 이익의 거양과 같은 다양한 배경이 포함되어 있다.[8]

  결론적으로 중국은 냉전 종식 이후 좀 더 구체적인 지역 안보 정책을 구상·실행하게 되었고, 이 같은 사고의 전환에는 소련 위협의 소멸 및 중국 개혁·개방 정책의 추진이 주요 원인으로 작용하고 있다. 첫째, 소련의 와해로 인해 중국은 더 이상 초강대국에 의한 직접적인 군사 위협에 직면하지 않게 되었고, 이로 인해 중국의 외교·안보 정책은 중국의 국경 지역과 주변국에 보다 역점을 둘 수 있게 되었다. 둘째, 중국은 톈안먼 사태 이후 미국의 대중국 압력에 대처하고 개혁·개방 정책의 가속화를 위해 주변국과의 경제 관계에 중심을 둔 선린외교를 추진했는데, 특히 1990년대 중반 이후 현재까지 중국은 '다자 외교'(예컨대, ASEAN, 상하이협력기구, 6자 회담) 및 '주변 외교'에 중점을 두고 있다.[9] 셋째, 개혁·개방 정책의 추진으로 인해 연안 지역 및 중국

----

8) 중국의 국제 정세 인식과 동아시아 정책에 대한 보다 포괄적인 분석으로는 조영남(2006), 특히 7장과 8장 참조.
9) 중국 다자 외교의 대표적 예로서 6자 회담과 아세안지역포럼에 대해서는 한석희(2005, 175-200; 2002, 373-391) 참조.

주변 해상 교통로의 중요성이 국가 전략에 차지하는 비중이 크게 제고되었다. 이는 아시아 지역의 안정과 발전이 중국의 국가 발전에 더욱 중요성을 갖게 됨을 의미한다. 동아시아 및 한반도의 안정에 대한 중국의 지속적인 강조는 이와 같은 중국의 국가 목표 및 안보 환경의 변화에 기인하고 있다.

2. 탈냉전기 중국의 대외 정책과 한반도

중국과 남북한 간의 쌍무 관계의 분석은 양측 간의 다양한 측면을 쌍방향으로 그리고 세부적으로 고찰하는 장점이 있으나, 중국 대외 정책의 다양한 맥락 특히, 중국의 대아시아 정책과 대미 관계와 같은 요인을 고려하기에 적합하지 않다. 그러므로 본 절에서는 중국의 대외 정책상 한반도가 갖는 의미를 검토하고 있다. 또한, 중국과 한반도 간의 관계 변화는 지역 및 미·중 관계에 영향을 주는 양면성을 띠고 있다. 더욱이, 중국의 입장에서 볼 때 한반도는 중국의 과거, 현재, 그리고 미래에 중요한 의미를 갖고 있다.[10]

첫째, 지리적으로 한반도는 중국의 수도인 베이징에 가장 근접하게 위치하고 있을 뿐만 아니라 중국의 동북 3성[랴오닝(遼寧)성, 지린(吉林)성, 헤이룽장(黑龍江)성과 약 1천4백 킬로미터의 국경을 맞대고 있다. 또한, 한반도는 주변 강대국의 이익이 교차하는 지역으로서, 지정학적으로 소위 '해양 세력'과 '대륙 세력'의 중간에 위치한 전략적 요충 혹은 '통로'(通路)다. 한반도와 중국이 공유하고 있는 서해가 보하이(渤海) 만과 연결되어 있다는 사실도 한

....

10) 이에 대한 보다 자세한 내용은 졸고 Kim(2001, 31-40) 참조.

반도의 지리적 중요성을 제고시키는 요인으로 작용한다. 현재적으로 '대륙 세력'인 중국과 '해양 세력'인 미국의 한반도에 대한 이익에도 지정학적인 고려가 내재되어 있다.

둘째, 상기한 중국과 한반도 간의 지리적·지정학적 사실은 역사적으로 양측 간의 수많은 조우를 낳았는데, 대표적으로 한국전쟁 시 중국의 군사적 개입과 유엔군의 인천 상륙작전, 그리고 일본의 만주 지역 및 중국 침략을 위한 한반도의 선점을 들 수 있다. 구한말 한반도를 둘러싼 강대국 간의 각축과 1894년 청·일 전쟁 그리고 역사적으로 중국과 일본 간의 침략사는 한반도 혹은 서해상의 제패가 관건이었다. 21세기에도 한반도와 서해는 미국의 '해양 패권'과 중국의 국익이 상충되는 아시아의 주요 지역의 하나로 남아 있다.[11] 이 같은 역사적 사실은 중국의 전략가들로 하여금 한반도는 중국의 안보에 핵심적인 지역이라는 인식을 각인시켰고, '한반도 문제'를 바라보는 일종의 프리즘으로 작용하고 있다.

셋째, 한반도와의 '선린 관계'는 중국의 국가 목표인 경제 발전과도 밀접하게 연계되어 있다. 1992년 한·중 수교와 이후 한국과의 급속한 경제 관계 발전은 적어도 명목상 '냉전적 사고'의 불합리성을 대변하고 있고, 특히 중국이 추진하고 있는 개혁·개방 정책의 타당성을 방증하고 있다. 이에 비해 북·중 간의 경제 교류는 매우 낮은 수준이나 북한은 중국의 경제 발전 과정에서 상대적으로 낙후된 동북 3성의 발전과 국경 안전에 중요한 지역으로 남아 있다. 최근 동북 3성을 중심으로 한 대북 투자, 재중 탈북자(중국식 표현으로 '불법 월경자') 문제, 그리고 북한 체제의 유지 지원은 중국의 경제·안보상의 이익과 연계되어 있다. 종합적으로 판단할 때, 중국에 대한 북한의 '가치'

....

11) 이삼성 교수는 동아시아 내 미국의 해양 패권과 '중국의 부상'으로 인한 갈등 가능 지역으로 ① 대만해협, ② 남중국해, ③ 오키나와, ④ 한반도 서해상을 지목하고 있다. 이삼성(2007, 5-32) 참조.

는 명백하다.

넷째, 중국은 한반도가 전통적으로 '중화 세계'의 일부분이었을 뿐만 아니라 현재적으로도 자신의 세력권 내에 속해 있다고 보고 있다. 이와 같은 인식으로 인해 중국은 한반도에 대한 자국의 영향력을 유지하기 위해 적극적인 외교정책을 전개하고 있고, 한반도에 대한 다른 강대국의 독점적 지위를 가능한 한 억제하기 위해 노력하고 있다. 이 같은 사고는 동아시아 및 한반도에서 주도적인 역할을 하고 있는 미국과의 경쟁 가능성을 전제하고 있다. 또한, 한반도는 중국의 강대국화 및 부국강병(富國强兵) 실현을 결정짓는 시험대가 될 것임을 시사하고 있으며, 이 같은 과정에서 가장 중요한 요인은 미국과의 관계다.

미·중 관계는 동아시아 질서의 미래에 가장 큰 영향을 미칠 수 있는 쌍무 관계로서, 한반도는 양국의 지역적·쌍무적 문제의 중심에 위치하고 있다. 미국과 중국은 '한반도 문제'에의 참여를 통해 타방에 대한 견제, 그리고 자국의 역내 위상 유지·제고를 추구하고 있으나, 역으로 '한반도 문제'의 전개는 양국 간 쌍무 관계, 그리고 미·중 각국의 역내 영향력과 역할에 영향을 미칠 수 있는 주요 요인이다. 이 같은 '한반도 문제'의 양면성으로 인해 미·중 양국은 '한반도 문제'에는 지속적인 관심과 참여를 표명하면서도 '한반도 문제'의 변화로 인한 예측하기 어려운 결과로 인해 현실적으로 적극적인 행동을 취하기 어려운 모습을 보이고 있다.

한반도와 관련, 중국과 미국의 입장이 교차하는 이슈는 수없이 많이 있으나, 대표적으로 ① 북핵 문제와 미국 요인 그리고 ② 한반도 통일과 북한 요인으로 대별할 수 있다. 우선, 북핵 문제에 대해 중국은 1990년대 초 '제1차 핵 위기'와는 달리 2000년대 초 '제2차 핵 위기' 시에는 3자회담의 개최국 그리고 6자 회담의 의장국을 자임했는데, 여기에는 '미국 요인'이 중요한 요인으로 작용하고 있다.[12] 특히, 북한에 대한 미국의 대확산 의지 및 능력 재평가, 미국이 정의하는 국제적 주요 문제에 대한 중국의 '건설적인 역할' 필요성, 그리고 미국 및 국제적 노력에 동참(소위 '이미지 비용')해야 하는 중국 측 고려가 있었다고 보아야 한다. 이는 적어도 중국이 북핵 문제의 원만한 해결을 통해 미국과의 안정적인 관계 유지에 더욱 중점을 두고자 하는 의지가 있음을 의미한다.

또한, 지난 2년 이상 6자 회담을 통한 북핵 문제의 해결 과정에서 간헐적인 '진전' 외에 중국이 실제적으로 어떤 역할을 수행했는가를 세심히 따져볼 필요가 있다. 이를 요약하면, 중국은 북핵 문제의 '완전한 해결'보다는 '안정적 관리'에 중점을 두고 있는 경향이 농후하다. 현 시점에서 판단할 때, 북핵 문제의 해결에 대한 의지와 행동을 기준으로 평가하면 "한국·미국·북한>중국>러시아·일본" 순이며, 중국이 희망하는 북핵 문제의 '최종 상황'(end state)은 핵을 보유하고 있지 않은 북한 정권의 안정적 유지다. 이와 같은 중국의 희망은 2005년 2월 북한의 핵보유 선언으로 인해 무산되었고, 이후 '비핵화'는 중국의 대한반도 정책 선언에서 사용 빈도가 점진적이나마 분명히 감소하고 있다. 필자의 판단으로는 한반도의 중장기적 불확실성으로 인해 중국은 한반도에 대한 실제적이고 구체적인 이익을 명시적으로 밝히지 못하고 있으며, 이는 한반도에 대한 중국 역할의 '모호성'과 깊은 관련을 갖고 있다.

....

12) 북핵 문제에 대한 중국의 입장 변화에는 ① 미국의 요청 및 해결 의지에 대한 중국 지도부의 재평가, ② 북핵 문제의 심각성 재인식 및 대한반도 영향력 감소 우려, ③ 후진타오를 비롯한 신지도부의 전향적인 외교 방침이 배경 요인으로 작용하고 있다. 이에 대해 박두복 교수도 동의하고 있으나, 동 문제에 대한 중국의 '건설적인' 입장을 유도하기 위한 방안으로 한국이 '적대적 북·미관계' 해소, '북한 안보에 대한 (미국의) 일정한 보장', 그리고 '대화를 통한 북·미관계 개선' 등 '기본 조건'을 마련해야 한다고 주장한다. 박두복(2003) 참조.

좀 더 중장기적으로 북한 정권의 유지와 한반도 통일 과정에서도 '미국 요인'에 대한 고려가 필수적이다. 이는 오랜 기간 동안 북한이 미국에 대한 적대적인 대내외 정책을 취하면서도 미국과의 관계 개선을 지속적으로 희망하고 있는 사실에 드러나 있듯이, 북한은 자국의 생존을 위해서는 '미국 요인'에 대한 고려가 필수적임을 분명히 인식하고 있다. 중국의 입장에서도 한반도 통일 시 미·중 간의 이익이 교차하는 이슈로는 한반도 내 혼란 상황, 주한미군의 역할 및 주둔 문제, 북한 내 대량 살상 무기 처리 문제, 북한 난민 문제, 그리고 통일 한국의 군사력과 전략적 정체성(正體性) 등이 있으며, 이에는 미국의 '이익'이 직간접적으로 반영되어 있다. 이와 같은 한반도에 대한 미·중 간의 복잡한 이익 구조로 인해 미국은 한국의 대중국 접근과 한·중 관계의 변화 추이를 주목하고 있고, 중국의 경우도 한반도에 대한 '균형적인 외교'와 함께 북·미 관계의 진전을 주시하고 있는 것이다.

상기한 한반도에 대한 중국의 입장과 관련, 한·미·중 간 중·장기적 문제로 등장할 수 있는 이슈는 북한의 내부 상황과 중·북 및 북·미관계의 변화 가능성이다. 다만, 예측 가능한 미래에 북·중 관계가 크게 변화할 가능성은 낮다.13) 이는 중국이 한반도의 안정이 자국의 이익에 부합한다고 인식하고 있기 때문에 북한의 돌발적인 행동을 억제하는 동시에 북한 정권의 유지에도 긍정적인 역할을 하고 있기 때문이다. 그러나 중국은 북·미 관계의 급진전이나 통일 논의가 현실화될 경우, 한반도에 대한 중국의 영향력 감소와 함께 한반도 전체에 대한 미국의 영향력 제고로 이어질 수 있고, 이는 한반도 및 역내 세력 구도에 중대한 영향을 미칠 수 있다고 판단한다.

종합적으로 평가할 때, 한반도에 대한 중국의 이익은 자명하다. 문제는

....

13) 모든 쌍무 관계와 같이 북·중 관계도 북한의 대중국 정책에 의해 영향을 받고 있다. 이에 대한 최근 논의는 김예경(2007, 75-96) 참조.

중국의 다양하고, 타국과는 다른 '정당한' 이익을 어떻게 반영시킬 것인가로 집약된다. 또한, 대부분의 주요 이슈는 한·중 간의 맥락과 함께 미국의 입장이 함께 고려되어야 하기 때문에, 한국으로서는 대미 동맹과 대중 협력 간의 조화가 필요하다. 특히, 중국의 부상으로 인해 한반도에 대한 영향력과 경제적 상호 의존이 제고되는 상황에서는 미·중 간의 경쟁이 심화될 가능성이 있으며, 아래에서는 중국과 남북한 간의 관계를 영역별로 분류해 좀 더 구체적인 추이를 제시하겠다.

3. 탈냉전기 중국의 분야별 대남북한 관계

한반도에 대한 중국의 정책 목표를 가장 함축적으로 표현하면 '평화와 안정'이고, 이는 한반도의 긴장 완화와 안정 유지를 의미한다. 중국은 그 밖에도 한반도에 대한 영향력 유지, 북한 정권의 지속, 한반도 비핵화, 남북한 관계 개선 등과 같은 다양한 목표를 추진하고 있다. 무엇보다도 중국이 개혁·개방 정책('路線')을 고수하는 한, 한반도의 안정은 중국의 국내 경제 및 안보에 기여하기 때문에 중국은 상기한 목표를 지속적으로 유지할 것으로 예상할 수 있다. 특히, 한반도의 안정은 한반도 내 특정 사안에 대한 중국의 태도를 가름할 수 있는 시금석으로서, 1990년대 북한의 핵 개발 노력, 잠수함 침투, 미사일 발사, 서해교전 등 북한의 행위가 한반도 내 불안정을 조성하고 있다고 판단하여 반대했으나, 동시에 이와 같은 문제에 대한 한국의 확대 시도나 한·미·일의 대북 제재에도 반대하는 입장을 표명한 바 있다. 같은 논리로서 중국은 한국과 북한에 대한 소위 '균형 외교'를 표방하고 있는데,

한반도에서 열세에 있는 북한을 직간접적으로 지원함으로써 북한의 돌출 행동 방지, 중·북 국경의 안전 유지, 대한/대미 영향력의 장기적 제고와 같은 효과를 꾀하고 있다고 판단된다. 아래에서는 상기한 목표를 감안하여 중국과 남북한 간의 관계를 주요 영역별로 나누어 분석하겠다.[14]

1) 정치·외교 영역

1992년 8월 한·중 수교 이후 양국 관계는 거의 전 분야에 걸쳐 발전하고 있는데, 한·중 간 정치·외교 관계는 우선적으로 양국이 추구하는 각자의 국가이익 및 전략적 목표와 밀접한 관련을 갖고 있고, 이 부분에 있어 양국의 이익은 상당 부분 '합치'(convergence)된다고 볼 수 있다. 예를 들어, 남북한 UN 동시 가입, 한·중 수교, 북한의 정전협정 대체 노력 및 대만 핵폐기물의 북한 반입에 대한 중국의 공식 반대, 황장엽 망명과 같은 1990년대 한반도의 주요 사건, 그리고 북한 핵 개발에 대한 중국의 입장(즉, '한반도 비핵화') 및 한반도의 안정은 한국과 중국 간의 국가이익이 합치된 사례로 볼 수 있다. 또한, 한국과 중국 지도자 간의 상호 방문 및 교류도 점진적이나마 분명히 증가하는 추세를 보이고 있다.

그러나 양국이 추구하는 정책 목표가 '합치'된다는 사실은 중국 정부가 한국의 정책을 지지한다는 의미가 아님을 유의해야 한다. 좀 더 엄밀한 의미에서 양국은 한반도 관련 구체적인 사안 혹은 중장기 과제에 대해 각각 상당히 다르고, 일견 모호한 입장을 취하고 있다. 또한, 글라서만(Brad Glosserman)이

....

14) 특히, 한·중 관계에 대해서는 많은 연구 결과가 있으나 그 중 최근 연구로는 문홍호(2007, 45-72), 박병광 (2007, 135-58), Kim(2005, 129-49) 참조. 상기한 문홍호 교수의 논문에는 '한·중'이 '북·중'으로 뒤바뀐 경우가 나타나기 때문에 독자의 주의를 요한다. 이는 저자가 아닌 출판상의 오류임에 틀림이 없다.

지적한 바와 같이, 한반도에서 전쟁을 억지하고, 북한의 핵무장을 막는 것은 '공동 이익'(common interests)의 추구가 아닌 '공동 회피'(common aversions)로서, 이는 일종의 "최소의 원칙"이라고 볼 수 있다.15) 더욱이, 한·중 양국 관계의 양적인 팽창과 빈번한 교류와 같은 현상의 이면에는 적지 않은 의견 차이와 잠재적 갈등 요인이 내재하고 있다. 예를 들어, 재중 탈북자 문제, 고구려사 왜곡, 한반도의 통일과 같은 구체적인 정책 내용에 대해서는 상당한 갈등의 소지가 있으며, 이는 다음 절에서 보다 구체적으로 설명하겠다.

북·중 관계는 기본적으로 냉전기 사회주의 동질성에 기초한 특수적·지원적 관계에서 탈냉전기 국가 실익에 입각한 보편적·호혜적 관계로 전환되는 추세에 있다. 또한, 북·중 양국은 국가 목표 및 전략·정책 상 상당한 차이를 보이고 있고, 상이한 국가이익으로 인해 정책 협조가 어렵고 사안에 따라 극명한 차이를 보이기도 한다.16) 예를 들어, 1990년대에 이어 2000년대에도 양국 간 국경에 대한 기존의 '변방' 개념이 '국경' 개념으로 전환되는 징후가 나타나고 있으며, 이는 동 지역의 감시·정찰이 '공안'(公安, 무장경찰)에서 정규군('중국인민해방군')으로 대체된 사실(2003년 9월)로부터 추론할 수 있다. 이외에도 신의주 행정 특구와 양빈(楊斌) 사건(2002년 9월) 그리고 양국 간 비자 면제 취소(2006년 4월) 및 북한의 핵실험에 대한 중국의 공개적인 비난(2006년 10월)에서도 양국 관계의 경색 추이가 나타나고 있다.

북·중 고위급 지도자의 상호 방문도 냉전기 혹은 한·중 간의 교류와 비교 시 분명한 감소 추세를 보이고 있다. 이를 요약하면, 1992년 8월 한·중 수교 이후 1994년 7월 김일성의 사망까지는 일반적으로 알려진 바와는 달리,

....

15) Glosserman(2003) 참조.
16) 북한과 중국 간의 동맹 관계 변화에 대한 최근의 종합적인 연구로는 최명해(2007) 참조. 이외에도 박창희(2007, 27-55), 신상진(2004, 261-81) 참조.

북·중 간 고위급 지도자의 상호 방문이 급감하지 않았다. 비록 양측 간 정상회담은 개최되지 않았으나 외교·경제·국방 분야의 장관급 교류가 유지되었다. 그러나 1994년 7월부터 1999년 6월 김영남 최고인민회의 상임위원장의 방중까지 5년간은 양국 간 교류가 크게 감소했고, 이후 2000년에 들어서면서 양국 간 정상회담과 고위급 교류가 재개되었다. 김정일의 방중(4회), 장쩌민의 방북(2001년 9월), 그리고 후진타오의 방북(2005년 10월)뿐만 아니라 장관급 및 실무급 회동이 전개되었으며, 특히 경제 분야 및 핵문제 관련 인사의 상호 방문이 주류를 이루고 있다.

종합적으로 평가할 때, 탈냉전기 정치·외교 분야에서의 한·중 관계 확대와 북·중 관계 경색은 분명 한반도에 대한 중국의 이해 및 목표가 한국과 합치되는 방향으로 전개되고 있음을 의미한다.[17] 또한, 원칙적이고 수사적인 차원에서 한국과 중국은 한반도 문제에 있어 양국의 국익 상 차이가 없음을 누누이 강조한 바 있다. 그러나 양국은 체제·이념·전략상 상이점을 갖고 있으며, 구체적이고 중장기적인 사안에 대해서는 이견을 노출하고 있다.

2) 경제·사회 영역

경제·사회 영역은 한·중 관계의 제 분야 중 가장 빠른 성장을 보이고 있을 뿐만 아니라 북·중 관계와 대비 시, 차이가 가장 극명하게 나타나는 영역이다. 특히, 한·중 간 경제·사회 영역은 타 영역의 발전을 주도하고 있는데, 현재 중국은 한국의 최대 교역국, 최대 수출입 국가, 최대 교역 흑자국, 그리

----

17) 2008년 5월 이명박 대통령의 방중 시, 양국이 합의한 "전략적 협력 동반자 관계"는 매우 다양한 함의를 갖고 있으나, 적어도 중국이 대한국 및 대북한 정책 간 차별화 추이가 강화된 것으로 볼 수 있다.

표 1 | 중국의 대남북한 교역 추이 (단위 : 억 달러)

구분	92	93	94	95	96	97	98	99	00	01	02	03	04	05	06	07
한국	64	91	117	165	199	237	184	225	312	315	412	570	793	1,006	1,180	1,450
북한	6.9	9.0	6.2	5.4	5.6	6.5	4.1	3.7	4.88	7.37	7.38	10.2	13.85	15.80	17.0	19.74

주 : 상기 〈표 1〉 및 본 논문에 나타난 통계는 별도의 주를 달지 않는 한, 한국 외교통상부의 자료를 기초로 작성되었으며, 중국 측 통계와는 차이가 있음.

고 최대 투자 대상국이며, 한국은 홍콩을 제외 시, 중국의 3대 교역국이다. 한국수출입은행의 통계에 의하면 한국은 중국과의 수교 이후 중국에 6만3천여 건, 약 225억 달러를 투자했다.

경제 영역에 있어 북·중 관계는 한·중 관계와 큰 차이를 보이고 있는데, 이는 기본적으로 북·중 간 상이한 경제구조, 북한의 경제·재정난, 그리고 북한의 외교적 고립 등과 같은 구조적인 요인에 기인한다. 중국은 탈냉전기 북한의 최대 교역국으로서, 북한 교역액의 25~40%를 점유하고 있으나, 양국 간 교역은 1990년대에는 1993년 9억 달러를 달성한 이후 지속적으로 감소 추세를 보였고, 2000년대 이후 점진적으로 증가하고 있으나 북한의 대중 수출도 상당 부분이 '출혈성 수출'이며, 중국의 경우도 '원조성 교역'이라고 보아야 한다. 〈표 1〉에 나타난 바와 같이, 1990년대 북·중 교역이 가장 활발한 1993년(9억 달러)과 비교할 때, 지난 14년간 불과 약 2배 증가했는데 중국과 주변 국가 간의 교역액 증가와 비교해 볼 때, 가장 낮은 수치다. 2007년을 기준으로 북·중 교역(약 20억 달러)은 한·중 교역(1,450억 달러)의 약 1/73 수준이다.

또한, 교역 구조도 상당한 문제를 안고 있는데, 북한이 중국에 수출하는 수산물과 광산품의 경우도 수량이 상당히 제한되어 있을 뿐만 아니라, 중국으로부터 수입하는 원유, 농산물, 생필품 및 방직 원료로 볼 때, 양국 간의 교역 발전은 매우 어렵게 되어 있다. 이외에도 중국의 '대북 투자'는 기본적으로 규모가 크지 않을 뿐만 아니라, 지하자원, 백화점, 호텔에 집중되고 있는데, 대부분 보상 투자나 합작 투자의 형태로서 우리가 알고 있는 정상적인 '투자'라고 보기 어려우며, 일종의 교역으로 보는 것이 맞다. 더욱이, 중국의 대북한 수출과 무상 원조 간의 비율을 볼 때, 1997년 6.4%에서 2003년 1.7%로 오히려 감소하는 추세를 보이고 있는데 이는 한국 및 국제사회의 대북한 지원과 비교할 때, 상당히 낮은 금액·비율이다.[18] 다만, 일부 국내 학자가 주장하는 중국에 의한 '북한 경제의 종속화'는 실현 가능성이 적은 것으로 판단되는데, 가장 근본적인 원인은 '원천 기술'의 교역이 없다는 사실이다.

폐쇄된 공산국가인 북한에서 외국과의 접촉은 정의상 매우 제한적일 수밖에 없다. 북한 주민의 외국 방문은 철저한 검열 하에서 이루어지고 있으며, 북한에서 외국으로 나갈 수 있는 국제노선은 일주일에 수편인 것으로 알려지고 있다. 또한, 최근 북·중 간 국경 경비 강화, 비자 면제 취소, 그리고 탈북자 감시 등과 같은 요인은 북한 주민의 대외 접촉을 더욱 어렵게 하고 있다. 이와 같이 엄격한 주민 통제가 실시되는 근본적인 이유는 외국 사조의 북한 유입 차단으로서, 김정일 정권을 유지하기 위함이다.

한·중 간 인적 교류는 양국 관계의 발전을 나타내는 주요 지표다. 2007년도의 경우, 방한 중국인은 107만 명, 방중 한국인은 478만 명으로 총 585만 명이 교류했다. 이는 개략적으로 하루 평균 1만3천 명의 한국인이 중국을 방문함을 의미하며, 2008년 4월 현재 한국의 6개 도시와 중국의 31개 도시 간 주당 830회의 항공편이 운항(일일 평균 118편 운항)하고 있다. 이는 한·미 간 260편, 한·일 간 417편, 중·일 간 731편, 중·미 간 238편을 크게 웃도

----

18) 북한과 중국 간의 변경 무역을 중심으로 한 전체 교역 관계에 대해서는 홍익표(2006, 191-219) 참조.

는 수치다. 중국 교육부의 통계에 의하면 2006년 말 현재 중국에 체류하고 있는 외국 유학생은 총 16만 명이며, 이 중 한국 유학생은 5만7천 명으로 전체의 35.6%, 즉 중국 내 전체 외국 유학생 3명 중 1명은 한국 학생이다(권영석 2007). 더욱이, 중국 내 '한류'(韓流)와 한국 내 '중국열'(中國熱)을 감안할 때, 이와 같은 양국 국민 간 교류는 향후 더욱 심화될 것으로 보이며, 이는 기타 영역 발전의 사회적 배경이 될 전망이다.

3) 군사·안보 영역

군사·안보 영역은 북·중 관계의 주요 변수로서, 중국의 입장에서는 지정학적 고려와 '다자/주변 외교'가 동시에 나타나는 분야다. 동 영역은 탈냉전기 양국 관계의 경색에 의해 크게 영향을 받고 있는데, 상호 의제 부족, 북한의 국내 문제, 그리고 한·중 관계의 발전이 그 배경 요인으로 작용하고 있다. 특히, 북핵 문제는 양국 군사·안보 분야의 핵심적인 사안이나 이는 기본적으로 '정치적 고려'에 종속되어 있고, 사실상 동 분야를 위축시키는 결과를 낳고 있다. 이를 요약하면, 탈냉전기 북·중 군사 접촉은 절대 다수가 친선·우호 방문이며, 군사 현안에 대한 실질적 협력보다는 양국 관계의 상징적 과시를 지향하고 있다. 이와 같은 구조적인 요인으로 인해, 양국 간의 평시 군사·안보 관계는 선언적·상징적 차원을 유지할 것으로 전망되고 있다.

앞에서 논의한 바와 같이, 2000년대에는 북·중간 고위급 접촉이 재개되는 추세를 보이고 있는데, 이는 한반도/북한의 안정을 통해 자국의 경제 발전에 필요한 외부 환경 조성, 그리고 대북 지원 및 북한의 대중 의존도 유지를 통한 중국의 대미/대한반도/대한국 영향력의 장기적 제고와 같은 중국의 전략적 계산과 동 기간 중 다차원적인 외교적 고립 타개 노력 및 간헐적·

선별적 경제 개선 조치에도 불구하고, 근본적인 해결책이 없는 북한 정권의 중국과의 협력 필요성이 맞물린 결과라고 평가된다. 적어도 중국은 북한이 세계를 바라보는 '창'(窓, window), 그리고 사회주의 경제 발전의 한 가지 '모델'(model)인 동시에, 북핵 문제 및 북한의 정책 변화에 대한 외부 압력을 완화시키는 기능을 동시에 수행하고 있다.

한편, 한·중 간 "군사 교류·협력"은 수교 관계에 있는 2개 국가 간의 정상적인 공식 관계일 뿐만 아니라, 역사적·지정학적 요인 그리고 한국의 안보·통일과 직결되어 있는 주요 영역으로서의 '특수한 측면'이 있다. 한국의 대중국 군사 외교 목표에는 ① 한반도 전쟁 억제 및 평화적 통일 기반 조성, ② 국가 안보 목표의 지원, ③ 양국 간 우호적인 군사 관계를 통한 한·중 관계 발전에의 기여 등이 있다. 상기한 목표 및 추진 중점 하에 한·중 간 군사 교류·협력은 '고위급 인사 교류', '정책 실무 교류' 및 '연구 기관 및 체육 교류'의 3개 분야에서 진행되고 있으며, 이에 대한 자세한 내용은 국내 국방 관련 연구자에 의해 정기적으로 분석되고 있다(하도형 2008, 1-35; 황재호 2007, 71-94).

여기서 지적하는 점은 양국 간 군사 교류·협력은 과거에 비해 점진적이나마 양적으로 증가하고 있으나, 질적인 측면이나 타 분야와 비교할 때, 아직도 상호주의가 결여되어 있고, 또한 추진이 용이하지 않다는 사실이다. 이에는 다양한 요인이 작용하고 있으나 기본적으로 '북한 요인', 중국군의 특수성 그리고 중국 내 관료·행정적인 요인을 들 수 있다. 또한, 동 분야에서는 국내 언론에 보도되는 '사실'과 실제적인 '현실' 간의 괴리도 종종 나타나는데, 최근의 예로는 2007년 4월 원자바오(溫家寶) 중국 총리의 방한 시, 중국 측 제안으로 한·중 해공군 사령부 간 군사 핫라인 설치와 서해상 수색·구조 훈련 실시를 합의한 바 있으나, 전자의 경우 현재(2008년 12월)까지 설치가 이루어지지 않았다. 오히려 2008년 초 중국은 미국 및 러시아와 군사 핫라인 설치를 합의·실현했다. 사실, 외국의 군과 군사력을 가장 정확하고, 효과적으로 이해하는 방법은 "직접 보고, 듣고, 대화를 통해" 판단하는 것으로 이같은 관점에서 양국 간 군사 교류·협력은 한국의 안보에 매우 중요한 사안이라고 판단된다.[19]

결론적으로 전 영역에서 탈냉전기 한·중 및 북·중 관계는 극명한 대비를 보이고 있다. 북·중 관계가 '최소의 원칙'에 의해 유지되고 있다면, 한·중 관계는 상대적으로 '최대의 원칙'에 가까운 모습을 보인다고 하겠다. 이와 같은 비대칭적인 관계 발전은 현실적으로 중국의 대한국 정책 고려 시 '북한 요인'의 비중이 점차 낮아지고 있음을 의미한다. 동시에, 한국에 대한 중국의 중요성 제고는 미국의 관심을 불러일으키게 되어 있고, 북한의 대미 관계 개선 노력은 역으로 중국의 우려를 자아내고 있다. 한·중 관계에 국한할 때, 양국 관계의 외연 확대는 분명히 고무적인 사안이나 매우 다양한 이유로 인해 양국 간에는 적지 않은 의견차와 갈등 가능성이 남아 있다. 이에 대해서는 다음 절에서 분석하겠다.

4. 한반도 관련 현안에 대한 중국과 한국의 입장

불과 16년이라는 비교적 짧은 수교 기간 중 비약적으로 발전해 온 양국 관계의 이면에는 매우 다양하고, 복잡한 갈등 요인이 내재되어 있다. 여기에는 재중 탈북자 문제와 같은 인권·주권 관련 외교 현안에서 북핵 문제(6자 회

----

19) 주중 한국대사관 국방무관을 역임(1997년 12월~2002년 3월)한 최경식 장군의 회고록은 중국 사회 및 군 관련 경험담을 상세히 소개하고 있다. 최경식(2008) 참조.

담)와 같은 다자간 안보 문제, 그리고 한반도의 통일과 같은 한국의 중장기 안보 목표가 포함되어 있다. 사실, 동 사안들은 문제의 다양성만큼이나 복잡한 원인에 의해 파생된 결과로서 이를 일괄적으로 해결할 방법은 현실적으로 찾기 어렵다고 판단된다. 다만, 해당 현안에 대한 양국의 입장차를 분명히 이해하고, 이를 지속적으로 해결하려는 노력이 개진된다면 적어도 양국 간의 불신 해소 및 미래의 사태를 대비 — 즉, 불확실성을 감소 — 하는 데 도움이 될 것이다. 아래에서는 주요 사안에 대한 양측의 입장차와 그 주요 원인을 선별적으로 제시한다.

중국에 체류하고 있는 탈북자 문제는 2002년 장길수 가족 일행이 베이징 주재 유엔난민고등판무관(UNHCR) 사무실에 진입한 이후, 지속적으로 발생하고 있는 사안으로서 국내 및 국제사회에 널리 알려져 있다. 중국 정부는 동 사안을 중국의 "주권, 영토 및 소수민족"의 문제로 간주하고, 중·북 간 사안이기 때문에 제3자(예컨대, 한국)의 개입을 불용한다는 입장이다. 한국은 이에 대해 최소한 탈북자의 북한 강제송환 방지를 위해 사건 발생 시(case by case)마다 중국 측과 접촉하고 있으나, 현재까지 중국 측과의 원칙적인 합의나 기준을 설정하지 못하고 있다. 특히, 2008년 베이징 올림픽의 성공적인 개최 및 대외 이미지 제고에 부심하고 있는 중국 정부는 당분간 동 사안을 매우 민감하게 받아들일 것으로 보인다.

한반도의 비핵화에 대한 중국의 입장도 구체적인 내용에서는 우리의 입장과 차이를 보이고 있다. 중국은 한반도에 대해 다양한 목표를 추진하고 있고, 이에는 한반도의 안정('평화'), 비핵화, 북한 정권 혹은 김정일 정권의 유지, 그리고 대국으로서 영향력 확대 등이 포함되어 있다. 그러나 중국의 다양한 대한반도 목표 간에는 분명한 우선순위가 있을 것으로 판단되며, 이를 요약하면, 중국이 추진하는 대한반도 목표는 "한반도 비핵화 < (현) 북한 정권 유

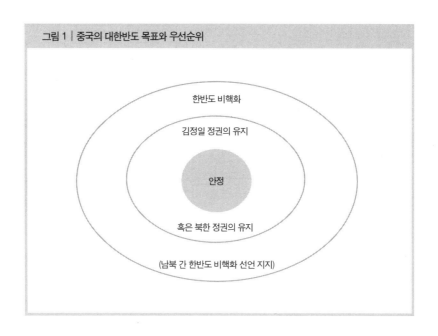

그림 1 | 중국의 대한반도 목표와 우선순위

한반도 비핵화

김정일 정권의 유지

안정

혹은 북한 정권의 유지

(남북 간 한반도 비핵화 선언 지지)

지<안정" 순이라고 볼 수 있으며, 이를 도표화하면 〈그림 1〉과 같다.

특히, 상기한 정책 목표 중에서 중국은 한반도의 비핵화보다는 한반도의 평화와 안정에 더 정책적 비중을 두고 있다.[20] 즉, 중국은 한반도의 안정과 평화가 유지되는 조건 하에서만 한반도의 비핵화를 추구하고 있으며, 한반도의 비핵화라는 목표를 위해서 한반도의 안정을 희생시키는 행위는 절대로 용납하지 않는 것을 원칙으로 하고 있다. 이는 1993~94년 한반도 '1차 핵위기' 시 중국이 지지했던 "한반도 비핵화 선언"에 대해 2002년 발생한 '2차 핵 위기'의 해결 과정에서 동 선언에 대한 언급이 없었던 점, 그리고 특히

....

20) 북핵 문제에 대한 중국의 입장 및 국가이익에 대한 분석으로는 박홍서(2007, 77-97; 2006, 103-22), 한석 희(2007, 349-374), Gong(2006, 465-82), 신상진(2005, 29-54), 김애경(2004, 33-60), 문홍호(2003, 99-116) 참조.

2005년 2월 북한의 '핵 보유 선언' 이후 중국 측도 북한의 핵 보유를 기정사실화하는 경향이 있는 점 등을 통해 추론이 가능하다.

같은 맥락에서 결국 6자 회담은 중국의 국가이익을 충분히 반영하는 다자간 안보 협의체로서, 중국은 한반도의 비핵화보다는 한반도의 안정에 더 포괄적인 가치를 부여하고 있다. 이로 인해 중국은 한반도의 비핵화를 강조하는 미국의 일방주의를 구조적으로 견제하고, 북한과의 특수한 관계를 바탕으로 자국의 리더십을 강화하며, 북한 핵 문제의 평화적 해결을 상징적으로 대표하는 6자 회담에 상당한 전략적 중요성을 부여하고 있으며, 6자 회담 이외의 대안은 전혀 고려하지 않는다고 결론지을 수 있다.

또한, 한반도 통일에 대한 중국 측의 시각과 입장도 상당한 문제점을 안고 있다. 중국 측은 양국 간 정상회담 혹은 고위급 회동 시 한반도 통일에 대한 중국 정부의 지지 입장을 밝힌 것으로 한국 정부와 언론은 발표하고 있다. 그러나 한·중 수교 공동성명 제5조에는 "중화인민공화국 정부는 한반도가 조기에 평화적으로 통일되는 것이 한민족의 염원임을 존중하고, **한반도가 한민족에 의해 평화적으로 통일**되는 것을 지지한다(강조는 저자)"라고 명시되어 있다. 이후 중국의 고위급 지도자들은 남북 당사자 간 '자주적'으로 인내를 가지고, 대화를 통해 '단계적'으로 통일을 실현하기를 희망한다는 점을 지속적으로 피력하고 있다. 이는 중국이 지지하는 한반도 통일은 조건적(즉, "평화적·자주적·단계적")이며, 이와 같은 조건이 충족되지 않을 경우 중국은 한반도 통일에 대한 지지를 유보하거나 반대할 수 있는 여지를 남겨 두고 있다. 환언하면, 중국이 이해하고 있는 한반도 통일과 한국민이 이해하고 있는 한반도 통일에 대한 중국의 입장 간에는 실제적으로 큰 괴리가 존재한다.

특히, 2004년과 2006년에 발생한 중국의 '고구려사 왜곡'은 양국 관계의 발전 추이에 제동을 거는 중대 사안이다.[21] 동 사건은 중국 외교부가 2004

년 4월 22일 외교부의 공식 웹 사이트에서 고구려에 대한 내용을 삭제함으로써 공론화되기 시작했는데, 한국 정부 및 국민의 반발이 일자, 설상가상으로 중국 외교부는 1948년 이전 한국사에 대한 내용을 모두 삭제함으로써 문제를 더욱 증폭시키게 되었다. 결국 양국 정부는 미봉책으로 '구두 합의'를 통해 동 사안의 악화 방지를 약속했으나, 적어도 동 사안으로 인해 2004년 8월 24일 한·중 수교 12년의 상징적 중요성은 크게 퇴색되었다. 무엇보다도 중요한 점은 동 사안이 중국의 중앙정부가 적어도 1996년 이후 추진해 온 국가사업인 '동북공정'(東北工程)의 일환이고, 동 사업은 중국의 동북 3성 지역의 안전 및 영토 보전, 지역 개발 및 복지 향상, 그리고 동북아 지역의 '세력 전이'(power shift)를 고려한 다목적 계획임을 감안할 때, 동 문제에 대한 상호 '합의'는 매우 어려울 것으로 보인다. 필자의 판단으로는 한국은 동 문제의 심각성을 분명히 인식하고, 조직적·지속적으로 대처해야만 한다.

또한, 주한미군 문제는 중국 측이 공공연히 거론하지는 않으나 지속적으로 관심을 갖고 있는 사안이다. 이는 주한미군이 한반도 및 동아시아의 안정에 기여하는 측면이 있기 때문이며, 주일미군의 역할도 같은 맥락에서 이해되어야 한다. 그러나 향후 미·중 간의 갈등이 첨예화되거나 한반도의 통일 과정에서 주한미군의 성격(예컨대, 대중국 봉쇄)의 문제가 가시화될 수 있다. 이 경우 한국의 기본 입장은 동 문제가 근본적으로 중국이 주장하는 한·미 '당사자' 간의 사안인 점을 부각시키고, 북한의 위협이 사라진 상황의 주한미군의 성격은 지역 안보에 중점을 둘 것이라는 점을 강조할 필요가 있다. 또한, 한반도 통일 후 주한미군과 중국이 직접적으로 대치하더라도 이는 반드시 적대적 관계가 아니라는 일부 중국 분석가의 견해를 염두에 둘 필요가

....

21) 이에 대한 대표적인 언론 보도 및 분석으로는 French(2004), Cody(2004, A25), Kang(2004) 참조.

표 2 | 한반도 주요 현안에 대한 한·중의 입장 비교

사안	중국의 입장	한국의 입장
비핵·개방 3000	• '비핵'에는 동의하나, '개방 3000'은 내정간섭의 소지가 있으며, 공개적 지지 유보 • 한국의 대북 우위 감안, 인내·시간 요함	• 실질적인 남북한 관계 발전 방안임 • 한·중 간 구체적 공조 방안 논의 필요
한반도 통일 문제	• 남북에 의한 (자주적) 평화통일 지지 • 실제로는 '통일'이 아닌 '안정' 희망 • 사실상 북한 정권 유지 지원	• 한·중 간 구체적 사안 차이 인식 • 북한 급변 대비 평시 신뢰 구축 필요 • 통일 후 우호적 관계 유지 사전 논의
재중 탈북자 문제	• 중국의 주권·영토, 소수민족 문제임 • 중·북 간 사안으로 '제3자'(한국) 개입 불가 • 내부적으로 우려하는 입장임	• 현실적 대안은 매우 제한적임 • 탈북자의 북한 강제송환 방지를 위해 중국 측 접촉, 국제 여론 동참
'고구려사' 문제	• 고(구)려는 중국 변방 민족사의 일부로서, 인종적·문화적·영토적 분명 한반도와는 다름 • (한국민의 정서를 감안) 양국 간 '학술적으로' 조용한 해결을 희망	• (정부) 한민족사의 정체성을 부인하는 중대 사안이나, 중국과의 원만한 해결 희망 • (학계) 절대 불용론, 역사공유론, 혹은 패배주의 등
주한미군 문제	• 일국이 타국에 군대 주둔 원칙적 반대 • 주한미군의 역사적 배경 인정, 한·미 간 협의할 사안임 • 단, 주한미군의 대중국 역할을 주시함	• 아측이 먼저 거론할 문제가 아님 • 주한미군의 한반도 안정 기여 강조 • 향후 통일 후에도 주한미군의 성격은 지역안보임을 주지시킴
북한 핵문제	• 한반도(즉, 북한)내 핵 불용 • 미국의 대북 압력/위협이 근본 원인 • 평화적 해결 지지, 국제적 대북 제재 반대 • 핵 없는 북한 정권의 안정적 지속 희망	• 남북 기본합의서 및 한반도 비핵화 선언 준수 필요 • 북한의 핵문제와 '전쟁 불사'로 인해 한반도 안정 저해 강조 • 국제적 공조하, 북한과 대화 강조
미·일 안보 동맹 강화	• 'NATO의 아시아판'임 • 일본의 독자적 정치·군사적 역할 및 대만에 대한 함의 크게 우려 • 일부는 대중국 봉쇄정책으로 간주	• 이는 지역 안정 및 대북 억지력 유지에 기여하는 측면 강조 • 미·일 간 쌍무적 사안임
전구미사일 방어체계(TMD)	• 역내 군비경쟁 조성, 일본의 군사화, 대만에 대한 함의, 중국의 대미·대일 관계 악화 등을 이유로 강력히 반대함 • 미사일 효과 상쇄 및 기술력 격차 우려 • 한국의 불참 입장 크게 환영	• 불참 입장 견지 및 문제의 근원이 북한임을 주지시킴 • 기술·재정상의 이유로 장기적 문제임

자료 : Taeho Kim, "Sino-ROK Relations at a Crossroads: Looming Tensions amid Growing Interdependence," *Korean Journal of Defense Analyses* Vol. 17, No. 1 (Spring 2005), pp. 144-45의 표를 수정·최신화함.

있다.

이외에도 한·중 양국 간 이해가 상충되거나 잠재적 갈등 요인으로 작용할 수 있는 사안은 적지 않다. 북한의 미사일 (재)발사, 미·일 간 안보 협력 강화, 그리고 전구미사일 방어체계(TMD)와 같은 한반도 및 역내 안보 문제가 이에 포함되며, 북핵 문제 및 6자 회담에 대한 중국의 본질적 이익과 행태도 면밀히 검토할 필요가 있다. 이를 요약하면 〈표 2〉와 같다.

5. 한·미 동맹과 한·중 협력 간의 관계

미국과의 동맹과 중국과의 협력 간 조화 문제는 21세기 한국의 국가 외교·안보 전략 상 가장 중요한 도전(challenge)이라고 볼 수 있다. 한반도에 대한 상기한 중국의 입장과 정책 목표는 중국의 국가 목표인 국내 경제 발전과 이를 위한 안정적이고 평화로운 외부 환경의 조성 차원에서 이해할 수 있다. 이 같은 국가·대외 정책의 목표하에 중국은 다양한 외교정책을 수립·시행하고 있으나 기본적으로 분쟁보다는 안정을 선호하며, 국제적 압력이나 무력의 행사보다는 당사국 간의 대화와 협상을 통한 해결 방식을 고수하고 있다. 이는 중국이 '평화 애호국'이라는 선언적 차원의 의미보다는 국가 목표인 경제 발전의 달성을 위해서는 상당히 오랜 기간 외부 환경의 안정이 필요하기 때문이다. 특히 중국은 미국 중심의 세계 및 지역 질서로 인해 구조적 제약을 받고 있는 상황에서도 '중국 위협' 논의를 불식시키고 자국의 위상 및 '책임 있는 대국'이라는 이미지 제고를 위한 노력을 지속적으로 전개하고 있다.

한국의 입장에서 볼 때, 중국의 부상과 이로 인한 미·중·일 간의 관계 변화는 매우 다양하고도 복잡한 과제다. 우선, 한국은 '중국과의 쌍무적 관계 발전'과 '중국을 통한 대북 억지력 제고 및 남북 관계 개선'이라는 양대 목표를 추구하고 있으나, 중국과의 안보 협력 과정에서 한·미 동맹과 미·중 경쟁 등 구조적인 요인으로 인해 미국에 의한 '포기·연루'(abandonment or entrapment)의 안보 딜레마에 봉착할 수 있다.22) 또한, '동맹 전이' 이론은 지배국의 동맹 세력과 도전국의 동맹 세력 간의 연대 강화 혹은 타 동맹국에 대한 유인(誘引)은 양측 간 갈등 가능성의 제고를 가정하고 있으며, 실제적으로 미국은 한국과의 동맹 강화 및 중국의 동맹국인 북한에 대한 접촉 강화를 시도하고 있고, 중국으로서는 북한과의 관계 유지 및 미국의 동맹국인 한국에 대한 연대 강화를 시도하고 있다.23) 이와 같이 동일한 대상국 간의 관계 및 맥락 변화는 한국의 새로운 전략적 사고를 요구하고 있다.

단, 국내 일부에서 제기하고 있는 '전략적 대안'으로서의 대중국 접근은 단·중기적으로 상정하기 어렵다. 이는 기본적으로 한반도의 지정학적 위치 및 "힘의 구도"에 기인한다. 결코 '후진국'이 아닌 한국은 세계의 주요 강국 사이에 위치하고 있어 주변국에 비해 상대적으로 낮은 수준의 '종합 국력'을 유지하고 있다. 이를 극복하기 위한 방법은 '내적 밸런싱'과 '외적 밸런싱'밖에는 없는데, 후자의 대상은 ① 영토 분쟁 혹은 야욕이 없고, ② 유사시 지원할 수 있는 능력(capability)과 의지(will)가 있고, 그리고 ③ 역사적·선험적으로 우리에게 '양성'(benign)인 국가여야 한다. 이와 같은 세 가지 조건을 모두 갖춘 국가는 미국밖에 없는 것이 엄연한 현실이다.

또한, 한국의 국가 안보 목표, 특히 평화 정착과 평화통일에 어느 주변 강대국이 우리의 편에 설 것인가를 냉철하게 고려해야 한다. 모든 강대국은 분

....

22) 중국의 부상으로 인한 한·미 동맹의 이완과 변화를 분석한 글로는 서정경(2008, 95-118) 참조.
23) 이에 대한 보다 자세한 분석은 박홍서(2008, 299-317) 참조.

명 통일 과정 중 그리고 통일 후 자국의 대한반도 영향력을 제고하기 위한 노력을 개진할 것이다. 또한, 상황에 따라서는 강대국 간의 공모 가능성도 배제할 수 없다. 물론, 미국도 한반도의 통일로 인한 불확실성을 우려하고 있고, 국내에서도 미국의 '진정한 의도'가 무엇인가에 대해 의문을 갖고 있는 것도 중요한 지적이다. 다만, 냉전기 동·서간 체제 경쟁과 국내의 정치적 소용돌이 속에서 국제적 위상을 갖춘 한국이 과거 19세기 이전과 다를 수 있었던 근본적인 이유를 곰곰이 생각해 보아야 한다. 국제정치적·지정학적·역사적 측면, 그리고 미래 한국의 목표 달성을 위한 가장 효과적인 '외적 밸런싱'의 핵심은 미국과의 "협력적이고 실용적인" 관계를 유지하는 것이다.

한·중 관계의 외연이 확대되고 있는 현 상황에서 '미국 요인'의 중요성은 아무리 강조해도 지나치지 않다. 첫째, '지역 안정자'(regional stabilizer)로서의 미국과의 관계는 중국으로 하여금, 개혁·개방, 경제 발전, 그리고 "우호·협력적인 대외관계"를 가능케 하고 있다. 즉, 중국도 이와 같은 '안정된 주변 환경'의 혜택을 받고 있으며, 미국의 지속적인 역할을 기대하고 있다. 둘째, 한국의 군사·안보 정책은 북한의 위협을 억지하고, 억지의 실패 시 효과적으로 전쟁을 종료해야 하기 때문에, 한국은 한반도에 대한 미국의 역할 및 공약(公約, commitment)을 지속적으로 확보해야만 한다. 셋째, 한·미 동맹의 이완은 적어도 단기적으로는 예산상, 그리고 전쟁 억지의 효율성 측면에서 바람직한 선택이 아니다. 특히, '중국의 부상'에 따른 역내 불확실성의 증가를 감안할 때, 상기한 선택은 주변 강대국 간의 관계 및 전략 조정을 낳게 되고 이는 한국의 안보 환경에 복합적인 문제를 낳을 수 있기 때문이다. 넷째, '우호적인 중국', '한반도에 대한 중국의 건설적 역할' 혹은 '대미/대중 등거리 외교'와 같은 국내 일부의 인식은 사실화 혹은 검증되지 않은 직관·판단으로서 이에 대해서는 지속적인 관찰 및 평가가 필요하다.

필자가 특히 강조하고 싶은 점은 한·미 동맹의 강화는 중국의 입장에서 볼 때, '한국의 가치'를 제고시키는 측면이 있기 때문에 한국은 이를 적극적으로 활용해야 한다는 것이다. 경험적으로 볼 때, 중국이 한·미 FTA 협상이 2006년 2월 공식적으로 개시되기 직전 한·중 FTA를 제안한 점,[24] 상기한 원자바오 총리의 방한(2007년 4월) 시, 과거 한국 측에서 지속적으로 요구했으나 해결되지 않았던 양국 간 군사 핫라인 설치를 제안한 점, 그리고 이명박 후보의 대통령 당선 후인 2008년 초 한·미 동맹의 강화 시점에서 중국이 "전략적 협력 동반자 관계"를 제안한 점은 이와 같은 추론을 가능케 하고 있다. 이는 검증 가능한 가설로서, 중국이 한·미 동맹 관계를 고려하여 한국을 중시하는 사례라고 판단된다.[25]

또한, 미국과 중국 간의 기본적인 경쟁·갈등 구조 및 상이한 대한반도 이익을 감안할 때, 양국이 모두 한반도 문제의 해결에 중재자, 혹은 협력자 역할을 할 수 있다는 가정은 논리적·선험적으로 문제를 안고 있다. 그러므로 단·중기적으로 한국의 대미·대중 정책을 포함한 대외 정책은 '전략적 차등화'가 불가피하다. 그러나 이 같은 '전략적 차등화'는 중·장기적으로, 그리고 상황의 변화에 따라 조정·검토되어야 한다. 이는 북한 급변 사태와 같은 상황의 발생 시 이를 통일의 기회로 활용하려는 한국과 북한의 위기 상황을 안정화하려는 미국 및 중국의 입장 및 국익 차이가 있을 수 있기 때문이다.

미·중 양국 간 경쟁·갈등 구조로 인해 미국은 한국의 대중국 접근과 한·중 관계의 변화 추이를 주목하고 있고, MD, PSI, 그리고 '전략적 유연성'과

----

24) 보다 포괄적인 차원에서 중국의 FTA전략과 한·중 FTA를 평가한 연구로는 강준영·정환우(2007, 3-29), 최원기(2006, 125-145), 정인교(2005, 261-306) 참조.

25) 최근 한국에 대한 중국의 '매력 공세'는 중국의 대미/대일 관계 강화와 함께 고려되어야 하며, 한국은 미국이나 일본에 비해 중국의 압력에 상대적으로 더 취약할 수밖에 없다. 또한, 현 시점에서 판단할 때 '미·일 대 중·러' 연합과 같은 전통적인 시각은 상당한 변화 가능성을 안고 있다.

같은 사안은 한국이 미·중 양국의 입장을 고려하여 추진해야 하는 매우 민감한 이슈이다. 또한, 중국은 한반도 통일 시 통일 한국과의 새로운 관계 정립을 고려하지 않을 수 없다고 판단하고 있다. 상기한 바와 같이, 동 과정에서 미·중 간의 이익이 교차하는 이슈는 적지 않다. 역으로, 미국과 중국의 관계가 협력적으로 변화하는 경우, 한반도의 안정 및 현안 해결에 상당히 유리할 가능성이 있다. 그러나 한국의 대중국, 대미국 전략적 교섭 능력이 열악한 상태에서 강대국 간의 협력은 대만의 사례에서 나타나는 바와 같이 한국의 입지를 축소시킬 수도 있음에 유의해야 한다.[26]

한국의 입장에서 볼 때, 미·일 안보 협력 강화는 북한의 현재적 위협이 존재하는 한, 대북 억지력을 증대시킬 수 있다는 점이 중시되어야 한다. 단·중기적으로 한국의 안보·군사정책은 한·미 동맹을 중심으로 북한의 위협을 억지하고, 억지의 실패 시 효과적으로 전쟁을 종료해야 하기 때문에, 한국은 한반도에 대한 미국의 대한·대일 동맹 간의 협력을 극대화시킬 필요가 있다. 단, 한국은 일본과 같이 미국과 쌍무적 동맹 관계를 맺고 있으나, 미·일 동맹과는 달리 북한의 군사 도발이라는 현재적 억제 대상을 갖고 있다. 북한 위협의 소멸 시 한국/통일 한국의 대외·안보 정책은 중·일의 역내 경쟁 구도하에서 특정 분야·이슈별로 양측 혹은 일방에 최소한의 입장 표명이나 영향력을 행사하고, 양측 혹은 일방으로부터 최대한의 양보를 받아 내는 "최대·최소 전략"을 추구해야 한다.[27]

····················

26) 국내의 일부 식자들은 미국의 대(對)확산 노력의 최대 장애인 북핵 문제의 해결과 중국의 통일 노력에 최대 관건인 '대만 문제'를 미·중 양국이 '대타협'(great compromise)을 통해 해결할 가능성이 있다는 논제를 제기하고 있다. 이와 유사하게 대만에서는 북핵 문제의 악화로 인해 미군의 한반도 투입 시, 중국의 대(對)대만 공격 가능성이 높다는 우려를 갖고 있다. 그러나 가장 기본적으로 중국은 2개의 전쟁을 수행할 능력이 없으며, 중국은 북한과 대만(즉, '국내문제')을 전혀 다른 사안으로 간주하고 있다.

27) 고전적인 세력 전이 이론이 세계를 대상으로 한 패권국과 도전국 간의 관계 변화를 상정하고 있는 것에 비해 현재의 국제 질서는 좀 더 복잡한 양상을 보이고 있다. 동아시아 내 중국과 일본 간의 관계 변화와 이

위에서 언급한 바와 같이 한·중 관계는 1992년 8월 양국 수교 이후 각 영역에서 괄목할 만한 발전을 이루고 있고, 한국은 장기적으로 중국과의 외교 관계라는 한 축을 통해 21세기 및 통일 한국의 대외 환경에 대비해야 한다. 또한, 중국이 대남북한 정책에 있어 모호하고, 일견 상반되는 입장을 취하는 근본적인 원인은 이를 통한 자국의 국익 및 위상 제고이다. 사실, 한·중 수교 이후 한국의 지속적인 대중국 협조 요청에도 불구하고, '중국의 대북한 영향력'의 실제 사용 여부는 아직 검증되지 않고 있다.[28] 이 같은 상황에서 한·중 간 안보 논의는 단기적으로 한반도 사안에 중점을 두고, 한반도 유사 시 및 통일 과정 전개 시 중국의 협조를 확보하기 위해서는 장기적·조직적·지속적인 평시 신뢰 구축 노력을 전개할 필요가 있다. 중국의 실제적 대한반도 역할과 다층적·전략적 대외 정책에 대한 올바른 인식은 한국의 중장기 대외 전략의 수립 시 반드시 고려되어야 할 사안이다.

6. 결론 및 건의

한국은 국력(즉, 중급 국가), 대외 관계(대미 동맹과 대중 협력), 미래 안보 환경의 불확실성을 감안하더라도 '국가 전략' 혹은 중장기 전략 방침의 수립·운용이 필요하다. 이는 미국과 중국을 포함한 주변국에 대한 정책의 일관성과

에 대한 세계적 패권국인 미국의 영향에 대해서는 강택구(2008, 7-31) 참조. 또한, 세계적 차원에서 중국이 부상하더라도 이는 중국과 미국 간의 경쟁이 아니라 중국은 미국을 포함한 서방세계 전체와 경쟁을 해야 한다는 논리에 대해서는 Ikenberry(2008, 23-37) 참조.

28) 중국의 대북한 영향력에 대해서는 국내외에 많은 논문이 있으나 가장 설득력이 있고 대표적인 연구로 이동률(2005, 128-65) 참조.

맥락을 제공할 뿐만 아니라 한반도 유사시 기회비용을 감소시키고 한국의 대외적·전략적 교섭 능력(negotiation power) 강화에 긍정적으로 작용할 수 있다. 한국은 중급 국가로서 주변 강대국에 비해서는 전략적 선택의 범위가 작으나 유연해야 하며, 체제의 속성상 5년 주기 검토 및 조정, 그리고 무엇보다도 국력 및 위상의 유지·발전 등을 고려해야 한다.

　한국과 중국은 국가 이념, 조직 원리, 국가·사회관계, 정부 조직 체계 등 측면에서 상당히 다른 국가로서, 유권자인 국민에 의한 선거를 통해 정기적으로 정부가 교체되는 자유민주주의 국가인 한국과는 달리, 중국의 경우 1당 지배가 유지되고 있기 때문에 최고 지도자 및 외교·군사 업무 책임자의 재임 기간이 매우 긴 편이며, 이 같은 관행은 정책의 일관성과 지속성 유지에 긍정적인 효과를 보이고 있다. 1당 지배와 최고 지도자의 장기 집권이 가능한 강대국인 중국은 지정학적 고려에 기초한 '대전략'(grand strategy)/외교 노선을 유지하고 있으나, 한국의 경우는 정기적 정권 교체(특히, '연례행사'식 장관 교체), 북한의 지속적인 안보 위협, 한·미 동맹 등 구조적 요인으로 인해 전략적 선택의 범위가 상대적으로 제한되어 있고, 대중국 정책의 일관성 및 지속성이 결여되고, 대중국 업무에 대한 정부 부처 간 협조가 어려운 경우가 발생하고 있다. 다만, 중국이 중·소 동맹(1949~60), 반소·반미 노선(1960~72), 반소 중·미 연합(1972~82), 자주·평화 외교 노선(1982~89), 다자/주변 외교(1990년대 중반 이후)와 같은 지정학적 대전략 유지를 통해 자국의 안보 환경에 대응한 점은 타산지석으로 삼아야 한다. 같은 맥락에서, 일본의 경우도 냉전 종식 이후 일본의 전략 태세 및 대미 동맹에 대한 재검토 과정[소위 1994년 9월 "히구치(Higuchi) 보고서" 및 2003년 말 "아라키(Araki) 보고서"]을 통해 대미 동맹 강화와 대외 안보 역할 확대와 같은 전략적 결정을 도출한 점은 우리에게 시사하는 바가 크다.

특히, 중장기 대중국/대미 전략·정책의 성공 여부는 상기한 '국가 전략'의 자생력(viability)에 크게 좌우되며, 이에는 (대외 환경 및 역내 질서 변화에 대한) 적응력, (중장기적 목표에 대한) 기획·추진력, (국내 정치·사회 변화에 대한) 정부의 통제력, (세계 10대 경제력, 과학·기술 창의력 및 산업 생산력과 같은) 정보화·첨단화된 경제력 유지는 필수적인 요건이다. 또한, 국가 전략에 대한 국민적 합의(domestic consensus) 유지, 사회적 응집력 제고 및 "방어적 충분성"에 기초한 첨단 군사력 건설은 필수 불가결한 요소로서 반드시 달성해야 할 과제다.

중국과 미국(특히, 중국)은 한반도의 통일이라는 대원칙에는 동의하나 이로 인한 여파 및 불확실성으로 인해 현실적으로 한반도의 현 상황 지속을 선호하고 있는 것으로 판단된다. 또한, 통일 한국의 실현 시 한반도 및 역내 질서의 재편이 불가피하기 때문에 미래의 불확실한 혜택보다는 현재의 보다 분명한 이익에 더욱 중점을 두게 될 것이다. 이외에도 한반도 유사 및 통일에 대한 우려는 미·일을 중심으로 한 '해양 세력'의 한반도 진출 가능성, 통일 과정에서 발생할 수 있는 소요 및 난민, 그리고 통일 비용에 대한 부담 등이 있으며, 특히 상기한 요인 이외에도 미·중 간의 갈등은 구조적이나 독자적으로 한반도의 통일을 저해할 수 있는 요인이다.

한반도 문제의 '양면성'(한반도 ↔ 미·중 관계), 미·중 간 갈등·경쟁 구도, 그리고 한국의 대미/대중 관계(즉, 3각 관계)의 '비대칭성'은 한국의 입장에서 볼 때, 복잡한 "도전이자 기회"로 작용할 수 있다. 미·중 양국은 다양한 쌍무적 문제, 그리고 역내 MD 개발, 미·일 동맹 강화, 동북아 다자 안보체 구성 등 동아시아 전략목표에 대해 상이한 입장을 보이고 있는데, 이 같은 다차원적이고, 지속적인 이견 대립에도 불구하고, "한반도의 안정"에 대해서는 양국이 공통된 입장을 취하고 있는 근본적인 이유에 대해서 숙고해 볼 필요가 있다. 이 같은 가정이 맞는다면 양국의 쌍무적·지역적 차원의 경쟁·갈등은 한반도 문제에 있어서도 유사한 경쟁·갈등 관계를 형성하게 될 것이기 때문이다.

같은 논리로서, 미국과 중국 간의 경쟁·갈등 구조 및 상이한 대한반도 이익을 감안할 때, 양국이 모두 한반도 문제의 해결에 중재자, 혹은 협력자 역할을 할 수 있다는 가정은 논리적·선험적으로 문제를 안고 있다. 이는 북한 급변 사태와 같은 상황의 발생 시 이를 통일의 기회로 활용하려는 한국과 북한의 위기 상황을 안정화하려는 미국과 중국의 입장 및 국익상 차이가 있을 수 있기 때문이다. 예를 들어, 동 상황의 발생 시 한국과 미국은 북한에 대한 법적 해석차 이외에도 대량 탈북 상황, 대량 살상 무기 처리 문제, 내전·인질 상황 등 주요 사태에 대한 이견 가능성이 있으므로 이에 대한 사전 대비가 필요하다.

현재의 상황으로 판단할 때, 미국 행정부 및 전략가의 주류는 한국 및 동아시아의 주요국이 과거에 비해 탈냉전 시대를 맞이하여 보다 '독자적인' 입장을 취하고는 있으나, 이로 인해 중국에 '경사되는'(tilt) 정책을 취하고 있지는 않은 것으로 보고 있다.[29] 이와 같은 안보상 '이중 보험'(hedging)은 한국의 대외·안보 정책 추진 시 운신의 폭을 확대하는 경향이 있으나, 상기한 바와 같이 대미 동맹과 대중 협력 간에는 "전략적 차등화" 유지 필요가 필요하다.

위에서 논의한 바와 같이, 한국은 통일 후 중국과의 관계를 고려한 중장기적이고 포괄적인 대중국 정책을 전개할 필요가 있다. 이에 대비하기 위한 가장 중요한 한국의 대중 단기 목표는 평시 신뢰 구축과 전면적 협력 강화이다. 이는 중국이 기존의 입장·정책을 수정할 경우 비용을 증폭시키는 결과를 초래할 수 있는 억제책이다. 보다 중장기적 차원에서 한국은 한반도 관련 구체적·중장기 사안에 대한 중국 측의 이해를 촉구하고, 동시에 중국에 대

....

29) 이와 같은 견해의 대표적 연구로는 Sutter(2005) 참조.

한 상대적 역량 및 위상 강화를 추진할 필요가 있다.

한국과 중국은 국가 잠재력, 국제적 위상, 국가 이념 및 체제 속성, 대외·동맹 관계상 차이, 그리고 역사적 유대감과 적대감의 혼재로 인해 서로 다른 국가이익과 감정 구조를 갖고 있으며, 이 같은 일련의 관계는 통일 전후 대중국 관계의 저변 요인으로 작용할 것으로 보인다. 이를 관리하기 위한 논리는 적지 않으나 무엇보다도 북한 정권의 정책적 실패 및 긴장 조성으로 인한 한반도/동북아의 불안정성 문제, 중국과의 지속적인 우호적 협력 관계 희망, 한·중 국경 지역 공동 개발안 제시, 한·중 우호 협력 조약 체결 등이 있으며, 북한 내 비군사적 사태 발생과 관련 중국과의 협의를 진행할 필요가 있음을 강조해야 한다. 특히, 중국의 우려 사항인 통일 한국 내 주한미군 주둔과 관련, 한국군과 주한미군의 총체적 군비축소 및 병력 감축 방안, 방어적 배치 및 태세에 대한 체계적인 논리가 마련되어야 한다.

중국의 입장에서 볼 때, 한반도 통일은 대만, 남사군도 분쟁과 같은 소위 중국이 주장하는 중국의 '주권' 문제와는 근본적으로 성격이 다른 사안으로서, 이에 대한 해결은 당사자 간에 이루어져야 한다는 원칙을 고수하고 있다. 이는 한반도 통일 과정의 전개 시 중국의 다양한 형태의 역할 혹은 개입 가능성이 자국이 주장하는 타국의 '내정 불간섭' 원칙에 위배될 가능성과 맞물려 한반도 통일에 대한 중국의 입장과 정책에 매우 중요한 의미를 지니고 있다. 이를 구체적인 정책으로 실현하기 위해서는 상기한 "중국의 대한반도/대아시아 정책"과 "중국의 대미 정책" 맥락 및 목표의 변화에 대해 주기적으로 검토·평가할 필요가 있다.

참고문헌

권영석. 2007. "중국 유학생 3명중 1명이 한국인." 『연합뉴스』 4월 16일.

강준영·정환우. 2007. "중국의 FTA 추진전략 분석: 전략 목표별 사례분석을 중심으로." 『국제지역연구』 제11권 3호, pp. 3-29.

강택구. 2008. "동아시아 지역 내 강대국간 경쟁과 세력전이: 21세기 중국의 대일정책." 『국제정치논총』 제48집 2호, pp. 7-31.

김애경. 2004. "중국의 탈냉전기 국제질서에 대한 구상과 그 한계." 『중소연구』 제28권 2호, pp. 13-36.

_____. 2004. "중국의 대외정체성 인식 변화 : 제1, 2차 북핵 위기에 대한 중국의 역할변화 분석을 사례로." 『국가전략』 제10권 4호, pp. 33-60.

김예경. 2007. "중국의 부상과 북한의 대응전략 : 편승 전략과 동맹, 유화 그리고 현안별 지지 정책." 『국제정치논총』 제47집 2호, pp. 75-96.

김재철. 2007. 『중국의 외교 전략과 국제질서』. 폴리테이아.

_____. 2003. "중국의 동아시아 정책." 『국가전략』 제9권 4호, pp. 7-32.

문흥호. 2007. "한·중 관계의 회고와 전망." 『국제문제연구』 제7권 4호, pp. 45-72.

_____. 2003. "북한 핵문제에 대한 중국의 기본 인식과 정책 기조." 『중소연구』 제27권 3호, pp. 99-116.

박두복. 2003. 『북한 핵문제에 대한 중국의 입장과 역할』. 주요국제문제분석 22. 외교안보연구원.

박병광. 2008. "중국의 에너지 외교: 배경, 전략, 내용을 중심으로." 김태호 외. 『중국 외교 연구의 새로운 영역』. 나남, pp. 287-326.

_____. 2007. "한·중 관계 15년의 평가와 과제: 외교·안보적 측면을 중심으로." 『국방정책연구』 제77호, pp. 135-58.

박창희. 2007. "지정학적 이익 변화와 북중동맹 관계: 기원, 발전, 그리고 전망." 『중소연구』 제31권 1호, pp. 27-55.

박홍서. 2008. "중국의 부상과 탈냉전기 중미 양국의 대한반도 동맹 전략: 동맹전이 이론의 시각에서." 『한국정치학회보』 제42집 1호, pp. 299-317.

_____. 2007. "탈냉전기 중미간 '협조체제' 출현? 9·19 공동성명 후 북핵 문제에 대한 중미간 협력." 『국제정치논총』 제47집 3호, pp. 77-97.

_____. 2006. "북핵 위기시 중국의 대북 동맹안보 딜레마 연구: 대미관계 변화를 주요 동인으로." 『국제정치논총』 제46집 1호, pp. 103-22.

서정경. 2008. "중국의 부상과 한미동맹의 변화: 동맹의 방기(Abandonment)—연루 (Entrapment) 모델적 시각에서."『신아세아』제15권 1호, pp. 95-118.

신상진. 2005. "중국의 북해 6자 회담 전략: 중재역할을 통한 영향력 강화."『국가전략』제11권 2호, pp. 29-54.

_____. 2004. "국내의 중국·북한관계 연구: 현황과 과제."『통일정책연구』제13권 2호, pp. 261-81.

이동률. 2005. "중국의 대북한 영향력에 대한 실증연구." 전국경제인연합회 편.『중국의 대내외 정치 환경의 변화와 한국의 대응전략』. KFI China Forum 연구시리즈 2. 전국경제인연합회, pp. 128-65.

이삼성. 2007. "21세기 동아시아의 지정학: 미국의 동아태지역 해양패권과 중미관계."『국가전략』제13권 1호, pp. 5-32.

정인교. 2005. "중국과 일본의 대아세안 FTA 추진현황과 시사점."『국제문제연구』제5권 1호, pp. 261-306.

조영남. 2006.『후진타오 시대의 중국정치』. 나남.

최경식. 2008.『무관의 눈으로 본 중국, 중국사회』. 한울출판사.

최명해. 2007.『중국·북한 동맹 연구: 양국 동맹의 기원과 역동적 전개 과정』. 고려대학교 대학원 박사 학위 논문.

최원기. 2006. "중국의 한·중 FTA 추진배경과 한·중 FTA 전망."『주요국제문제분석』, pp. 125-45.

하도형. 2008. "한·중 국방교류의 확대와 제한요인에 관한 연구: 한·중의 대북 인식 요인을 중심으로."『현대중국연구』제9집 2호, pp. 1-35.

한석희. 2007. "중국의 다극화전략, 다자주의외교, 그리고 동북아시아 안보."『국제지역연구』제11권 1호, pp. 349-74.

_____. 2005. "'6자 회담'과 중국의 딜레마."『국제정치논총』제45집 1호, pp. 175-200.

_____. 2002. "ARF와 중국: 중국의 안보적 구속에 대한 논의."『국제정치논총』제42집 4호, pp. 373-91.

홍익표. 2006. "북·중 변경무역의 실태분석 및 향후 전망."『통일정책연구』제15권 2호, pp. 191-219.

황재호. 2007. "한국의 대중 군사외교."『국방정책연구』제75호, pp. 71-94.

鄧小平. 1993. "國際形勢和經濟問題."『鄧小平文選』. 第三卷. 北京: 人民出版社.

戚文海. 2006.『中俄能源合作: 戰略與對策』. 北京: 社會科學文獻出版社.

徐堅 主編. 2004.『國際環境與中國的戰略機遇期』. 北京: 人民出版社, pp. 222-32.

張愛萍 主編. 1994.『中國人民解放軍』. 上卷. 當代中國叢書. 北京: 當代中國出版社, pp. 296-99.

中華人民共和國外交部. 2007.『中國外交 2007年版』. 北京: 世界知識出版社, pp. 419-20.

Cody, Edward. 2004. "China Gives No Ground in Spats over History." *Washington Post*. September 22, A25.

French, Howard W. 2004. "China's Textbooks Twist and Omit History." *New York Times*. December 6.

Glosserman, Brad. 2003. "US-China: The Next Alliance?" *South China Morning Post*. October 30.

Ikenberry, John G. 2008. "The Rise of China and the Future of the West: Can the Liberal System Survive?" *Foreign Affairs* Vol. 87, No. 1, pp. 23-37.

Gong, Keyu. 2006. "The North Korean Nuclear Issue and China's National Interests." *Korea and World Affairs* Vol. 30, No. 4, pp. 465-82.

Kang, Jun-young. 2004. "Hidden Motives behind China's Northeast Project." *Korea Herald*. August 24.

Kim, Taeho. 2005. "Sino-ROK Relations at a Crossroads: Looming Tensions amid Growing Interdependence." *Korean Journal of Defense Analysis* Vol. 17, No. 1, pp. 129-49.

_____. 2001. "A Testing Ground for China's Power, Prosperity and Preferences: China's Post-Cold-War Relations with the Korean Peninsula." *Pacifica Review* Vol. 13, No. 1, pp. 31-40.

Levine, Steven I. 1984. "China in Asia: The PRC as a Regional Power." Harry Harding ed. *China's Foreign Relations in the 1980s*. New Haven: Yale University Press.

Oksenberg, Michel. 1999. "China: A Tortuous Path onto the World Stage." Robert A. Pastor, ed. *A Century's Journey: How the Great Powers Shape the World*. New York: Basic Books, pp. 291-331.

Scofield, David. 2004. "China Ups and Downs in Ancient Kingdom Feud with Korea." *Asia Times,* August 16.

Sutter, Robert G. 2005. *China's Rise in Asia: Promises and Perils*. Lanham, MD: Rowman and Littlefield.

동아시아와 중국의 동맹 정책

조영남

1. 서론

이 글은 동아시아 지역에 초점을 맞추어 개혁기 중국의 동맹 정책을 분석하는 것을 목적으로 한다. 1949년 사회주의 중국이 성립한 이후, 중국 외교는 몇 차례 조정을 거쳐 지금에 이르고 있다. 중국 외교에서 결정적인 변화를 초래한 것은 무엇보다 1978년 중국이 개혁·개방 정책을 본격적으로 추진하면서, 이에 맞추어 외교정책도 조정되었다는 사실이다. 또한 1991년 소련의 붕괴와 함께 동·서 냉전 체제가 해체되면서 국제 정세는 급변했고, 이에 적응하기 위해 중국 외교정책도 일정 부분 조정되었다. 이런 중국 외교의 조정과 함께 동맹 정책 또한 변화되었다.

그런데 중국의 동맹 정책에 대한 기존 연구는 매우 미진하다. 단적으로, 개혁기 중국 외교를 체계적으로 분석한 연구는 비교적 많지만 중국의 동맹 정책을 전문적으로 분석한 연구는 거의 없다. 중국의 동맹 정책에 대한 기존 연구도 주로 미·일 동맹의 강화에 대한 중국의 대응이나 한·중 수교 이후 변화한 북·중 관계를 분석한 것이 대부분이다.[1] 이런 중국 동맹 정책에 대한 연구 부족은 국제정치학에서도 동맹 연구가 매우 부족하다는 스나이더 (Glenn H. Snyder)의 지적을 연상시킨다(Snyder 1990, 103-123).

이처럼 중국의 동맹 정책에 대한 연구가 많지 않은 것은 일차적으로 개혁기 중국 외교에서 동맹이 차지하는 비중이 매우 낮기 때문일 것이다. 한마디로 개혁기 중국 외교의 핵심 원칙은 '비동맹'(不結盟)이었고, 지금까지 중국은 이 원칙을 고수하고 있다고 주장한다. 그러나 이런 사실을 감안해도 두 가지 문제가 남는다. 첫째, 마오쩌둥 시기 중국 외교는 미·소를 중심으로 한 동맹 또는 준(準)동맹 정책을 중심으로 전개되었는데, 개혁기에 왜 비동맹 원칙을 천명했으며, 실제로 중국은 이 원칙을 얼마나 잘 지키고 있는가를 진지하게 검토할 필요가 있다. 둘째, 타국과 마찬가지로 중국도 전체 외교정책의 한 분야로 또한 다른 정책과의 긴밀한 연관 속에서 동맹 정책을 추진하는데, 미·일 동맹의 강화에 대한 대응이라는 차원에서 중국의 동맹 정책을 분석하는 것은 관점의 협소화라는 문제가 있다. 다시 말해, 중국 외교 전체의 관점에서 중국의 동맹 정책은 어떤 내용과 의의를 갖고 있고 실제로 그것은 어떻게 추진되었는가에 대한 진지한 검토가 필요하다. 이런 관점에서 볼 때 우리는 중국이 단순히 미·일 동맹의 강화에 대한 대응 차원이 아니라 자국 외교정책의 조정에 맞추어 능동적으로 동맹 정책을 추진해 왔을 가능성을 생각해 볼 수 있다.

한편, 이와 관련하여 세력균형 정치(balance of power politics)의 관점에서 탈냉전기 중국의 정책과 활동을 분석한 로스(Robert S. Ross)의 연구가 있다. 그는 탈냉전기 동아시아에는 미·중 양국이 주도하는 양극체제(bipolarity)가

----

1) 미·일 동맹 강화에 대한 중국의 대응 연구로는 다음이 있다. Garrett and Glaser(1997), Christensen (2003), Wu(2005/06). 북·중 동맹에 대한 연구의 예로는 다음이 있다. 최명해(2009; 2008), 이상숙(2008), 박홍서(2008; 2006), 박창희(2007, 27-55), 김예경(2007), Chambers(2005), Ji(2001), Chen(2003).

형성되었고, 양국은 서로에 대해 경성 균형(hard balancing) 정책을 추진하고 있다고 주장한다. 예를 들어, 미국은 동아시아 지역에서 자국의 군사적 우위를 확대하기 위해 군사동맹 강화, 군사력 전진 배치, 국방비 증액, 전략핵 우위 확보(특히 미사일 방어 체제 구축) 등을 추진하고 있다. 이에 대해 중국은 국방비 증액과 군사 능력 증강(전략 미사일 현대화 등), 경제적 기초 강화, 그리고 미국 권력을 제한할 국제적 지원 확보 등의 정책을 추진하고 있다고 한다. 한편 그에 따르면 미·중 양극의 세력 균형 체제는 양국 간 무기 체제의 전문화(미국은 해양 강국이고 중국은 대륙 강국)와 지역적 격리 때문에 비교적 안정적이고, 동시에 이 체제는 아시아 지역의 안정에 기여할 것이라고 한다(Ross 2004, 267-304).

이 같은 로스의 주장에는 몇 가지 문제가 있다. 우선, 탈냉전기 동아시아의 국제 질서를 미국 주도의 단극 체제 또는 패권 체제가 아니라 미·중의 양극체제로 볼 수 있는가 하는 문제가 있다. 일부 연구자들은 로스와는 달리 미국 주도의 단극 체제 또는 유사 단극 체제(near-unipolarity)를 주장한다.[2] 또한, 중국의 군 현대화와 군비 증강을 미국에 대한 경성 균형 정책으로 볼 수 있는가 하는 문제가 있다.[3] 미국 국방부는 이렇게 보지만, 많은 연구자들은 중국의 군비 증강을 자국 방위(특히 대만 문제 해결)에 초점을 맞춘 제한적 역량 강화로 본다.[4] 마지막으로, 중국의 균형 정책을 분석하면서 그 정책의 한 축인 외적 균형(external balancing) 즉, 동맹 형성 문제를 검토하지 않고 내

....

2) 예를 들어, Goldstein(2003), Mastanduno(2003).
3) 현실주의의 경성 균형에 대해서는 다음을 참고. 김태현(2004), Snyder(1997), Paul(2004a), Levy(2004).
4) 최근 미 국방부의 견해는 Office of the Secretary of Defense(2008), Department of Defense(2008) 참고. 이에 대한 비판적 견해는 Johnston(2004), Independence Task Force(2007), Keller and Rawski(2007), Moravcsik(2008)을 참고. 2000년대 이후 중국의 군비 증강에 대한 한국 학자의 최근 평가로는 김태호(2006; 2008), 이태환(2007)을 참고.

적 세력균형에만 초점을 맞추어 결론을 도출한 것은 문제가 있다.5) 특히 미국의 세력균형 정책을 분석할 때에는 내적 균형(군비 증강)과 외적 균형(미국의 동아시아 동맹 체제 강화)을 동시에 분석하면서 중국을 분석할 때에는 이를 생략한 것은 문제다.

로스와는 다르게 덩(Yong Deng)은 탈냉전기 중국의 외교정책을 분석하면서, 그것이 과거 중국의 외교정책뿐만 아니라 현실주의에서 말하는 세력균형 정책과도 분명히 다르다고 주장한다. 한마디로 말해, 중국은 동아시아의 패권 국가인 미국에 대해 내적 또는 외적 균형 정책을 추진하지 않았다는 것이다. 대신 중국은 산적한 국내문제의 해결, 세계화가 가져다주는 이익의 극대화, 그리고 국제사회에서 자국 권력과 긍정적 인식의 확대를 위해 국제 지위 제고 전략을 추진했다고 주장한다(Deng 2008, 6-7, 270, 275). 덩의 연구는 중국의 동맹 정책을 전문적으로 분석한 것은 아니지만, 또한 일부 주장에 대해서는 면밀한 검토가 필요하지만, 중국이 미국에 대해 현실주의적 세력균형 정책을 추진하지 않았다고 하는 그의 주장은 타당하다고 생각된다.

중국의 동맹 정책 분석과 관련하여 필자는 폴(T. V. Paul) 등이 제기한 '연성 균형'(soft balancing) 개념에 주목할 필요가 있다고 생각한다. 그에 따르면 탈냉전기 국제정치에서는 현실주의가 주장하는 경성 균형 즉, 패권 국가인 미국을 겨냥한 다른 강대국들의 군비 증강과 동맹 형성이 나타나지 않는다고 지적하면서, 이런 현상을 분석하기 위해서는 연성 균형 개념이 필요하다고 주장한다. 그에 따르면, 이 개념은 부상하는 또는 잠재적인 위협 세력을 무력화시키기 위해 강대국 간에 형성하는 암묵적 비공격적 연합(tacit non-offensive coalition)을 가리킨다. 연성 균형을 위해 각국은 암묵적 이해(tacit un-

....

5) 세력균형 이론에서 동맹이 중심 역할을 한다는 주장은 Levy(2004) 참고.

derstandings) 또는 공식적 동맹이 아닌 협약(ententes)을 체결하거나, 국제 제도를 이용하여 임시 연합을 구성하여 위협 국가의 권력을 제한하는 등 다양한 수단을 사용한다. 이런 예로는 러시아를 견제하기 위한 동유럽 국가와 북대서양조약기구(NATO)의 협력, 중국을 견제하기 위한 미국과 인도의 협력, 미국을 견제하기 위한 1990년대 후반기의 중·러 협력, 미국의 이라크 침공에 반대하는 러시아·프랑스·독일의 유엔 안보리에서의 협력 등을 들 수 있다(Paul 2004a, 369-370). 연성 균형 개념은 아직 몇 가지 문제 — 예를 들어, 연성 균형과 단순한 국가 간 제휴(alignment)의 차이, 연성 균형의 구체적인 내용에 대한 제시 부족 등 — 가 있지만, 중국의 동맹 정책을 이해하는 데에는 기존의 다른 어떤 개념이나 이론보다 적절하다는 것이 필자의 판단이다.

이 논문은 개혁기 중국의 동맹 정책을 이해하기 위해 다음 두 가지 사항을 분석하려고 한다. 우선, 이 연구는 개혁기 중국 외교정책의 조정과 그에 따른 동맹 정책의 변화를 분석할 것이다(제2절). 다음으로 이 연구는 개혁기 중국 동맹 정책의 구체적인 사례를 분석할 것이다. 여기에는 다음 두 가지가 포함된다. 첫째는 북·중 동맹에 대한 분석이다(제3절). 북·중 동맹은 중국이 현재 맺고 있는 유일한 군사동맹이며, 이에 대한 검토를 통해 우리는 중국이 주도한 쌍무 동맹의 변화를 이해할 수 있을 것이다. 둘째는 미·일 동맹의 강화에 대한 중국의 대응이다(제4절). 미·일 동맹은 중국 입장에서 볼 때 자국 안보에 가장 중요한 위협 요소다. 따라서 미·일 동맹 강화에 대한 중국의 태도와 정책을 분석함으로써 우리는 중국 동맹 정책의 또 다른 측면을 이해할 수 있을 것이다.

마지막으로 동맹과 관련된 몇 가지 주요 개념에 대해 살펴보자. 스나이더에 따르면 동맹은 다음 세 가지 성격을 갖는다. 즉 동맹은 첫째, 군사 또는 안보 목적의 결사(associations)이고, 둘째, 국가 간에 이루어지며, 셋째, 동맹국 밖의 국가를 겨냥한다. 이에 따라 동맹은 "국가 안보 정책의 주요 수단"으로, "특정한 조건에서 동맹국 밖의 국가를 대상으로 무력의 사용 또는 비사용에 대한 국가 간의 결사"라고 정의할 수 있다(Snyder 1997, 4, 5). 또한 동맹을 유효하게 하는 수단으로는 합동 군사 계획, 제3국과 분쟁 중인 동맹국에 대한 지지 표명, 동맹 맹세의 공개적 천명 등이 있다. 한편 동맹은 크기에 따라 양자 동맹과 집단 동맹으로, 의무 관계에 따라 일방 동맹(보장), 쌍무 동맹, 다자 동맹으로, 대칭 관계에 따라 평등 동맹과 불평등 동맹으로, 목적에 따라 공격 동맹과 방어 동맹으로 나눌 수 있다. 마지막으로, 군사 지원을 포함하지 않는 특별한 동맹 유형으로는 중립 협약(neutrality agreement)과 불가침조약(nonaggression treaty)이 있다(Snyder 1997, 12, 13). 이 논문은 이 같은 스나이더의 용법에 따라 주요 개념을 사용할 것이다.

2. 중국 외교정책의 조정과 비동맹

필자가 보기에 개혁기 중국 외교는 크게 세 번의 조정을 거쳐 현재에 이르고 있다. 첫 번째는 1978년에서 1980년대 초까지의 시기다. 이 기간에 중국은 '4개 현대화 노선'을 공식 채택하여 개혁·개방 정책을 본격적으로 추진했고, 이와 함께 마오쩌둥 시기의 외교정책을 폐기하고 새로운 외교정책을 실시하기 시작했다. 구체적으로 이 기간 동안 우선, 전쟁 및 평화와 관련된 국제 정세 인식(時代主題)에서 새로운 명제가 제기되었다. 즉 중국은 마오쩌둥 시기의 '전쟁과 혁명이 시대 주제'라는 인식에서 벗어나 '평화와 발전이 시대 주제'라는 새로운 판단을 내렸다. 이런 인식은 1978년부터 공산당 내에서 형성되다가 1984년 덩샤오핑에 의해 정식 제기되었다(兒健民·陳子舜 2003, 5). 또한, 1982년 9월 공산당 제12차 전국대표대회(당대회)에서 행한 후야오 방(胡耀邦) 총서기의 "정치보고"와, 동년 12월 제5기 전국인민대표대회(전국 인대) 제5차 회의에서의 〈헌법〉 수정을 통해 '독립 자주의 대외 정책'과 '비 동맹 원칙'이 외교 방침으로 공식 결정되었다. 마지막으로, 이런 국제 정세 인식과 외교 방침의 확정과 함께 국내 경제 발전에 필요한 안정적이고 평화 로운 국제 환경 조성이 중국 외교의 핵심 목표로 설정되었다.[6]

두 번째는 1989년 톈안먼 사건에서 1990년대 중반에 이르는 시기다. 이 기간 동안 소련을 비롯한 사회주의권의 붕괴에 의해 냉전 체제가 종식되면 서 국제 체제는 급변했고, 동시에 톈안먼 사건 이후 미국을 중심으로 한 서 방 세력의 대(對)중국 봉쇄정책이 가시화되면서 중국은 국제적으로 고립되 었다. 중국은 이런 변화된 국제 정세에 대응하기 위해 외교정책을 조정해야 만 했다. 이런 조정을 거쳐 현재까지 유지되고 있는 중국 외교의 기본 방침, 목표, 수단이 비교적 완전한 모습을 갖추게 되었다. 국제 정세에 대한 기본 인식('평화와 발전')에는 변화가 없었고 독립 자주 외교 방침도 유지되었다. 다 만 탈냉전기 변화된 국제 체제를 '일초다강'(一超多强 : 초강대국 미국과 다수의 강 대국으로 구성된 국제 체제)으로 규정했고, 세계화(全球化, globalization)와 다극화 (多極化, multipolarity)에 대해서도 새롭게 인식했다. 즉 세계화는 점차 확대되 고 있는 피할 수 없는 세계적 추세로 중국은 이에 적극 참여해야 한다고 판 단했다. 동시에 중국은 국제 체제의 '민주화'를 위해서는 다극화가 필요하지 만 미국의 월등한 경제·군사적 능력을 고려할 때 단기간 내에 이것이 실현 될 가능성은 희박하고, 그래서 다극화는 중국의 단기 외교 목표가 될 수 없

....

6) 이에 대해서는 當代中國叢書編輯委員會(1990, 339-340, 452), 田曾佩 主編(1993, 1-10), 劉山·薛君度 主 編(1997, 36-52) 참고.

고 대신 장기간에 걸쳐 실현해야 하는 과제라는 인식에 도달했다. 외교 목표로는 국내 경제 발전에 필요한 안정적이고 평화로운 국제 환경 조성이라는 기존 목표에 더해, 미국을 중심으로 한 기존 강대국의 대중국 봉쇄 저지와 국제사회에서의 자국 영향력 확대라는 새로운 목표가 추가되었다. 마지막으로, 외교 영역(수단)에서 중국은 1980년대의 미·소 중심의 강대국 외교에서 벗어나 주변국 외교와 다자 외교도 함께 적극 추진하면서 다층적이고 전방위적인 외교를 전개할 수 있었다.7)

세 번째는 1990년대 후반기에 시작하여 후진타오 집권 1기(2002~2007년)를 거쳐 현재에 이르는 시기다. 중국은 1990년대에 미국 주도의 국제 체제 하에서 자국의 경제·군사적 능력을 급격히 증강시킬 수 있었고 동시에 국제 체제로의 편입이라는 과제도 성공적으로 달성할 수 있었다. 2001년 12월 중국의 세계무역기구(WTO) 가입은 이를 보여 주는 하나의 상징적인 예이다. 이렇게 되면서 중국은 지역 강대국에서 세계 강대국으로 부상하는 문제를 진지하게 고민하게 되었고, 그 일환으로 새로운 외교정책을 모색하기 시작했다. 1990년대 후반기부터 중국에서 외교 전략을 포함한 국가 대전략(grand national strategy)에 대한 수많은 보고서와 연구서가 출간된 것은 이를 잘 보여 준다. 그런데 이와 관련하여 중국에서는 그동안 정부 및 민간(학계) 차원에서 여러 차례 논쟁이 전개되었지만 아직까지 전과 다른 새로운 외교 정책이 제시되지는 않았다. 이런 면에서 이 기간은 아직 별도의 단계라고 할 수 없는 일종의 과도기로 평가할 수 있다.

구체적으로 이 기간 동안 중국에서는 미국 주도의 국제 정세에 대한 인식 논쟁(소위 '평화와 발전' 논쟁), '화평굴기'(和平崛起 : 평화적 부상)와 '화평발전'

....

7) 이에 대한 정리는 조영남(2006, 221-251), Goldstein(2005), Deng and Wang(2005), Sutter(2005), Shambaugh(2005b), Deng(2008) 참고.

(和平發展 : 평화적 발전) 논쟁, '도광양회'(韜光養晦: 실력을 감추고 때를 기다린다) 논쟁 등 다양한 논쟁이 전개되었다.[8] 후진타오 집권 1기에 들어 공공 외교, 특히 소프트 파워(soft power) 전략이 중국 외교의 중요한 영역(수단)으로 본격 추진된 것과, 2005년 12월 『중국의 평화적 발전의 길』(中國的和平發展道路)(외교백서) 발간을 통해 '평화적 발전'과 '조화 세계(和諧世界) 건설'이 중국 외교의 중요 방침으로 새롭게 제시된 것은 이런 새로운 외교정책 모색의 결과물이다(國務院 新聞辦公室 2005).

그런데 이와 같은 세 번의 외교정책 조정 또는 모색 과정에서 변하지 않은 요소가 있다. 첫째는 평화와 발전이 시대 주제라는 국제 정세 인식이다. 특히 1999년 평화와 발전 논쟁을 거친 이후에도 이에 대한 중국의 공식 입장은 변하지 않았다. 둘째는 이 연구와 밀접히 연관된 것으로, 독립 자주 외교와 그것의 핵심인 비동맹 원칙이다. 비동맹이 개혁기 중국 외교의 기본 방침인 독립 자주 외교의 핵심이라는 점에 대해서는 중국 정부와 학자들이 수차례 강조했기 때문에 이에 대해서는 더 이상의 논의가 필요 없을 것이다. 여기서 비동맹 원칙은, 중국은 어떤 강대국과도 동맹을 맺거나 전략 관계를 수립하지 않으며, 어떤 한 국가와 연합하여 다른 국가를 반대하지도 않는다는 외교 방침을 가리킨다(當代中國叢書編輯委員會 1990, 4; 田曾佩 1993, 339-340; 劉山·薛君度 1997, 14-15). 이 원칙이 제기되었을 당시 '어떤 강대국'이란 주로 미국과 소련을 지칭하는 것이었다.

1980년대 초 중국이 비동맹 원칙을 제기한 것은 몇 가지 이유 때문이었다. 가장 중요한 것으로, 공산당 노선의 변화를 들 수 있다. 1978년 중국이 개혁·개방 정책을 추진하면서 공산당 지배 체제 유지와 경제 발전이 최고의

---

8) 1999년 소위 '평화 발전 논쟁'에 대해서는 Finkelstein(2000) 참고. 이에 대한 중국 내 자료로는 安衛·李東燕(2000) 참고. 화평굴기 논쟁에 대한 간단한 정리는 조영남(2008) 참고.

국정 목표가 되었고, 모든 국내외 정책은 이에 기여하도록 조정되었다. 외교 정책도 예외는 아니었다. 그래서 경제 발전에 필요한 안정적이고 평화로운 국제 환경 조성이 핵심 외교 목표로 등장했고, 이에 맞추어 비동맹 원칙이 제기되었던 것이다. 이는 마오쩌둥 시기의 외교정책으로는 개혁기 국정 목표(경제 발전)를 달성할 수 없다는 판단에 따른 것이다. 예를 들어, 1960년대 말부터 1970년대 중반까지 소련의 핵공격에 대비해 쓰촨 성 등 중국 내지에 대규모 중화학 공업단지를 건설하기 위해 추진된 '제3선 건설'에는 막대한 자원이 소요되었고, 이로 인해 중국 경제는 큰 타격을 입었다. 이런 일이 재발한다면 개혁기 최고의 국정 목표를 달성하는 데 큰 어려움을 겪을 것이다. 뿐만 아니라 제3세계 국가에 사회주의혁명을 수출 또는 지원한다는 외교정책으로 인해 중국은 국제사회에서 외교적으로 고립되었고 주변 국가와도 끊임없는 외교·군사적 갈등을 빚었다. 부족한 국내 자원을 경제 발전에 총동원해야 하는 중국에게는, 동시에 경제 발전에 필요한 자본·기술·시장을 국제사회(특히 미국·일본 등 선진국)에 의존해야 하는 중국에게는 이런 상황이 지속되는 것이 결코 바람직스럽지 못했다.

마오쩌둥 시기 중국 외교의 문제점에 대한 중국의 진지한 검토는 이런 판단을 뒷받침했다. 앞에서 말한 것처럼 마오쩌둥 시기 중국 외교는 미·소 강대국을 대상으로 하는 동맹·준(準)동맹 정책을 중심으로 전개되었다. 예를 들어, 1949년에서 1965년까지 중국은 미·소 냉전 체제 하에서 소련과의 군사동맹을 통해 자국 안보를 확보한다는 소위 '소련 일변도'(向蘇聯一邊倒) 정책을 추진했다. 이 정책의 핵심 내용은 소련과 연대하여 미국에 대항하는 것이다. 이런 방침에 입각하여 중국은 1950년 소련과 "중·소 우호 동맹 및 상호원조 조약"(中蘇友好同盟互助條約)을 체결했다. 그러나 1960년대 중반 이후 중·소 이념 논쟁이 격화되고, 1969년에는 전바오다오(珍寶島)에서 양국 간에 대규모 군사적 충돌이 벌어지면서 소련은 중국 안보의 주적(主敵)이 되었다. 이처럼 중국의 대소련 동맹 정책은 참담한 실패로 끝났다. 이후 1970년부터 1978년까지 중국은 소련에 대항하기 위해 국내외 모든 역량을 결집한다는 '하나의 선 하나의 진영'(一條線 一大片) 정책을 추진했다. 이 정책의 핵심은 미국과 연대하여 소련에 대항하는 것이다. 이 밖에도 중국은 1961년 북한과 "중·조 우호 협력 및 상호원조 조약"(中朝友好合作互助條約)을 체결하여 군사동맹 관계를 형성했고, 베트남과는 1954년 제네바 회의에서 1975년 베트남 전쟁 종결까지 대규모 군사원조를 제공하는 등 사실상 준동맹 관계를 유지했다. 그러나 이것도 1979년 중국·베트남 국경 지대에서의 대규모 무력 충돌로 비극적인 결말을 맺었다.

마지막으로, 중국의 비동맹 원칙 제기는 1980년대 초 변화된 국제 정세와 자국 역량에 대한 재평가에 기초한 것이었다. 중국 지도부는, 1980년 아프가니스탄 침공 이후 소련의 국력은 약화되고 반대로 미국의 국력은 강화되면서 미·소 간에는 세력균형이 형성되었다고 판단했다. 또한 이에 따라 미·소 양국은 상호 경쟁과 대화를 병행하는 일종의 경쟁·협력의 시대에 접어들었다고 인식했다. 이런 상태에서 미국과의 연대를 통해 소련을 견제하는 정책을 계속 추진하는 것은 타당하지도 않고 중국의 국익에도 도움이 되지 않는다는 것이 당시 중국 지도부의 판단이었다. 또한 중국은 세계 인구의 1/4를 차지하고 동시에 제3세계의 지도 국가로서 국제정치에 일정한 영향력을 행사할 정도로 위상이 높아졌는데, 이런 상황에서 미·소 어느 한 국가와 동맹 관계를 형성하는 것은 미·소 양국 간 세력균형에 영향을 미쳐 안정적인 국제 환경 유지에 불리하다는 것이 중국의 판단이었다(當代中國叢書編輯委員會 1990, 340; 田曾佩 1993, 5; 劉山·薛君度 1997, 14-15, 47, 263).

물론 2000년 무렵부터 중국 내에는 독립 자주 외교와 비동맹 원칙을 비판하는 견해가 제기되었다. 예를 들어, 탈냉전기 독립 자주 외교의 타당성에 의문을 제기하는 주장이 있다. 이에 따르면, 소련의 해체와 함께 동·서 대립의 냉전 체제가 붕괴되면서 중국 외교는 더 이상 준동맹이나 군사 동맹에 가입하는 문제에 직면하지 않았고, 따라서 독립 자주의 문제도 더 이상 존재하지 않는다는 것이다. 더 나아가서 탈냉전기 중국의 독립 자주는 이미 실현되었기 때문에 외교 목표가 될 수 없다는 것이다. 이런 면에서 1990년대 중국 외교는 독립 자주가 아니라 평화로운 국제 환경 조성 전략을 추진한 것이고, 21세기 중국 외교는 세계 및 아시아 각국과 공동 발전 및 안정을 추구하는 전략이어야 한다고 주장한다(楚樹龍 2007).9)

또 다른 비판의 예로는 비동맹 원칙의 타당성에 대한 문제 제기를 들 수 있다. 이에 따르면, '비동맹 전략'은 군사동맹의 완화와 군비축소의 기초 위에서만 추진되는 것인데, 1990년 중후반 이후 미국 주도의 서방국가가 군사 동맹을 확대 강화하면서 이런 조건은 더 이상 존재하지 않게 되었다. NATO의 동진(東進)과 미·일 동맹의 서진(西進)으로 인해 군사력 균형이 심각하게 서방국가에게 유리하게 기울고 있는 국제 상황은 이를 잘 보여 준다는 것이다. 이런 변화된 상황에서 중국이 계속 비동맹 전략을 고수하는 것은 자승자박일 뿐이다. 따라서 중국은 '탄력적인 준동맹 전략'을 채택하여, 러시아와 제3세계 국가(특히 인도·파키스탄·인도네시아)와의 관계를 강화해야 한다. 이는 중·미 관계가 악화되어 미국을 중심으로 한 서방국가가 대 중국 봉쇄정책, 더 나아가서는 중국에 대한 군사 공격을 감행하는 최악의 상황을 대비하는 것으로, 이런 상황이 출현하면 중국은 동맹 전략을 강력하게 추진해야 한다(葉自成 2007).10) 그러나 중국 내에서 이와 같은 비판은 아직 소수의 견해라고

....

9) 원 출처는 『世界經濟與政治』2003年 6期.
10) 원 출처는 『世界經濟與政治』2000年 1期.

판단된다.

　이상에서 개혁기 중국 외교의 조정과 동맹 정책의 변화를 살펴보았다. 여기서 우리는 중국이 냉전 체제가 해체되기 약 10년 전인 1982년에 이미 공식적으로 자주독립 외교 방침 하에 비동맹 원칙을 추진하기 시작했다는 사실을 알 수 있다. 이는 중국이 1980년대 초부터 현실주의의 세력균형 이론이 주장하는 것과는 달리 타국과의 동맹 형성을 통해 위협 국가(즉 소련과 미국)에 대응하는 외적 균형 정책을 이미 포기했다는 사실을 보여 준다.[11] 이는 중요한 두 가지 의미를 갖는다. 첫째는 중국이 탈냉전기 미·일 동맹 강화와 같은 외부 환경의 변화에 대한 단순한 대응 차원이 아니라, 가장 중요하게는 국정 목표의 변화(즉, 경제 발전 추구)에 따라, 동시에 국제 정세에 대한 새로운 인식(즉, '평화와 발전'과 미·소 세력균형 형성)과 자국 역량의 재평가(즉, 중국의 국제 지위 향상)에 근거하여 능동적이고 적극적으로 새로운 동맹 정책(즉, 독립 자주 외교의 비동맹 원칙)을 추진했다는 점이다. 이런 중국의 동맹 정책은 북·중 동맹의 조정, 미·일 동맹 강화에 대한 대응, 중·러 관계 강화와 상하이협력기구 설립 등과 같은 다른 사례에서도 확인할 수 있을 것이다.

　둘째는 탈냉전기의 특정한 조건 즉, 미국 주도의 유사 일극 체제 하에서의 반미(反美) 동맹 형성의 어려움, 미국 주도의 경제적 세계화 확대, 공동의 적으로 초국가적 테러리즘의 대두, 경제력의 군사 역량으로의 신속한 전환의 어려움, 미국이 제공하는 안보 및 경제적 보호에의 무임승차 가능 등의 조건이 갖추어지면서 주요 강대국이 경성 균형 대신 연성 균형을 채택했다는 폴 등의 주장이 중국에는 맞지 않는다는 점이다(Paul 2004a, 16; Brawley

....

11) 참고로, 1980년대에 중국이 대규모 군 병력 감축(약 120만 명)과 국방비 동결을 추진했다는 사실은, 중국이 급격한 군사력 증강을 통해 위협 국가에 대비하는 내적 균형 정책도 추진하지 않았다는 점을 보여 준다. 이런 상황은 공산당의 '4개 현대화 노선'에서 국방 현대화가 마지막 항목(순위)으로 제기되었다는 사실을 통해서도 확인할 수 있다.

2004, 94). 앞에서 보았듯이, 중국은 이런 조건이 형성되지 않은 1980년대 초의 상황에서 이미 비동맹 원칙을 천명했고, 이에 따라 소련 또는 미국에 대한 강성 균형 정책을 추진하지 않았다. 이는 연성 균형이 다양한 조건에서 강대국들이 채택할 수 있는 정책임을 의미한다.

3. 북·중 동맹의 변화와 지속

서론에서 말했듯이, 제3장과 제4장은 중국 동맹 정책의 구체적인 사례를 검토하는 것이다. 이 장에서는 북·중 양국 관계 일반에 대한 상세한 분석은 하지 않을 것이다. 대신 이 연구의 목적에 맞게 북·중 동맹에 대한 중국의 정책 변화에 초점을 맞추어 탈냉전기에 변화된 북·중 관계를 검토할 것이다.

중국과 북한은 1961년 "중·조 우호 협력 및 상호원조 조약"을 체결했다. 이 조약의 주요 규정 즉, "조약 쌍방이 타국의 침략을 받을 경우의 자동 군사 개입"(제2조), "조약 쌍방이 반대하는 국가·집단과의 동맹 체결 및 반대 활동 참여의 금지"(제3조), "중대 문제에 대한 상호 협의"(제4조)를 보면, 북·중 양국이 체결한 조약은 군사동맹임을 알 수 있다(이종석 2000, 318-320). 한편 이 조약은 아직 공식적으로 폐기되지 않았고, 이런 점에서 북·중 관계는 지금까지 중국이 유지하고 있는 유일한 군사 동맹 관계다.[12]

기존 연구가 주장하듯이, 냉전기의 북·중 관계는 '혈맹'(血盟)이라는 이름에 걸맞지 않게 많은 문제점을 안고 있었고, 그래서 이전의 북·중 동맹도 생

....

12) 이 〈조약〉 제7조에 의하면, "본 조약은 수정 또는 폐기할 데 대한 쌍방 간의 합의가 없는 이상 계속 효력을 가진다"라고 규정되어 있다(이종석 2000, 320).

각보다 그렇게 강고한 것은 아니었다(최명해 2009, 304-318; 이상숙 2008, 440; Ji 2001, 4-10). 그렇지만 냉전기에 북·중 양국은 전략적 이해의 공유와 사상 및 인적 유대 관계의 유지 등의 요인으로 인해 비교적 안정적으로 동맹 관계를 유지할 수 있었다(신상진 2008, 4-16). 그런데 탈냉전기에 들어 북·중 동맹은 몇 번의 크고 작은 우여곡절을 겪었다. 그 중에서 다음과 같은 두 번의 결정적인 사건으로 인해 북·중 관계는 혈맹에서 일반적인 국가 대 국가 관계로 변화되었다.[13]

첫째는 1992년 한·중 국교 수립이다. 한마디로 말해 한·중 수교로 인해 북·중 동맹은 회복할 수 없는 결정적인 타격을 입었다. 이후 전개된 몇 가지 사건, 예를 들어 1994년 김일성 주석의 사망에 따른 양국 지도자 간의 인적 유대 단절, 1997년 황장엽 망명 사건에 의한 양국 정부 간의 불신 증폭, 2003년 양빈(楊斌) 구속에 의한 신의주 경제특구 건설의 무산과 양국 간 불만 확대 등은 이미 크게 손상된 양국 동맹을 더욱 악화시키는 계기가 되었다. 북한은 중국의 결정을 마지못해 수용했지만, 북한의 전략적 이해관계(즉, 한국과의 군사적 대립)에서 볼 때나 중·조 조약의 규정(제3조와 제4조)에서 볼 때 중국의 한·중 수교를 결코 수용할 수 없는 것이었다. 이런 의미에서 북한은 중국의 한·중 수교를 동맹 관계를 저버린 배신행위로 받아들였다.[14] 그러나 중국의 입장은 달랐다. 이미 잘 알려진 것처럼, 1989년 톈안먼 사건과 1991년 소련의 붕괴 이후, 중국은 외교적 고립을 극복하고 변화된 국제 환경에 능동적으로 대응하기 위해 주변국 외교를 적극 추진해야만 했고, 한·중 수교는 그 일환이었다.[15] 다시 말해, 중국은 탈냉전기 국내외 정세의 변

....

13) 개혁기 북·중 관계에 대한 전반적인 이해는 다음을 참고. Han(2004), Shambaugh(2003), Samuel S. Kim(2003; 2002), Taeho Kim(1999).
14) 북한의 한·중 수교에 대한 반응과 중국의 무마 노력에 대해서는 Samuel S. Kim(2001), Lee(1996), 錢其琛(2003)을 참고.

화에 대응하기 위해 북한과의 동맹 관계를 조정(약화)하는 정책을 추진했던 것이다.

탈냉전기 북·중 동맹을 약화시킨 또 하나의 결정적인 사건은 2006년 7월 북한의 미사일 발사 실험과 동년 10월 북한의 핵실험이다. 중국 내에서는 이 사건을 통해 양국 간의 동맹 관계는 말할 것도 없고 일반적인 우호 관계마저도 사라졌다는 평가가 나오고 있다.[16] 중국은 공식·비공식 채널을 통해 북한의 미사일 발사 및 핵실험에 반대한다는 입장과 경고를 수차례 북한에 전달했다. 그런데 북한은 중국의 이런 경고를 무시하고 실험을 강행했던 것이다. 중국의 입장에서 볼 때, 북한 핵실험은 국제사회에 대한 도전이고 지역 안정에 대한 위협일 뿐만 아니라 중국에 대한 도전이기도 했다. 그래서 북한 핵실험 직후 중국은 외교부 대변인 성명을 통해 '제멋대로'(悍然)라는 표현을 사용하면서 북한의 행동을 강력히 비난했다. 이 표현은 중국이 일본 고이즈미 전(前)수상의 신사참배와 1999년 미국의 벨그라드 중국 대사관 오폭 사건을 비난할 때 사용했던 것으로, 북한 핵실험에 대한 중국의 실망과 분노가 얼마나 큰 것인가를 잘 보여 준다. 이후 중국은 비록 완화된 형태이기는 하지만 유엔 안보리의 대북 제재 결의안(UNSCR 1718)에 찬성했다.

이처럼 북·중 동맹은 탈냉전기에 들어 몇 가지 사건을 통해 특히, 1992년 한·중 수교와 2006년 북한의 미사일 발사 및 핵실험을 거치면서 냉전기의 '혈맹' 성격을 탈각하고 일반적인 국가 대 국가의 관계로 변화되었다.[17] 이것은 일차적으로 중국의 외교정책 조정의 결과다. 즉, 1990년대 초 중국

....

15) 이에 대한 개괄적 정리는 조영남(2006, 265-306) 참고.
16) 북한 핵실험 이후 중국의 대 북한 인식은 다음을 참고. 주재우(2006)의 "중국의 대 한반도 문제 전문가 인터뷰 내용 정리", Glaster(2008), Zhu(2006), Shen(2006).
17) 탈냉전기에 들어 북·중 관계가 '혈맹'에서 '국가 대 국가'로 변화되었다는 주장은 다음을 참고. Ji(2001, 388), Taeho Kim(1999, 296, 301), Hart(2001, 247, 256), Garrett and Glaster(1995, 540-541).

은 변화된 국제 정세와 자국의 외교적 고립을 돌파하기 위해 주변국 외교를 적극 전개하기 시작했고, 이를 위해 북·중 동맹을 약화시키는 정책을 선택했던 것이다. 이에 대해 북한은 군사적 측면의 '자력갱생' 즉, 미사일 및 핵 개발을 통한 독자적 생존을 모색하는 전략을 추진했고, 이것이 다시 중국의 대북한 강경 정책을 초래함으로써 북·중 동맹은 더욱 약화되었다.

그런데 이런 우여곡절에도 불구하고 북·중 동맹은 양국의 전략적 이해 관계 때문에 탈냉전기에도 공식적으로나 실질적으로 완전히 종결되지 않았고, 향후 단기간 내에 그렇게 될 가능성도 크지 않다. 이런 면에서 중국은 북·중 동맹을 유지하는 정책을 여전히 실시하고 있다고 말할 수 있다. 중국 내에서는 북한의 전략적 가치에 대해 두 가지 상반된 견해가 있다. 첫째는 미사일 및 핵 개발을 추진하는 북한이 지역 안정과 중국 안보에 위협이 될 뿐만 아니라, '책임지는 대국'의 이미지 형성을 통해 국제 지위를 제고하려는 중국의 전략에도 커다란 걸림돌이 된다는 '부담론'(liability)이다. 둘째는 대미 억지력 확보[소위 완충지대(buffer zone)론], 한반도에 대한 중국의 영향력 유지, 미·일 양국에 대한 협상력 제고, 미국의 대만 개입 억지 등의 면에서 북한은 여전히 중국에게 전략적 이익이 된다는 '자산론'(assets)이다.[18] 두 가지 견해 중에서 현재까지의 상황을 놓고 볼 때, 중국 정부는 후자의 입장을 견지하고 있는 것으로 보인다. 이런 이유로 중국은 북한에 대한 경제 원조를 계속하고 있고, 무력 제재까지를 포함하는 유엔 안보리의 강력한 대북 제재에는 반대했다. 또한 〈중·조 조약〉의 '자동 군사개입 조항'(제2조)에 대해서는 그것을 수정하거나 폐기하는 대신 전략적 모호성(ambiguity)을 유지하는 정책을 취함으로써 북한과 미국 모두에 억지력을 가지려고 시도하고 있

....

18) 주 16에서 인용한 두 명의 중국학자의 입장을 보면, 주펑(Zhu Feng)은 부담론에, 선딩리(Shen Dingli)는 자산론에 가깝다.

다.[19] 동시에 중·조 조약을 유지함으로써 중국은 북한 유사시 합법적으로 북한 문제에 개입할 수 있는 여지를 확보하려고 한다.

이상에서 살펴보았듯이, 탈냉전기에 들어 중국 외교정책의 조정과 북한의 독자적인 군사 노선 추구의 결과 북·중 동맹은 더 이상 전통적인 의미의 군사동맹이라고 할 수 없을 정도로 약화되었다. 북·중 양국 간에는 군사동맹의 유지에 필수적인 상호 신뢰가 더 이상 존재하지 않고, 이를 보완할 기타 요소 즉, 인적·사상적 유대나 정책 노선의 유사성도 없다. 다만 중국은 북한이 가지고 있는 몇 가지 전략적 이익을 고려해 북·중 동맹을 유지하고 있을 뿐이다. 이런 면에서 탈냉전기 북·중 동맹에 대한 중국의 정책은 그것을 군사동맹에서 전략적 이익을 공유하는 국가 간의 전략적 협력 관계로 전환하는 것이었다고 평가할 수 있다.

4. 미·일 동맹의 강화와 중국의 대응

이 장에서는 1990년대 중반 이후 강화되기 시작한 미·일 동맹에 대해 중국은 어떻게 인식하고 이에 대응하기 위해 어떤 정책을 추진했는가를 검토

....

19) 북한 유사시 중국의 대북 군사 지원 문제에 대해서는 학자들 간에 이견이 존재한다. 일부 학자들은 조건부 개입 즉, 북한이 부당하게 침입을 받고 또한 그것이 중국의 국익을 크게 침해할 경우 중국은 군사적으로 개입할 것이라는 주장과, 어떤 경우에도 중국은 개입하지 않을 것이라는 주장이 그것이다. 전자의 예로는 Kim, Taeho(1999, 313), Garrett and Glaster(1995, 545)가 있고, 후자의 예로는 McVadon(1999, 279, 280, 283)이 있다. 앞에서 살펴본 Glaster, Snyder, and Park의 보고서에 따르면 중국은 북한 유사시 대응 방안(contingency plans)을 가지고 있고, 중국은 유사시 국제기구(예를 들면 유엔)를 통해 아니면 단독으로 북한에 군사적으로 개입할 것임을 강력하게 시사한다. 이에 비해 주재우의 보고서에 따르면, 한·미 등과 협의 없는 중국만의 단독 군사개입은 없을 것이라고 한다.

할 것이다. 또한 이 연구의 목적에 맞게 미·일 관계 전체나 미·일 동맹 그 자체의 변화에 대한 검토는 생략할 것이다.[20] 대신 여기서는 미·일 동맹 강화와 이에 대한 중국 정부 및 학자들의 인식과 대응에 초점을 맞출 것이다.

우선, 중국은 1990년대 중반 이후 미·일 동맹이 지속적으로 강화되었고, 이런 면에서 그것은 전과는 다른 새로운 유형의 군사동맹으로 전환되었다고 판단한다. 1996년 4월 미·일 정상이 발표한 "미·일 안보 공동선언"(The U.S.-Japan Joint Declaration on Security)과 1997년 9월 개정된 "미·일 방위 협력 지침"(The Guidelines for U.S.-Japan Defense Cooperation)은 탈냉전기 미·일 동맹의 근본적인 변화를 알리는 지표로 간주된다(黃大慧 2008, 167-169). 이후 미국의 아시아 정책은 미·일 동맹의 강화를 핵심 내용으로 했고, 이것은 2000년 10월에 발표된 소위 "아미티지 보고서"(Armitage Report)와 2007년 2월에 발표된 "아미티지·나이 보고서"(Armitage and Nye Report)를 통해 구체화되었다. 이런 보고서의 정책 제안은 2001년 등장한 부시 행정부에 의해 실제로 추진되었다.[21]

한편, 중국학자들이 보기에 탈냉전기 미·일 동맹의 강화는 두 가지 요소가 함께 작용한 결과다. 우선, 이는 미국이 미·일 동맹을 강화하여 아시아 안보 정책의 기본 축으로 삼고 동시에 이것과 미국이 다른 국가와 맺고 있는 동맹 간의 협력을 증진하려고 한 노력의 결과다. 이를 통해 미국은 아시아 지역에서의 패권적 지위를 더욱 공고히 하는 한편, 중국이나 러시아 등 다른 어떤 지역 강대국의 도전도 사전에 방지하려고 한다. 또한 이는 미·일 동맹 강화를 통해 중국의 부상을 견제하고 북한의 위협에 대응하며, 더 나아가서

....

20) 탈냉전기 미국의 동아시아 정책과 미·일 동맹 강화에 대한 이해는 다음을 참고. Mastanduno(2003, 141-170), Ikenberry(2004), Hughes and Fukushima(2004), Mozhizuki(2004), Harris and Cooper(2000).
21) 제1, 2차 "아미티지 보고서"는 다음을 참고. Richard Armitage et. al.(2000), Armitage and Nye(2007).

는 21세기에 일본이 꿈꾸는 '정치 대국화'(즉, 국제 지위 제고)와 '보통 국가화'(즉, 군사 대국화)를 달성하려는 일본의 적극적인 노력의 결과이기도 하다(王帆 2007, 132-135; 牛軍 主編 2007, 247-248; 金熙德 主編 2007, 393-398; 張蘊嶺 主編 2003, 135-137).

구체적으로, 중국 연구자들은 다음과 같은 측면을 들어 미·일 동맹이 강화되었다고 평가한다. 첫째, 미·일 안보 협력의 범위가 확대되었다. 즉 이전의 지리적 개념인 '원동 지역'(遠東地域)에서, 일본 및 미국의 이익과 관련된 상황적 개념인 '주변 사태 지역'으로 안보 협력 범위가 넓어졌다. 그 결과 아·태지역은 물론 대만해협(臺灣海峽)도 미·일 동맹의 군사 협력 대상에 포함되었다. 둘째, 미·일 동맹에서 일본의 지위와 역할이 좀 더 평등하게 조정되었다. 즉 일본이 미국의 보호를 받는 수동적 하위 협력자에서 이제는 주도적으로 참여하는 동등한 협력자로 변화했다. 셋째, 미·일 동맹의 안보 협력 성격도 일본의 본토 방위를 중심으로 하는 '전수방위'(專守防衛)에서 좀 더 광범위한 지역 및 내용의 안보 위협에 적극 대처하는 '공세방위'(攻勢防衛)로 바뀌었다. 넷째, 미·일 방위 협력이 전시(戰時)에서 평시(平時)로, 일본의 역할이 미국 작전 지원에서 후근 보장으로 변화되었고, 일본의 해외 군사 역할도 확대되었다. 그 밖에도 미·일 군사기술 교류가 미·일 양국 정부에서 민간으로 확대되었다. 종합하면, "일련의 재정의(再定義) 절차를 통해 미·일 군사동맹의 성격은 이미 '방어형' 동맹에서 '지역 주도형' 동맹으로 변화했고, 미·일 안보 협력의 범위나 쌍방이 동맹에서 수행하는 역할과 협력 내용 등 모든 면에서 큰 변화가 있었다. 이런 변화는 분수령적인 것이다"(黃大慧 2008, 167-174; 王帆 2007, 132-135; 金熙德 2007, 394).

미·일 동맹의 강화에 대해 중국은 몇 가지를 우려한다. 우선, 미·일 동맹 강화는 여러 가지 요인으로 인해 추진되었지만 그 직접적인 목표(target)는 중국이라는 점이다. 즉 미·일 양국은 군사동맹 강화를 통해 미국의 패권적 지위를 더욱 공고히 하고 이를 기반으로 중국의 부상을 저지하려 한다는 것이다. 특히 미·일 동맹의 안보 협력 범위에 대만해협이 포함되면서 중국의 이런 우려는 현실이 되었다. 뿐만 아니라 2000년대에 발표된 일본의 『국방백서』와 미·일 양국의 공동성명에서 직간접적으로 중국을 위협 세력으로 지칭하면서 중국의 이런 판단은 더욱 강화되었다(Wu 2005/2006, 122-125; 閻學通·金德湘 主編 2005, 359-361). 이런 면에서 중국은 미·일 동맹 강화를 심각한 안보 위협이면서 동시에 중국의 세계 강대국화를 방해하는 주요 요소로 간주한다. 그래서 한 중국학자는 "미·일 동맹 강화는 중국이 평화 발전의 국제 환경과 우호 협력의 주변 환경을 조성하는 과정에서 필연적으로 극복 및 해결해야 하는 과제"라고 주장한다(黃大慧 2008, 174).

또한 중국이 보기에 미·일 동맹 강화는 일본의 군사력 증강을 촉진시킴으로써 일본과 역사 및 영토 분쟁을 겪고 있는 다른 국가의 군비 증강을 유발한다는 문제가 있다. 1990년대 중반 이전에 미·일 동맹은 일본의 군사력 증강(특히 핵 무장)을 억제하는 역할을 담당했다. 이런 점에서 적정한 수준의 미·일 동맹 강화는 중국의 입장에서 볼 때 환영할 만한 것이다(Wu 2005/2006, 119; 閻學通·金德湘 2005, 361; 王帆 2007, 67). 그런데 최근의 미·일 동맹 강화는 일본의 군사력 증강을 촉진하는 역할을 담당하고, 중국은 이를 매우 우려한다(劉江永 2007, 236-242). 더 나아가 미·일 동맹의 강화로 인해 역내 세력균형이 미·일 쪽으로 더욱 유리하게 기울면서 중국과 러시아 등 주변 국가는 이에 맞추어 군사력 증강을 추진하고, 이렇게 되면서 아시아 지역의 군비경쟁은 가속화되고 있다. 경제 발전에 유리한 평화롭고 안정적인 국제 환경 조성을 바라는 중국의 입장에서는 이런 새로운 군비경쟁이 결코 반가울 수 없다. 이런 이유로 중국은 미·일 동맹 강화를 비판한다.

그렇다면 미·일 동맹의 강화에 대해 중국은 어떤 정책을 추진하고 있는가? 이와 관련하여 중국의 고민은 미·일 동맹의 강화를 저지할 수 있는 효과적이고 실현 가능한 정책이 별로 없다는 점이다. 우선, 미국과 일본의 압도적인 군사력·경제력·과학기술 수준을 고려할 때 중국이 군비 증강을 통해 이를 저지하기에는 역부족이다. 또한 러시아 및 인도와 군사동맹을 맺어 미·일 동맹의 강화에 대응하는 것도 실현 가능성이 낮다. 중·러·인 삼국의 군사력을 합해도 미·일에 필적할 수 없을 뿐만 아니라, 삼국 모두 자국의 경제 발전과 국제적 지위 향상을 위해 미·일 및 서방국가와의 협력을 절실히 필요로 하기 때문에 이런 위험을 무릅쓸 수가 없다. 그래서 중국은 한때 러시아가 제안한 중·러·인 삼국동맹 체결을 수용할 수 없었다. 그렇다고 다른 주변 국가에게 미국과의 긴밀한 군사 협력을 포기하고 중국과의 안보 협력을 강화하자고 제안해 보았자 다른 국가가 이를 수용할 가능성도 거의 없다. 이미 1997년 이것이 불가능하다는 것을 경험했고, 이런 상황에서 이를 강행한다면 '중국 위협론'만 확대될 뿐이다. 그 밖에 미·일 동맹의 강화는 미·일 양국의 국내 정치(예를 들어, 일본의 우경화와 민족주의 강화)와 밀접히 연관되어 있기 때문에, 중국이 미·일 정부를 통해 이 문제를 해결하려고 시도하는 것도 한계가 있다.

이런 어려운 상황에서 중국은 미·일 동맹 강화에 대해 몇 가지 정책을 추진하고 있다고 판단된다. 가장 중요하고 기본적인 정책은 제한된 범위 즉, 대만 문제에 대한 미·일 동맹의 개입을 억제하기 위해 군사력을 증강시키는 것이다. 중국은 1990년부터 2007년까지 연평균 16% 정도의 국방예산(defense budget)을 증액했고, 이를 바탕으로 군 현대화와 전력 증강을 지속적으로 추진해 왔다. 예를 들어, 2007년 중국의 국방예산은 495억 달러였고, 2008년에는 전년보다 17.6%가 증가한 590억 달러다. 중국의 국방예산에는 외국 무기 구입비, 국방과학기술 연구비, 인민무장경찰 관련 비용 등이 포함되지 않기 때문에 만약 이를 포함할 경우 중국의 국방비(defense expenditure)는 국방예산보다 최소 1.5~2배 정도 많고, 그 결과 중국은 미국(2008년 5,150억 달러)에 이어 세계 2위의 국방비를 사용하는 국가가 된다. 그런데 이런 중국의 군 현대화와 전력 증강은 미국의 패권적 지위에 도전할 수 있는 군사력 확보(예를 들어, 전략 핵미사일 증강)보다는 유사시 대만해협에서의 군사적 우위를 점하기 위한 군사력 강화(예를 들어, 약 1천 기의 대만 공격용 미사일의 실전 배치, 대만해협에서의 전투에 필요한 최신예 전투기 및 잠수함의 수입 확대)에 초점이 맞추어져 있다. 이런 면에서 중국의 군사력 증강은 미국을 겨냥한 내적 균형이라고 하기는 어렵다.

미·일 양국과 각각 안정적인 양자 관계를 유지하는 것도 미·일 동맹 강화에 대한 중국의 중요한 대응 정책이다. 대미 외교는 중국 강대국 외교의 핵심이다. 경제 발전과 국제 지위 향상 등 중국의 국정 목표 달성 여부가 미국과의 안정적인 관계 유지 여부에 달려 있기 때문이다. 또한 현실적으로 미·중 양국이 우호적인 관계를 유지할 경우에는 미·일 동맹 강화로 인한 미·중 간의 갈등을 일정한 범위 내에서 관리할 수 있다. 이런 이유로 중국은 미국에 최대한 협력하여 대립과 갈등을 피하고, 이를 통해 우호적이고 안정적인 관계를 유지한다는 정책을 추진해 왔다. 이를 위해 중국은 미국을 안심시키는 정책 즉, 아시아에서 미국이 갖는 안보·정치·경제적 이익을 존중하고, 미국의 '패권적 행위'(예를 들어, 대만 문제 개입 등 중국의 영토 및 주권의 침해 행위)는 반대하지만 '패권적 지위'는 인정한다는 입장을 여러 차례 표명했다(Zhang and Tang 2005, 53). 실제로 중국은 미국이 주도하고 있는 반(反)테러리즘과 대량 살상 무기 확산 방지에 적극 지지 및 참여하고 있다. 북핵 6자 회담의 주선, 미국의 아프가니스탄 및 이라크 침공에 대한 명시적·암묵적 지지는 이를 잘 보여 준다.

중국은 또한 일본과의 관계 개선 및 발전에도 적극 나서고, 이를 통해 일본의 대 중국 우려를 해소하려고 시도한다. 중국의 급부상과 중·일 관계의 악화는 일본을 미·일 동맹 강화에 더욱 집착하게 만드는 주요 원인이다. 장쩌민 집권 후반기와 후진타오 집권 1기 초기에는 중·일 관계 개선에 큰 진전이 없었지만, 2006년 아베 전(前)총리의 등장 이후 양국 관계는 일본의 대중국 정책 변화와 중국의 적극적인 호응으로 개선되고 있다. 또한 중국은 자신이 반대하는 것은 중국을 겨냥한 미·일 동맹의 강화이지 일본 방위를 목적으로 하는 미·일 동맹 그 자체는 아니라는 사실을 미·일에 알리기 위해 노력한다. 실제로 미국의 동맹 체제는 그 역할이 일정한 범위 내에 한정될 경우 중국의 안보 이익에도 도움이 되는 측면이 있다. 예를 들어, 미국의 동맹 체제는 한반도 안정 유지, 대만해협 긴장 완화, 권력 진공에 의한 안보 딜레마 발생의 방지, 일본의 핵무장을 포함한 아시아 국가 간의 군비경쟁 방지, 안정적인 해상 통로 확보, 중국과 러시아 등 지역 강대국에 대한 세력균형 등 긍정적인 역할을 수행하고, 중국 정부나 학자들도 이 점을 인정한다(閻學通·金德湘 2005, 320, 354-355; 張蘊岺 2003, 249; 牛軍 2007, 253). 이런 면에서 중국은 미·일 동맹의 폐지가 아니라 미·일 동맹의 '무해화'(無害化) 즉, 1996년 이전 제체로의 복귀를 원하고 있다고 할 수 있다(Johnston 2004, 57-59; 張蘊岺 2003, 248). 이런 점을 강조하면서 중국은 일본의 우려를 해소하려고 시도한다.

앞에서 살펴본 것이 단기 정책이라면, 미·일 동맹 강화에 대한 중국의 중장기 정책은 지역 협력 안보 체제의 수립을 통한 미·일 동맹의 관리다(閻學通 2000, 66; 張蘊岺 2003, 248-253). 즉, 중국은 아시아 다자 안보 기구 설립을 통해 미·일 동맹을 흡수하고 이를 통해 미·일 동맹의 지나친 팽창을 통제함으로써 자국의 안보를 확보하려고 한다. 최근 들어, 중국이 매우 적극적으로 지역 다자 안보 기구 설립을 주창하는 이유는 바로 이 때문이다. 일부 중국 학자가 제시한 '동아시아 안보 공동체'(East Asian Security Community) 구상은 대표적인 사례다. 이 구상은 상하이협력기구를 참고하여, 지역 다양성 존중, 국제 관계의 민주화, 국제분쟁의 평화적 해결 등의 원칙에 입각하여 제도화된 동아시아 지역 안보 협력 체계의 수립을 목표로, 아세안지역안보포럼을 '동아시아 안보 협력 조직'(East Asian Security Cooperation Organization)으로 발전시키자는 생각이다. 이 기구는 아시아 국가를 구성원으로 하지만 미국 등 역외 국가의 참여를 배제하지 않는다. 또한 이 기구는 NATO와 달리 군사동맹이 아니고 배타성도 없으며 가상의 적도 설정하지 않는다고 한다(閻學通·金德湘 2005, 438-453; 閻學通·周方銀 編 2004). 중국 정부나 학자들이 가까운 장래에 이것이 실현될 수 있다고 생각하는 것은 아니지만, 미국 주도의 군사동맹 체제와 지역 협력 안보 체제가 병존하는 것이 중국에게는 유리하다는 판단에서 이를 적극 주장한다.

이상에서 미·일 동맹의 강화에 대한 중국의 인식과 대책을 살펴보았다. 결론적으로 말하면, 미·일 동맹에 대한 중국의 정책은 현실주의적 세력균형보다는 폴 등이 주장한 연성 균형에 더 가깝다. 미·일의 압도적인 경제·군사적 우위와 반미 동맹 형성의 현실적 어려움, 미국 주도의 패권 체제가 가져다주는 안보·경제상의 이익과 무임승차의 가능, 경제적 세계화의 확대에 따른 경제적 상호 의존의 증대와 중국의 이익 확대, 중국의 국정 목표 달성에 필요한 안정적인 국제 환경 유지 등 여러 가지 요인으로 인해 중국은 대규모 군사력 증강이나 타국과의 동맹 형성을 통해 미·일 동맹에 직접 맞서려 하지 않는다. 대신 중국은 대만 문제와 관련된 최소 범위 내에서의 억지력 확보, 미·일 양국과의 안정적이고 우호적인 양자 관계 유지, 중장기적인 지역 다자 안보 체제 구축 등을 통해 간접적으로 대응하고 있다.

5. 결론 : 요약과 전망

중국의 외교정책은 1980년대 초에 급격한 변화를 겪었다. 무엇보다 1982년 '독립 자주의 대외 정책'과 '비동맹 원칙'이 중국의 외교 방침으로 공식 채택되었다. 이는 국내 발전 전략의 재조정(경제 발전 최우선), 국제 정세의 재인식, 자국 역량에 대한 재평가, 과거 외교정책에 대한 반성에서 기인한 것이다. 이 원칙에 입각하여 중국은 어떤 강대국과도 동맹을 체결하지 않으며, 동시에 어떤 국가와도 군사 협력을 통해 제3의 국가를 반대하지 않을 것임을 천명했다. 이는 중국이 현실주의적 동맹 정책을 개혁 초기부터 외교 방침에서 배제했음을 의미한다.

이런 비동맹 원칙에 따라 실제 외교 면에서 중국은 탄력적인 동맹 정책을 추진했다. 우선, 중국은 북·중 동맹에 대해 양면 정책을 추진했다. 한편으로 중국은 탈냉전기 변화된 국제 정세에 맞추어 주변국 외교의 일환으로 한·중 수교를 추진했고, 이로써 북·중 동맹이 갖고 있는 군사동맹의 성격을 대폭 약화시켰다. 다른 한편으로 중국은 북한이 제공하는 전략적 이익 때문에 북·중 동맹을 폐기하는 대신 약화된 형태로 유지하는 정책을 선택했다. 이렇게 되면서 북·중 동맹은 '혈맹'에서 일반 국가 간의 전략적 협력 관계로 전환되었다. 미·일 동맹의 강화에 대해서도 중국은 강경하고 직접적인 세력균형이 아니라 다양하고 복합적인 대응 정책을 추진했다. 이에는 대만 문제와 관련된 제한된 범위 내에서 미·일에 대한 억지력을 확보하기 위한 군사력의 증강, 미·일 양국과 각각 우호적이고 협력적인 쌍무 관계의 유지, 장기적 전략으로 지역 다자 안보 체제의 수립을 통한 미·일 동맹의 흡수와 관리 등이 포함된다.

이상의 내용을 종합할 때, 탈냉전기 중국의 동맹 정책은 현실주의적 세력균형 이론보다는 폴 등이 말하는 연성 균형 개념에 더 잘 부합한다고 평가할 수 있다. 다만 1980년대 초부터 중국이 비동맹 원칙을 제기하고 추진했다는 사실을 볼 때, 연성 균형 개념은 1980년대의 중국 동맹 정책을 제대로 설명할 수 없는 한계가 있다. 이런 면에서 개혁기 중국의 동맹 정책을 제대로 설명할 수 있는 새로운 이론 또는 개념의 개발이 필요하다.

지금까지 중국이 추진해 온 동맹 정책은 향후 단기간(10년) 내에는 변하지 않을 것이다. 이를 뒷받침하는 근거로 몇 가지를 제시할 수 있다. 먼저, 중국의 발전 전략이 향후에도 크게 변하지 않을 것이라는 점이다. 2002년 공산당 16차 당대회에서 중국은 향후 20년을 '전략적 기회의 시기'(戰略機遇期)로 보고, 이 기간 동안에 경제 건설에 총 매진하여 2020년까지는 '전면적 소강사회'(全面的小康社會)를 건설한다는 목표를 제시했다(조영남 2006, 186). 이는 중국이 이 기간 동안에 경제 발전에 유리한 평화롭고 안정적인 국제 환경 조성을 위해 현재의 외교정책을 계속 추진할 것임을 의미한다. 앞에서 보았듯이, 개혁기 중국의 외교정책은 공산당이 개혁·개방을 추진하면서 마오쩌둥 시기와는 크게 달라졌다. 이렇듯 중국 외교는 국가 발전 전략의 변화에 의해 좌우되는데, 향후 일정 기간 동안에 중국의 국가 발전 전략이 바뀌지 않을 것이기 때문에 중국 외교도 크게 변하지 않을 것이다.

아시아 지역 질서도 향후 단기간 내에 큰 변화가 없을 것이다. 즉, 미국 주도의 동맹 체제는 중국의 부상에 따라 약간의 조정을 겪겠지만 기본 골격과 내용은 큰 변화 없이 당분간 유지될 것이다. 이는 일차적으로 아시아 지역에서 패권적 지위를 공고화하려는 미국과 중국의 부상을 견제하려는 일본의 안보 정책에 큰 변화가 없기 때문이다. 그러나 동시에 이는 역내 국가들도 현행 지역 질서를 통해 경제·안보상 이익을 얻을 수 있기 때문이기도 하다. 최근 몇 년 동안 아시아 각국은 중국의 부상과 함께 변화되는 지역 질서에 대응하기 위해 노력해 왔다. 한마디로 말해, 아시아 각국은 미·중에 대해 위험 분산 전략(hedging strategy)을 추진한다. 경제적 측면에서는 중국의 부상이 가져다주는 기회를 충분히 활용하기 위해 중국과 적극 협력하지만, 안보적 측면에서는 미국과의 협력을 통해 중국에 대한 세력균형을 시도하고 동시에 역내에 상존하는 안보상의 불확정성 즉, 대만해협의 군사적 충돌 가능성, 북핵 위기, 남중국해의 해양 분쟁, 중·일 간의 구조적 경쟁 등에 대비하려고 한다.22)

　　마지막으로 향후 단기간 내에 아시아 지역에서는 유럽의 NATO와 같은 지역 다자 안보 기구가 출현할 가능성이 매우 낮다. 그동안 이 지역에서도 경제 영역에서의 지역주의(regionalism)와 느슨한 형태의 지역 다자 안보 체제가 발전한 것은 사실이다. 전자의 예로는 아세안-중국 자유무역협정을 포함한 다양한 지역 경제 통합의 시도, 후자의 예로는 아세안지역안보포럼, 상하이협력기구, 북핵 6자 회담 기제의 형성 등을 들 수 있다. 향후 이런 지역주의와 지역 다자 안보 체제는 계속 발전하여 미국 주도의 동맹 체제와 병존하겠지만, 이것이 미국 주도의 동맹 체제를 대체할 가능성은 거의 없다. 이상의 이유로 중국의 동맹 정책은 최소한 단기간 내에는 현재와 같은 모습을 유지할 것이다.

....

22) 중국의 부상에 대한 아시아 각국의 대응 특히, 위험 분산 전략에 대해서 다음을 참고. Ross(2007), Sutter(2005), Whiting(2004), Leong(2004).

참고문헌

김성진. 2008. "러시아 외교정책의 성격: 상하이협력기구에 대한 정책을 중심으로."『중소연구』제32권 제2호(여름), pp. 149-177.

김예경. 2007. "중국의 부상과 북한의 대응전략: 편승전략과 동맹, 유화 그리고 현안별 지지 정책."『국제정치논총』제47권 제2호(여름), pp. 75-95.

김태현. 2004. "세력균형이론." 우철구·박건영 편.『현대 국제 관계이론과 한국』. 사회비평, pp. 81-117.

김태호. 2006. "중국의 '군사적 부상' : 2000년 이후 전력 증강 추이 및 지역적 함의."『국방정 책연구』(가을), pp. 163-203.

_____. 2008. "중국의 '군사적 부상': 한국의 안보 환경을 중심으로." 김태호 편.『중국 외교 연구의 새로운 영역』. 나남, pp. 69-123.

류동원. 2004. "중국의 다자안보 협력에 대한 인식과 실천: 상하이협력기구를 중심으로."『국 제정치논총』제44집 제2호, pp. 121-141.

박창희. 2007. "지정학적 이익변화와 북중동맹 관계: 기원, 발전, 그리고 전망."『중소연구』 제31권 제1호(봄), pp. 27-55.

박홍서. 2006. "북핵 위기시 중국의 대북 동맹안보 딜레마 관리 연구: 대미관계 변화를 주요 동인으로."『국제정치논총』제46권 제1호(봄), pp. 103-122.

_____. 2008. "중국의 부상과 탈냉전기 중미 양국의 대한반도 동맹전략: 동맹전이 이론의 시 각에서."『한국정치학회보』제42권 제1호(봄), pp. 299-317.

신범식. 2006/2007. "러시아-중국 안보 군사 협력 관계의 변화와 전망."『중소연구』제30권 제4호(겨울), pp. 63-90.

신상진. 2008. "북·중 정치외교 관계: 실리에 기초한 전략적 협력 관계."『북한-중국 간 경제 사회 네트워크 형성과 변동』. 서울대학교 통일연구소 통일학 세미나 자료집, 6월, pp. 1-30.

이상숙. 2008. "데탕트 시기 북·중 관계의 비대칭 갈등과 그 영향."『한국정치학회보』제42권 제3호(가을), pp. 439-456.

이종석. 2000.『북한-중국관계 1945-2000』. 중심.

이태환. 2007. "중국 군사력 증강의 분석과 전망 : 후진타오 시기를 중심으로."『세종정책연 구』제3권 1호, pp. 153-179.

조영남. 2006.『후진타오 시대의 중국정치』. 나남.

_____. 2008. "중국 외교의 새로운 시도." 김태호 외.『중국 외교연구의 새로운 영역』. 나남,

pp. 179-233.

주재우. 2006. "중국의 대북정책 변화 추이 및 대북 지원에 관한 연구"(국회 정보위원회, 12월).

최명해. 2008. "1960년대 북한의 대중국 동맹딜레마와 '계산된 모험주의'." 『국제정치논총』 제48권 제3호(가을), pp. 119-148.

_____. 2009. 『중국·북한 동맹 관계: 불편한 동거의 역사』. 오름.

金燦榮 主編. 2007. 『中國學者看世界3: 大國戰略卷』. 北京: 新世界出版社.

金熙德 主編. 2007. 『21世紀的中日關係』. 重慶: 重慶出版社.

當代中國叢書編輯委員會. 1990. 『當代中國外交』. 北京: 中國社會科學出版社.

劉江永. 2007. 『中日關係二十講』. 北京: 中國人民出版社.

劉靜波 主編. 2006. 『21世紀初中國國家安全戰略』. 北京: 時事出版社.

李敏倫. 2007. 『中國 "新安全觀"與上海合作組織研究』. 北京: 人民出版社.

復旦大學國際關係與公共事務學院. 2006. 『多邊治理與國際秩序』. 上海: 上海人民出版社.

蘇浩. 2003. 『從啞鈴到橄欖: 亞太合作安全模式研究』. 北京: 世界知識出版社.

兒健民·陳子舜. 2003. 『中國國際戰略』. 北京: 人民出版社.

安衛·李東燕. 2000. 『十字路口上的世界: 中國著名學者探討21世紀的國際焦點』. 北京: 中國人民大學出版社.

閻學通·金德湘 主編. 2005. 『東亞和平與安全』. 北京: 時事出版社.

閻學通·周方銀 編. 2004. 『東亞安全合作』. 北京: 北京大學出版社, 2004.

閻學通 主編. 2007. 『中國學者看世界5: 國際安全卷』. 北京: 新世界出版社.

閻學通. 2000. 『美國霸權與中國安全』. 天津: 天津人民出版社.

_____. 2005. 『國際政治與中國』. 北京: 北京大學出版社.

葉自成. 2007. "中國實行大國外交戰略勢在必行," 金燦榮 主編, 『中國學者看世界3 : 大國戰略卷』. 北京: 新世界出版社, pp. 124-146.

王帆. 2007. 『美國的亞太聯盟』. 北京: 世界知識出版社.

牛軍 主編. 2007. 『中國學者看世界4: 中國外交卷』. 北京: 新世界出版社.

劉山·薛君度 主編. 1997. 『中國外交新論』. 北京: 世界知識出版社.

張蘊岑 主編. 2003. 『未來10-15年中國在亞太地區面臨的國際環境』. 北京: 中國社會科學出版社.

張蘊岑·藍建學 主編. 2007. 『面向未來的中俄印合作』. 北京: 世界知識出版社.

錢其琛. 2003. 『外交十記』. 北京: 世界知識出版社.

田曾佩 主編. 1993. 『改革開放以來的中國外交』. 北京: 世界知識出版社.

中國現代國際關係研究所. 2002. 『上海合作組織: 新安全觀與新機制』. 北京: 時事出版社.

楚樹龍. 2007. "全面建設小康時期的中國外交戰略." 牛軍 主編. 『中國學者看世界4: 中國外交卷』. 北京: 新世界出版社, pp. 107-118.

崔憲濤. 2003. 『面向21世紀的中俄戰略協作夥伴關係』. 北京: 中共中央黨校出版社.

黃大慧. 2008. 『日本大國化趨勢與中日關係』. 北京: 社會科學文獻出版社.

Allen S. Whiting. 2004. "ASEAN Eyes China: The Security Dimension." Guoli Liu ed. *Chinese Foreign Policy in Transition*. New York: Aldine De Gruyter.

Armitage, Richard et. al. 2000. "The United States and Japan: Advancing Toward a Mature Partnership." INSS Special Report, October.

Armitage, Richard L. and Joseph S. Nye. 2007. *The U.S. Japan Alliance: Getting Asia Right through 2020* (CSIS, February).

Blank, Stephen. 2008. "The Shanghai Cooperation Organization and the Georgian Crisis." *China Brief* Vol. 8, No. 17, September 3.

Brawley, Mark R. 2004. "The Political Economy of Balance of Power Theory." T. V. Paul. James J. Wirtz and Michel Fortman eds. *Balance of Power: Theory and Practice in the 21st Century*. Stanford, California: Stanford University Press.

Chambers, Michael R. 2005a. "China and Southeast Asia: Creating a 'Win-Win' Neighborhood." *Asia Program Special Report*. No. 126. Woodrow Wilson International Center for Scholars.

_____. 2005b. "Dealing with a Truculent Ally: A Comparative Perspective on China's Handling of North Korea." *Journal of East Asian Studies* Vol. 5, No. 1 , January/ April.

Chen, Jian. 2003. "Limits of the 'Lips and Teeth' Alliance : An Historical Review of Chinese-North Korean Relations." *Asia Program Special Report* No. 115 (Woodrow Wilson International Center for Scholars.

Christensen, Thomas J. 2003. "China, the U.S.-Japan Alliance, and the Security Dilemma in East Asia." G. John Ikenberry and Michael Mastanduno eds. *International Relations Theory and the Asia-Pacific*. New York: Columbia University Press.

Christopher W. Hughes and Akiko Fukushima. 2004. "U.S.-Japan Security Relations: Toward Bilateralism Plus?" Ellis S. Krauss and T. J. Pempel eds. *Beyond Bilateralism: U.S.-Japan Relations in the New Asia-Pacific*. Stanford: Stanford University Press.

Deng, Yong and Fei-Ling Wang eds. 2005. *China Rising: Power and Motivation in Chinese*

Foreign Policy. Lanham, Maryland: Rowman & Littlefield Publishers.

Deng, Yong. 2008. *China's Struggle for Status: The Realignment of International Relations*. New York: Cambridge University Press.

Department of Defense. 2008. *National Defense Strategy* (June).

Finkelstein, David M. 2000. *China Reconsiders Its National Security: 'The Great Peace and Development Debate of 1999.'* Alexandria, Virginia: The CNA Corporation.

Fortman, Michel, T. V. Paul and James J. Wirtz. 2004. "Conclusion: Balance of Power at the Turn of the New Century." T. V. Paul, James J. Wirtz and Michel Fortman eds. *Balance of Power: Theory and Practice in the 21st Century*. Stanford, California: Stanford University Press.

Garrett, Banning and Bonnie Glaser. 1995. "Looking across the Yalu: Chinese Assessment of North Korea." *Asian Survey* Vol. 35, No. 6.

_____. 1997. "Chinese Apprehensions about Revitalization of the U.S.-Japanese Alliance." *Asian Survey* Vol. 37, No. 4(April).

Glaster, Bonnie, Scott Snyder, and John S Park. 2008. *Keeping an Eye on Unruly Neighbor : Chinese Views of Economic Reform and Stability in North Korea* (US Institute of Peace and CSIS, January).

Goldstein, Avery. 2003. "Balance-of-Power Politics: Consequences for Asian Security Order." Muthia Alagappa ed. *Asian Security Order : Instrumental and Normative Features*. Stanford, California: Stanford University Press.

Han, Sukhee. 2004. "Alliance Fatigue amid Asymmetrical Interdependence: Sino-North Korean Relations in Flux." *The Korean Journal of Defense Analysis* Vol. 16, No. 1, Spring.

Harris, Stuart and Richard N. Cooper. 2000. "The U.S.-Japan Alliance." Robert D. Blackwill and Paul Dibb eds. *America's Asian Alliance*. Cambridge, Massachusetts: The MIT Press, pp. 31-60.

Hart, Tom. 2001. "The PRC-DPRK Rapprochement and China's Dilemma in Korea." *Asian Perspective* Vol. 25, No. 3.

Huang, Jing. 2008. "Beijing's Approach on the Russo-Georgina Conflict: Dilemma and Choice." *China Brief* Vol. 8, No. 17, September 3.

Ikenberry, G. John. 2004. "America in East Asia: Power, Markets, and Grand Strategy." Ellis S. Krauss and T. J. Pempel eds. *Beyond Bilateralism: U.S.-Japan Relations in the New*

Asia-Pacific. Stanford: Stanford University Press.

Independent Task Force. 2007. *U.S. China Relations: An Affirmative Agenda, A Responsible Courses* (April).

Ji, You. 2001. "China and North Korea: A Fragile Relationship of Strategic Convenience." *Journal of Contemporary China* Vol. 10, No. 28 (August).

Johnston, Alastair Iain. 2004. "Beijing's Security Behavior in the Asia-Pacific: Is China a Dissatisfied Power?" J. J. Suh, Peter Katzenstein, and Allen Carlson eds. *Rethinking Security In East Asia: Identity, Power, and Efficiency.* Stanford, California: Stanford University Press, pp. 34-96.

Keller, William W. and Thomas G. Rawski. 2007. "China's Peaceful Rise: Road Map or Fantasy?" William W. Keller and Thomas G. Rawski eds. *China's Rise and the Balance of Influence in Asia.* Pittsburgh: University of Pittsburgh Press, pp. 193-207.

Kim, Samuel S. 2001. "The Making of China's Korea Policy in the Era of Reform." David M. Lampton ed. *The Making of Chinese Foreign and Security Policy in the Era of Reform, 1978-2000.* Stanford, California: Stanford University Press, pp. 371-408.

_____. 2003. "China and North Korea in a Changing World." *Asia Program Special Report* No. 115 (Woodrow Wilson International Center for Scholars), pp. 11-17.

Kim, Samuel S. and Tai Hwan Lee. 2002. "Chinese-North Korean Relations: Managing Asymmetrical Interdependence." Samuel S. Kim and Tai Hwan Lee eds. *North Korea and Northeast Asia.* Lanham, Maryland: Rowman & Littlefield Publishers, pp. 109-137.

Kim, Taeho. 1999. "Strategic Relations between Beijing and Pyongyang: Growing Strains and Lingering Ties." James R. Lilley and David Shambaugh eds. *China's Military Faces the Future.* Armonk, New York: M.E. Sharpe, pp. 295-321.

Lee, Chae-Jin. 1996. *China and Korea: Dynamic Relations.* Stanford, California: Hoover Institute.

Leong, Ho Khai. 2004. "Rituals, Risks, and Rivalries: China and ASEAN." Suisheng Zhao ed. *Chinese Foreign Policy: Pragmatism and Strategic Behavior.* Armonk, Colorado: M.E. Sharpe, pp. 297-308.

Levy, Jack S. 2004. "What Do Great Powers Balance Against and When?" T. V. Paul. James J. Wirtz and Michel Fortman eds. *Balance of Power: Theory and Practice in the 21st Century.* Stanford, California: Stanford University Press, pp. 29-51.

Mastanduno, Michael. 2003. "Incomplete Hegemony." Muthiah Alagappa. *Asian Security Order*. Stanford University Press, pp. 141-170.

McVadon, Eric A. 1999. "Chinese Military Strategy for the Korean Peninsula." James R. Lilley and David Shambaugh eds. *China's Military Faces the Future*. Armonk, New York: M.E. Sharpe.

Moravcsik, Andrew. 2008. "Washington Cries Wolf." Newsweek, March 31(www.newsweek.com/id/128415).

Mozhizuki, Mike M. 2004. "Terms of Engagement: The U.S.-Japan Alliance and the Rise of China." Ellis S. Krauss and T. J. Pempel eds. *Beyond Bilateralism: U.S.-Japan Relations in the New Asia-Pacific*. Stanford: Stanford University Press, pp. 87-114.

Office of the Secretary of Defense. 2008. *Annual Report to Congress: Military Power of the PRC 2008* (March).

Paul, T. V. 2004. "Introduction: The Enduring Axioms of Balance of Power Theory and Their Contemporary Relevance." T. V. Paul. James J. Wirtz and Michel Fortman eds. *Balance of Power : Theory and Practice in the 21st Century*. Stanford, California: Stanford University Press.

Paul, T. V., James J. Wirtz and Michel Fortman eds. 2004. *Balance of Power: Theory and Practice in the 21st Century*. Stanford, California: Stanford University Press.

Ross, Robert S. 2004. "Bipolarity and Balancing in East Asia." T. V. Paul, James J. Wirtz and Michel Fortman eds. *Balance of Power: Theory and Practice in the 21st Century*. Stanford, California: Stanford University Press, pp. 267-304.

_____. 2007. "Balance of Power Politics and the Rise of China: Accommodation and Balancing in East Asia." William K. Keller and Thomas G. Rawski eds. *China's Rise and the Balance of Influence in Asia*. Pittsburgh: University of Pittsburgh Press, pp. 121-145.

Shambaugh, David. 2003. "China and Korean Peninsula: Playing for the Long Term." *Washington Quarterly* Vol. 26, No. 2 (Spring).

_____. 2005. "Return to the Middle Kingdom? China and Asia in the Early Twenty-First Century." David Shambaugh ed. *Power Shift: China and Asia's New Diplomacy*. Berkeley, California: University of California Press, pp. 23-47.

Shen, Dingli. 2006. "North Korea's Strategic Significance to China." *China Security*, Autumn.

Snyder, Glenn H. 1997. *Alliance Politics*. Ithaca and London: Cornell University Press.

Sutter, Robert G. 2005. *China's Rise in Asia: Promises and Perils*. Lanham, Maryland: Rowman & Littlefield Publishers.

Walt, Stephen M. 1987. *The Origins of Alliances*. Ithaca and London: Cornell University Press.

Weitz, Richard. 2008. *China-Russia Security Relations: Strategic Parallelism without Partnership or Passion*. Strategic Studies Institute. US Army War College, available at http://www.StrategicStudiesInstitute.army.mil.

Wu, Xinbo. 2005/2006. "The End of the Silver Lining: A Chinese View of the U.S.-Japanese Alliance." *The Washington Quarterly* Vol. 29, No. 1(Winter), pp. 119-130.

Zhang, Yunling and Shiping Tang. 2005. "China's Regional Strategy." David Shambaugh ed. *Power Shift: China and Asia's New Diplomacy*. Berkeley, California: University of California Press.

Zhu, Feng. 2006. "Shifting Tides: China and North Korea." *China Security* (Autumn), pp. 35-51.

21세기 중국의 다자안보전략의 전개 과정과 특징 :

'6자 회담' 사례를 중심으로[*]

김재관

1. 머리말

2009년 1월 오바마 신행정부가 들어섰다. 오바마의 집권이 인종의 벽을 넘어섰다는 점에서 세계에 변화와 희망의 메시지를 던져 줌에도 불구하고 동시에 미국발 금융 위기를 안고 출범했다는 점에서 자국 및 글로벌 차원의 경제 위기를 어떻게 극복할지가 초미의 관심사가 아닐 수 없다. 또한 공화당 에서 민주당으로의 정권 교체가 동북아 안보에 어떤 영향을 미칠 것인가 하 는 문제가 관련 국가의 외교정책 전문가들 사이에서 현안으로 떠올라 있다. 오바마 당선자가 자국 내 경제 위기 극복만이 아니라 글로벌 문제를 해결하 기 위해 중국의 협조가 불가피한 상황에서 향후 양국 관계가 대체로 기존의 '봉쇄'와 '포용'을 병행하던 양면 정책(Congagement Policy) 혹은 '양면 전

....

[*] 본 글은 전남대학교 『현대사회과학연구』 12집 1호(2008년 12월)에 실린 논문을 약간 수정한 것임.

략'(Hedging Strategy)으로부터 '포용 정책'(Engagement Policy)에 기초한 '책임 있는 이익 상관자'(a responsible stakeholder) 관계로 선회할 것이라는 기대감이 커지고 있다(Obama 2007; Paulson 2008; Hachigian, Schiffer & Chen 2008). 하지만 특히 북핵 문제가 아직 해결되지 않은 상황에서 오바마 집권이 북·미 관계에도 어떤 변화를 몰고 올지 우려와 기대가 크다. 어느 누구보다 제2차 북핵 문제 해결 과정에서 주도적인 역할을 해왔던 중국 측의 관심은 클 수밖에 없다. 과연 북·미 관계가 호전되어 심지어 북·미 관계 정상화로까지 나아갈 경우 대북 영향력의 약화를 우려할 수밖에 없는 중국으로서는 소위 '탈중친미'(脫中親美)로까지 이어지지 않을까 하는 비관적 염려는 지나친 기우일까? 아니면 설령 북·미 관계의 정상화가 이뤄지더라도 지정학적으로나 전통적 혈맹 관계를 유지해 왔던 북·중 관계에는 큰 변화가 없을 것이고, 오히려 북·미 관계 정상화가 한반도 나아가 동북아의 안정과 평화에 유리한 환경을 조성하여 장기적으로 중국의 전략적 이익에 기여할 것이라는 낙관적 전망도 가능할 것이다. 하지만 이미 제2차 북핵 위기 해결 과정에서 중국이 중재자 및 조정자 역할을 해왔듯이 북핵 문제를 단지 북·미 양자만의 문제로 방치하지 않을 것이다. '6자 회담'이라는 다자 협력 틀은 중국의 동 지역 내 영향력 유지 확대를 위한 하나의 다자적 외교 전략의 문제라는 점에서, 그 다자적 해법의 시도는 그대로 유지될 것으로 보인다.

주지하다시피 약 2년 전 2007년 2월 13일, 마침내 베이징 6자 회담 참여국들은 북한 핵문제 해결을 위한 실질적 돌파구를 마련했다. 이른바 2·13 합의는 답보 상태를 면치 못하고 있던 2005년 9·19 공동성명을 실질적인 '행동 대 행동'의 차원으로 전환시킴으로써 한반도 비핵화를 위한 청신호라 할 것이다. 특히 북한이 2006년 7월 제2차 미사일 발사 시험에 이어 10월 9일 핵실험 감행으로 동북아의 안보 상황이 극도로 악화되고 있던 와중에 이런 2·13 합의가 극적으로 이뤄져 유관 국가들의 우려는 크게 줄어든 상태다. 2·13 합의는 북한이 핵을 포기하는 대가로 미국을 비롯한 참여국들이 외교·안보 분야와 경제·에너지 분야에서 5개 실무 그룹을 만들어 단계별로 한반도 비핵화를 추진하고 있다는 점에서 획기적인 의의를 지닌다고 볼 수 있다(백학순 2007).

공화당 부시 정권의 집권 초기인 2002년 10월 제2차 북핵 위기가 발발한 이래 동북아의 안보 위기와 안보 딜레마는 계속 증폭되어 왔다. 이 과정에서 일촉즉발의 북·미 간의 충돌과 대립을 중재하고 조정하기 위해 중국은 '6자 회담'을 주도함으로써 동북아 지역의 안정과 평화에 기여해 왔다. 이러한 중국의 북핵 위기관리 노력은 9·19 공동성명과 그 구체적인 실천 계획인 2·13 합의를 도출하는 데 획기적으로 기여했다는 점에서 6개 참가국들에게는 윈-윈 게임의 한 사례라고 할 수 있을 것이다. 이 과정에서 중국의 대국 책임외교(負責任的大國外交)가 크게 돋보였으며, 동북아 지역 내 중국의 영향력은 과거에 비해 크게 신장되었다고 평가할 수 있을 것이다.

따라서 중국의 북핵 위기 해결 과정은 중국의 외교력 신장의 시기였다고 단언해도 지나친 표현은 아닐 것이다. 2002년 10월 제2차 북핵 위기가 발발한 이후 중국 외교는 종래의 소극적 외교로부터 벗어나 적극적인 개입 정책으로 전환했다. 이 과정에서 중국은 기존의 당사자 간 양자 해결 방식에서 벗어나 다자 안보 협력(multilateral security cooperation) 틀을 모색 발전시켜 왔는데, 이른바 '6자 회담'이 바로 그 구체적인 실천 사례다. 이 6자 회담을 주도하면서 중국은 동 지역 내 '책임 있는 대국'으로서 역내 영향력을 크게 신장시켰다. 중국의 이런 영향력 확대는 도리어 동아시아 지역 내 패권 유지와 강화를 노리는 미국 측의 우려와 불신을 초래하기도 했다.

사실 중국은 6자 회담을 성공적으로 주도해 온 것으로 자화자찬하지만 기실 나름의 한계와 문제점도 노출되었다. 이것은 한편으로 중국의 '중재 외교'의 한계이기도 했고, 다른 한편으로 동북아 다자 안보 협력 틀의 건설이 아직 시기상조인데다 상호 상반된 유관 국가들의 이해관계 때문에 합의가 쉽지 않음을 의미하는 것이기도 했다.

또한 중국은 북·미 사이에서 균형 외교를 추진하려고 했지만, 도리어 일시적이나마 북·미 양국으로부터 상당한 불신과 신뢰를 상실하기도 했다. 북한 미사일 발사와 핵실험의 강행은 중국의 대북 영향력과 외교력의 한계를 나타냄과 동시에 북·중 관계가 일시적이기 하지만 상당히 불안한 단계에 접어들었음을 단적으로 시사하기도 했다. 하지만 동시에 핵실험 자체가 북·중 관계를 근본적으로 교란시킬 만큼 치명적인 문제가 아니었음을 이후 북핵 문제 해결 과정에서 입증되었다. 게다가 2·13 합의 도출의 결정적인 돌파구가 2007년 1월 북·미 양자 간 베를린 협상에서 마련되었다는 점에서 중국 주도의 6자 회담의 한계가 잠시 노출되기도 했다. 그럼에도 불구하고 북핵 위기관리 과정에서 중국은 북·중 관계와 미·중 관계 그리고 다자 협력 틀의 중요성을 새삼 재확인했다고 볼 수 있다. 이렇듯 중국은 동북아 지역 내 안보 문제 해결에서 나름의 대응 전략들이 모색 추진되어 왔다는 점에서 연구해 볼 만한 가치가 있다.

그럼 제2차 북핵 위기관리 과정에서 중국의 다자 외교정책과 전략은 어떤 변화와 특징을 보여 왔는가? 중국은 처음부터 일관된 북핵 해법이 없던 상황에서 시행착오를 거듭하면서 외교력과 위기관리 능력을 발전시켜 왔다고 볼 수 있다. 다시 말해 중국은 북핵 위기관리 과정에서 나름의 원칙과 외교 목표도 가지고 있었지만 동시에 혼란도 존재했는데, 그 구체적 내용은 무엇인가? 현재 교착상태에 빠진 6자 회담을 장기적으로 동북아 다자 안보 협력체로 발전시키는 데 어떤 제약 요인과 한계가 있는가?

본 글은 이상과 같은 문제의식을 가지고서 주로 2002년 10월 제2차 북핵 위기가 발발한 이래로 최근까지 중국이 북핵 위기를 해결하는 과정에서 어떤 외교 전략으로 대응해 왔는지 분석했다. 특히 동북아 다자 안보 협력의 가능성이라는 관점에서 6자 회담 사례를 중심으로 중국의 다자 외교 전략의 변화와 특징들을 살피고자 했다. 연구 방법은 주로 문헌 연구에 의존했다.

2. 중국과 동북아 다자 안보 협력

중국은 1990년대 중반 이래 미국의 패권주의와 일방주의 그리고 미국의 쌍무적 동맹 외교에 맞서기 위해 다자 외교를 펼쳐 왔다. 2002년 말 이후 제2차 북핵 위기가 터지자마자 이에 대한 대응 차원에서 나온 6자 회담이 적극 추진 시도되었다. 중국은 2003년 8월 첫 번째 6자 회담이 성사된 이후 장기적으로 아세안지역포럼이나 상하이협력기구(SCO)와 같은 다자간 안보 협력 기구처럼 6자 회담을 동북아의 모든 국가가 참여하는 다자간 안보 대화 협력 기구로 발전하기를 기대하고 있다(沈驥如 2003; 任曉 2005;『解放軍報』2003/12/05; 趙華勝 2005; 趙躍欽·謝劍南 2006; 이태환 2006).

1) 다자주의 이론과 중국적 수용의 특징

일반적으로 다자 안보 협력이란 셋 이상의 국가들이 정책의 조정을 통해 안전을 보장하기 위해 협력하는 것을 지칭하며, 일방주의(unilateralism)나 군사동맹과 같은 쌍무주의(bi-lateralism)와도 구분되는 개념이다. 또한 '다자 안보 협력' 혹은 다자 외교는 '다자주의'(multilateralism)에 기초하고 있으며, 탈냉전기의 국제 체제 내 안보 협력을 수용한 개념인 '협력 안보'(cooperative security)와도 접맥된다.

그럼 여기서 핵심 개념인 '다자주의'는 무엇인가? 다자주의는 크게 두 가지 측면에서 이해할 수 있다. 첫째는 일개 국가 단위로 이해하는 방식이다. 여기서 다자주의란 한 주권국가의 외교 행위의 방식을 일컫는다는 점에서 다자 외교라고 부를 수도 있다. 다자주의가 고립주의나 제국주의 혹은 비동맹 외교 등과 더불어 국제 관계를 다루는 데 있어 일종의 대외 전략의 표현 방식으로 이해될 수도 있다. 이처럼 다자주의가 국가의 대외 전략의 일환이라는 점에서 한편으로 '전략적 다자주의'로 파악할 수도 있다. 다른 한편으로 다자주의를 체계 혹은 제도 측면에서 보면, 다자주의는 일개 국가로부터 일방주의·쌍무주의 혹은 다자주의적 대외 정책 전략으로 파악하기보다는 국제적인 상호 의존 혹은 상호 작용 방식, 이를테면 지역적 다자주의 혹은 글로벌 다자주의의 의미로 '다자적 제도 구조' 혹은 '제도적 다자주의'로 파악될 수도 있다.

여기에서 한걸음 더 나아가 다자주의에 대한 이론적 함의를 보면, 신자유제도주의자인 커헤인(R. O. Keohane)은 다자주의를 "3개 이상의 국가들이 집단적으로 국가정책을 조정해 나가는 관행"으로 정의한다(Keohane 1990, 731). 다자주의 이론을 제도적 다자주의 관점에서 한층 더 발전시킨 학자로 러기(John Ruggie)와 카포라소(James A. Caporaso)를 들 수 있는데, 특히 러기는 커헤인의 다자주의 정의가 너무 명목적이어서 다자주의의 질적인 측면을 간과하고 있다고 비판하면서 다자주의를 "3개 혹은 그 이상의 국가들이 광의의 일반화된 행동 원칙에 따라 국가 관계를 조정하는 제도적 형태"로 정의한다(Ruggie 1993, 6-8). 러기의 다자주의는 실질적인(qualitative) 의미의 다자주의라 할 수 있고, 세 가지 속성, 즉 일반화된 행위 원칙(generalized princi-ples of conduct), 불가분성(indivisibility), 포괄적 호혜성(diffused reciprocity)을 가진다(Ruggie 1993, 11). 러기의 다자주의 정의는 적어도 몇 가지 중요한 함의를 띠고 있다. 첫째, 국가란 다자주의의 기본 행위체이며, 국가 간 협조와 조정은 다자주의의 기본 기능이요, 국가 간 협력을 모색하는 것이 다자주의의 주요 목표라는 점이다. 둘째, 다자주의란 일종의 제도 형식으로 볼 수 있다. 여기서 제도란 여러 다자 행위체가 협상을 통해 공동으로 달성하는 것으로서 일단 제도가 형성되면 다자주의 제도에 참여한 국가 성원들은 그 제도로부터 이익을 얻음과 동시에 제도의 규정을 또 따라야 한다. 때문에 제도적 다자주의의 성원은 비록 주권국가라 할지라도 국가이익과 주권 문제에서 일정 정도 양보할 의사가 있어야 한다. 가령 엄격한 핵사찰을 수용해야만 하는 국제원자력기구(IAEA)라든가, WTO가 그 예라 할 수 있다. 셋째, 다자주의의 기초는 보편적 행위 원칙을 강조한다는 점이다. 여기서 행위 원칙은 국제적 규칙(rules), 국제 규범(norm), 정책 결정 과정(decision-making process) 등의 요소를 포함하는 것으로 이해될 수 있다. 이것은 국제 레짐(international regimes)에 대한 크래스너(Stephen D. Krasner)의 정의와도 상당 정도 일치하는 것이다(秦亞靑 2001, 10). 크래스너에 따르면, "레짐이란 일련의 함축적이고 명시적인 원칙·규범·규칙 그리고 정책 결정 과정으로 정의되며, 주어진 국제 관계 영역 내에서 다자적 행위체들의 기대들은 이 레짐을 둘러싸고 수렴된다"고 본다(Krasner 1983, 2). 이런 측면에서 보면, 다자주의의 보편적 원칙에 대한 강조야말로 다자주의가 국제 레짐을 대단히 중시하고 있으며, 특히 국가 행위 간의 협조 조정과 국제 협력을 촉진시키는 데 역점을 두고 있음을 알 수 있다.

다자주의 연구 분야에서 국제 레짐의 중요성에 대한 서구 학자들의 연구는 월남전이 종결되면서 크게 흥기했다고 볼 수 있는데, 대표적인 이론가로 앞에서 언급한 신자유제도주의자들인 커헤인과 나이(Joseph Nye)를 들 수 있다. 커헤인과 나이는『권력과 상호 의존』(1977년)이라는 저작에서 국제 레짐 문제를 본격적으로 다루었다. 그들은 특히 2001년 수정판에서, 국제 레짐은 고도로 상호 의존적 상황에서 기능하고 작용해야 하며, 미국은 일방주의 정책을 그만두고 다자주의 원칙을 견지해야 한다고 강조하기도 했다(Keohane & Nye 2001, 288-300).

다자주의에 대한 서구 학자들의 견해와 달리 중국학자의 논의는 좀 더 중국 실정에 맞는 독자적 해석을 내놓는다. 중국학자들은 서구 이론이 제시한 다자주의의 몇 가지 일반적 원칙, 즉 평등성, 신뢰, 공동 안보, 분쟁의 평화적 해결 등을 수용하고 있지만, 그들이 특별히 강조하는 것은 국가주권, 다른 국가들 간의 정치, 경제 군사적 다양성의 존중, 비공식적 협상과 합의 과정의 중요성에 관한 원칙이다(Wang 2000, 479). 중국학자들이 다자주의를 명목적 및 실질적 의미로 이해하면서도 명목적 다자주의를 강조하는 경향은 서구 이론이 제시한 실질적 다자주의의 몇 가지 원칙이 불러올 수 있는 중국의 국가주권과 인권에 대한 간섭과 제한을 경계하기 때문이다. 왕홍잉(王紅纓)에 따르면, 중국이 다자주의를 수용하는 과정에서 실용주의적 관점에서 '경제적 다자주의'에 대해서는 적극적이지만, '안보적 다자주의'에 대해서는 소극적이라고 평가했다(Wang 2000).

2) 동북아 다자 안보 협력에 관한 이론 및 현실 조건

이상과 같은 다자주의에 관한 다양한 이해를 바탕으로 '협력 안보'를 살펴보자. '협력 안보'는 1980년대 초에 등장한 '공동 안보'(common security)를 계승한 것이라 할 수 있는데, 공동 안보는 냉전 체제 시기의 군비 팽창을 낳았던 안보 딜레마를 타개하기 위한 일종의 대안으로 등장한 것이다. 그리하여 공동 안보는 제로-섬 게임적 대립보다 협력을 중시하면서 양 진영 간의 정치·군사 분야의 신뢰 구축, 군비 축소 문제를 핵심 안보 아젠다로 설정했다. 군사적 성격이 강한 공동 안보보다 협력 안보는 비군사적 분야로까지 그 협력의 외연이 한층 더 확장된다. 즉 협력 안보는 정치군사적 신뢰 구축을 통해 '위기관리'와 '예방 외교'를 구사하면서 국제 안보 위협을 점차적으로 해소시키는 역할을 한다. 협력 안보의 특징들을 몇 가지로 집약하면, 첫째, 다자주의 접근법에 따라 잠재적 위협국이나 적국의 참여도 허용하는 '개방성'을 견지하는 것(Dewitt 1994, 7-8). 둘째, 군사 분야뿐만 아니라 비군사적 분야(정치·경제·에너지·환경·질병 등)로까지 안보 협력을 확장시키는 일종의 '포괄적 안보'(comprehensive security)를 견지하는 것, 셋째, 대화와 신뢰 구축을 통해 다자 기구로 제도화시키는 것, 넷째, 정부 간 협력뿐만 아니라 비정부 간 협력 채널을 활용하는 것, 다섯째, '안보 레짐'의 구축을 목표로 다자간 노력의 경주 등을 들 수 있다(류동원 2004, 126).

개혁·개방 이후 대체로 중국은 공동 안보보다 협력 안보를 중시하는 방향으로 다자 외교를 추진해 왔다. 구체적으로 다자 안보 협력체는 여러 가지 유형으로 나눠 분류할 수 있겠다. 첫째, 패권형 협력체(NATO, 바르샤바조약기구 등), 둘째, 협조형 협력체[1815년 이후 유럽 협조 체제(Concert of Europe), UN 안보리, G8 등], 셋째, 제한적인 대화 협력체(국제연맹 등), 넷째, 개방적인 대화 협력체(SCO, ASEAN 등)가 그것이다(이태환 2006, 4). 다자 안보 협력체의 대표적인 사례로 유럽의 유럽 안보 협력 회의(Conference for Security Cooperation in Europe, CSCE)를 들 수 있다.[1] 일반적으로 이런 다자 안보 협력체는 일반적으로 세 가지 원칙을 기본으로 한다. 첫째, 집단 안보와 유사하게 다자 간 협력 체계 내의 어느 일국의 공격은 모든 체제 참여국에 대한 공격으로 간주하는 '불가분성'(indivisibility), 둘째, 모든 참여국이 동일하게 대우받는다는 '비차별성'(non-discrimination), 셋째, 일대일의 쌍무적 관계를 여러 나라와 체결하는 것과 같은 효과를 갖게 하여 장기적인 균형 보장을 추구한다는 '확산된 상호주의'(diffused reciprocity)다(유현석 2006, 196-197).

그럼 중국을 중심으로 동북아 지역 내 다자 안보 협력체의 필요성이 증대되는 이유는 무엇인가? 첫째 이유는, 동북아 지역 내 냉전 상황과 냉전적 사고가 아직도 소멸되지 않았고, 오히려 신냉전 구도가 형성되고 있기 때문이다. 가령 21세기 탈냉전 시대임에도 불구하고, 북한·중국·러시아로 결합되는 북방 삼각 구조와 한·미·일로 결합되는 남방 삼각 구조가 아직도 엄연히 존재하고 있어 동북아 안정과 평화를 위협하고 있다(趙躍欽·謝劍南 2006, 13-14). 두 대립적 세력군은 양자 간 군사동맹과 다자간 군사 협력 그리고 군사력 증강을 통해 동아시아 지역 내 긴장을 고조시키고 있다. 북방 삼각은 쌍무적 군사 협력 외에도 다자간 군사 협력, 가령 SCO를 통해 남방 삼각에 대한 응수 전략을 구사하고 있다.

여기서 중국이 역점을 두고 있는 다자 외교 활동 가운데 '6자 회담'의 주도 외에도 주목할 만한 것으로 ASEAN＋1, APEC과의 협력 및 UN 등 국제기구

....

1) 유럽안보 협력회의(CSCE)는 유럽에서 동서 진영이 군사적 충돌을 예방하기 위해 최초로 합의한 안보 협력체다. 1966년 소련이 최초로 제안했고, 서방 진영이 닉슨 대통령의 소련 방문을 계기로 적극 검토를 시작하여 1975년 8월 유럽 안보 문제에 관한 최종 합의가 헬싱키에서 채택됨으로써 다자간 안보 협의체를 정식 발족했다. 1995년부터 CSCE를 OSCE(Organization for Security Cooperation in Europe)로 바꾸고 1996년 당시 53개 회원국을 두고 있다. 동북아 지역에도 CSCE와 유사한 제안들이 있었다. 1988년 노태우 대통령은 UN에서 '동북아 평화위원회' 창설을 주장했고, 1993년 김영삼 대통령 역시 다자간 안보 대화의 필요성을 역설했다. 1994년에 한승주 외무장관도 동북아 지역의 mini-CSCE라 할 수 있는 '동북아 다자 안보 대화'(North-East Asia Security Dialogue, NEASED)의 창설을 제안하여 동 지역 내 안보 환경 개선을 통해 평화와 안정을 달성하려 했다. 한국은 한반도 주변 미·중·일·러·남북한 등 포함한 6개국으로 구성된 포럼을 제기하기도 했다. 이 포럼은 '6자 회담'의 전신이라고 해도 무방하다.

에의 참여 등을 꼽을 수 있지만, 다자 외교의 최대 성과물은 단연코 SCO 건설을 들 수 있을 것이다. SCO는 2001년 6월 15일 상하이에서 중국과 러시아 및 중앙아시아 4국(카자흐스탄·키르기즈스탄·타지키스탄·우즈베키스탄)이 참여한 가운데 설립된 정부 간 기구로서, 1996년 중국이 러시아 및 등과 더불어 결성한 '상하이 5국'(우즈베키스탄 당시 미가입)을 모체로 하고 있다. 2001년 상하이에서 SCO는 '헌장'과 '창립 선언문'을 통해, 여섯 가지 기본 원칙을 제시했다. 첫째, 유엔 헌장의 근본 취지와 원칙 준수, 둘째, 독립과 주권 및 영토 보전을 상호 존중하고, 회원국 간 내정불간섭하며, 상호 무력을 사용하거나 무력 사용을 위협하지 않는다. 셋째, 회원국 간 평등 원칙 준수, 넷째, 협상을 통한 모든 문제의 해결, 다섯째, 비동맹(非結盟)과 특정국과 기구를 적으로 설정하지 않음, 여섯째, 대외적으로 개방하며, 기타 국가 및 기구와 적극적인 협력 모색 등을 기본 원칙으로 제시하고 있다(邪廣程 2003). 이런 원칙에 기초하여 SCO는 새로운 형태와 내용의 국제 관계를 적극적으로 형성, 주도해 나갈 것임을 밝히고 있다. 그 특징으로 첫째, 상호 신뢰와 군축 및 안보 협력을 내용으로 하는 신안보관이다. 둘째, 동맹 결성이 아닌 동반자 관계의 수립을 핵심으로 한 새로운 형태의 국제 관계다. 셋째, 강대국이나 중소 국가가 공동으로 주도하고 상호 협조함을 특징으로 하는 새로운 형태의 지역 협력 모델이다. 넷째, 발전 과정에서 "상호 신뢰, 상호 이익, 평등, 협력, 다양한 문명 존중, 공동 발전의 추구"를 기본 내용으로 하는 상하이 정신을 점진적으로 구현하고자 했다(趙華勝 2005; 김인 2006, 58). SCO 주도국 가운데 중국과 러시아 양국이 SCO 건설에 주력하게 된 주요 배경과 목적을 보면, 우선 탈냉전 이후 미국의 패권주의와 일방주의가 아시아 지역(동북아와 중앙아시아)에 확산되는 것을 견제하고자 하는 공동의 목표 아래 SCO건설을 서둘렀다고 할 수 있다. 물론 미국뿐만 아니라 NATO의 동진도 SCO 건설을 서두르게 한 요인이었다고 할 수 있다(趙華勝 2005, 18). 둘째, 양국이 SCO 건설에 공동 노력을 경주할 수밖에 없었던 또 다른 요인으로 에너지·자원 협력의 필요성이 증대되었다는 점을 지적할 수 있다. 특히 세계 제2위 에너지 소비국인 중국의 경우, 에너지 안보가 향후 지속적인 성장에서 필수 불가결한 요소임은 주지의 사실이다. 러시아 역시 에너지·자원 수출을 통한 막대한 자본의 유입과 경제 회복을 꾀하고 있기 때문에 SCO 건설은 중요한 사안이 아닐 수 없다. 전반적으로 SCO의 건설 과정을 보면, 안보 협력의 범위가 초기의 군사적 영역에서 점차 군사, 경제, 에너지, 환경보호, 교통, 재난 구제 및 지역 안보를 아우르는 일종의 '포괄적 안보'를 지향하는 '안보 레짐'으로 확대되었다. 경제협력은 SCO의 기본 발전 방향과 목표에 부합되며, 안보 협력을 진행하는 데 물질적 기초가 된다. SCO 설립 이후 정기적인 총리 회의와 경제장관회의를 통해 무역, 투자, 교통, 에너지 등의 영역에서 실무적 협력을 논의하고 있다. 이처럼 SCO의 중요 의의는 협력 안보가 아시아 지역 안보 협력에 있어 구체적 실천 단계로까지 확대 발전되었다는 점에서 '다자간 안보 대화 틀'인 '6자 회담'보다 진일보한 다자 안보 협력 기구라 할 수 있다.

이상의 SCO와 같은 북방 삼각 협력에 맞선 남방 삼각은 쌍무적 군사동맹(한·미 동맹, 미·일 동맹, 미·호주 등) 외에도 그 다자간 안보 협력을 크게 증대시키고 있다. 가령 미국은 최근 중국 주도의 북·중 및 중·러 간 군사 협력과 다자 안보 협력에 맞서기 위해 미·일·한·호주·인도·ASEAN으로 이어지는 다자 안보 협력체를 강화하거나 새롭게 건설하고 있다. 이처럼 미국도 기존의 양자적 안보 체제를 보완할 수 있는 다자적 안보 협력을 중시하기 시작했다. 이런 정책은 경제적으로 부담을 줄이면서도 효과를 극대화할 수 있는 방안이라고 할 수 있다. 이에 중국은 미국 주도의 다자적 군사 협력에 대해 '아시아판 NATO'를 동아시아 지역에 건설하고 있다고 우려를 표명한 바 있다.

2007년 2월의 소위 '신아미티지 보고서'에서도 미·일 동맹을 토대로 하여 미·일·인도·호주 군사 협력 및 에너지 협력을 강조하고 있다(Armitage & Nye 2007). 물론 동 보고서에서 미·일·중·인·한 5국의 다자 협력도 부분적으로 언급하고 있으나 대체로 에너지 협력에 포커스가 맞춰져 있다. 아울러 2007년 3월 13일 도쿄 '안전 보장에 관한 공동선언('일·호 안보 공동 선언')과 2+2(외교·국방 회담) 회의를 통해서도 미국 중심의 미·일·인·호·한으로 이어지는 다자간 안보 협력을 증대시키고 있다. 그 목적은 대체로 아시아의 맹주로 부상하고 있는 중국에 대한 '양면 전략' 혹은 '포위망 전략'(a hedging strategy)을 구축하는 데 있다. 요컨대 중국의 안보 전문가들은 이 같은 미국의 행보의 목적은 미·일 동맹과 한·미 동맹을 기초로 하여 미국 주도의 동북아 다자 안보 협력 기제를 건설하는 데 있다고 간주한다(趙躍欽·謝劍南 2006, 15). 이 같은 상호 비대칭적인 다자간 군사 협력체의 대치는 한층 더 동북아 지역 내 다자간 안보 협력 기구의 필요성을 높이고 있다.

다음으로 동북아 지역 내 다자 안보 협력 필요성이 증대되는 둘째 이유는, UN이나 미국은 전 세계 및 동아시아의 모든 안보 문제에 관여 내지 중재할 수 있는 능력이나 의지가 상당히 결여되어 있다는 점 때문이다. 탈냉전 시대 이래로 형성된 '일초다강'(一超多强)의 국제적 역학 관계에서 미국의 패권주의는 극에 달해 국제적 지역 분쟁을 중재·조정하기보다 오히려 증폭시키는 결과를 초래했다. 심지어 '부시 독트린'으로 표현되는 군사적 강압 정책은 동아시아에서도 예외가 아니다. 특히 대북정책에서도 '당근과 채찍'을 병행하기보다 강경 일변도로 나아감으로써 북핵 위기를 한층 더 증폭시키기도 했다. 게다가 이라크 전쟁에서 보듯 명분 없는 전쟁을 일으켜 스스로 '글로벌 리더십'을 상실하기도 했다. 이런 국제적 신뢰의 상실은 그대로 국내 정치에 반영되어 2006년 11월 공화당은 상하 양원 선거에서 참패했을 뿐만 아니라, 2008년 대통령 선거에서도 전례 없는 흑인 대통령의 탄생과 민주당 집권을 가능하게 했다.

셋째 이유는, 북핵 문제뿐만 아니라 동북아 지역 내 갈등 요소가 산재해 있기 때문이다. 가령 중·일 간 조어도(센카쿠), 한·일 간 독도 문제, 러·일 간 북방 4개도 문제, 양안 문제, 대량 살상 무기 개발, 에너지 분쟁, 역사 분쟁 등 갈등 요소가 광범위하게 존재하기 때문에 이런 갈등을 중재하기 위해 동 지역 내 다자 안보 협력 기구가 필요하다고 볼 수 있다.

이상과 같이 동북아 다자 안보 협력 틀의 필요성이 증대됨에도 불구하고 이에 대한 비관적 관점도 동시에 존재한다. 무엇보다 우선 같은 유교 문화권임에도 불구하고 유럽보다 훨씬 더 문화적 이질성이 심각하고, 과거 식민지 역사의 경험을 공유하고 있다는 점에서 상호 신뢰성이 부족하기 때문에 다자 간 안보 협력 기구 건설이 의외로 어렵다는 점이다. 다음으로 동북아 지역 내 각국들은 상호 불신에서 유래된 '안보 딜레마'에 빠져 쌍무적 군사동맹과 다자간 군사 협력의 강화 그리고 군사력을 증강시키고 있기 때문에 동북아 다자 안보 협력 기구의 건설은 상당히 어렵다고 볼 수 있다.

그러나 이상과 같은 부정적 시각도 있지만 긍정적 시각도 없지 않다. 가령 동아시아 지역 내 국가들이 공동으로 경제 발전을 촉진시키기 위한 지역 블록화 추세가 존재하고 있는데, 그 대표적 사례로 중국이 자유무역 지대 건설을 위해 중국-ASEAN FTA(ASEAN+China, CAFTA), ASEAN+3(한·중·일) FTA를 주도하고 있다는 점이다.

그럼 이상과 같은 논의 속에서 동북아 다자 안보 협력이 성공하기 위한 요건 혹은 전제 조건은 무엇인가? 한국의 최종철 교수는 일찍이 세 가지 조건을 제시한 바 있다. 첫째, 다자 안보 협력이 기존의 쌍무적 동맹 관계를 대체하는 개념이 아니라 이를 보완하는 개념으로서 추진되어야 한다는 점이고, 둘째, 다자 간 안보 협력은 냉전으로 형성된 기존의 질서를 인정하는 바탕 위에서 이뤄져야 한다. 셋째, 동 지역에서 미국의 역할을 인정해야 한다. 이 같은 세 가지 전제 조건은 동 지역에서 미국의 협조 없이 어떠한 안보 협력도 실질적으로 달성될 수 없다는 냉엄한 현실을 반영한 제안이다(최종철 1998; 유현석 2006, 201).

그러나 최종철이 제시한 세 가지 전제 조건은 다분히 미국의 패권을 무비판적으로 인정하는 대전제 하에서 냉전 시대의 사고로부터 자유롭지 못한 측면이 크며, 다른 한편으로 21세기 새로운 아시아 지역 내 역학 관계의 변화상을 반영하고 있지 못하고 있다. 특히 동아시아 지역의 블록화 경향과 중국의 대국화 부상(Pax Sinica의 도래) 및 동 지역 내에서의 적극적 외교 역할을 제대로 간파하지 못했다.

특히 2008년 말 미국발 금융 위기 이후 형성된 동아시아 지역 내 새로운 역학 관계를 고려해 볼 때, 동북아 지역 내 가장 영향력이 큰 미국과 중국이 '한층 더 책임 있는 이익 상관자'(a more responsible stakeholder)로서 안정적인 관계를 유지할 때 다자 안보 협력의 가능성은 좀 더 높아질 것이다. 현실주의에 기초한 미·중 관계가 아니라 신자유제도주의와 사회 구성주의에 바탕을 둔 다자주의가 그 어느 때보다 절실한 시점이다. 다행스럽게도 최근 미국발 금융 위기 이후 미국의 대중국 정책의 기조가 중국 위협론에 기초한 봉쇄 정책보다는 경제적 '포용 정책'으로 선회할 것이라는 조짐이 뚜렷하게 감지되고 있다. 심지어 미국의 핸리 폴슨 전재무장관도 이런 불가피한 경향을 강조한 바 있다(Paulson 2008). 따라서 안정적 미·중 관계야말로 동북아 다자 안보 협력의 가장 중요한 전제 조건이라 할 것이다. 나아가 6자 회담을 통한 북핵 문제의 확실한 해결 및 최근 호전되고 있는 양안 관계의 개선은 동북아 다자 안보 협력의 중요한 시금석이 될 것으로 전망된다.

3. 중국의 동북아 다자 안보 협력 정책 : 6자 회담의 사례
— 6자 회담의 다자 안보 협력 틀로의 발전 가능성과 한계

1) 소극적 불간섭 정책으로부터 적극적 개입 정책으로 전환

제2차 북핵 위기가 재발하기 전까지만 하더라도 중국 외교의 일반적 관행이자 원칙은 '불간섭 원칙'을 준수하는 것이었다. 즉 외부 사안에 대해 가능한 한 소극적으로 참여하는 것이었다. 특히 개혁·개방 이래로 중국은 한층 더 "평화공존 5원칙"에 따라 "함부로 타국(타인)을 비평하거나 질책하지 않는다"(不隨便批評別人, 指責別人)거나, 특히 "타인(타국)의 일에 적게 관여한다"(少管別人的事)는 원칙 하에서 국제적 위기에 대해서도 일반적으로 직접 개입하는 것을 자제해 왔다(鄧小平 1993, 320, 358; 林利民 2006, 32). 이런 '불간섭 원칙'과 '소극적 관여' 정책은 국제 문제가 발생했을 경우, 문제 당사자 간의 양자 해결 원칙으로 이어졌다. 대체로 이런 원칙과 입장은 제2차 북핵 위기 전까지만 하더라도 그대로 견지되었다. 그리하여 그동안 북핵 문제에 대한 중국의 태도는 북·미 양자 간 당사자 해결 원칙을 고수해 왔다. 1999년에 주룽지 총리는 북한은 주권국가이기 때문에 북한이 유도미사일이나 핵무기 개발에 대해 중국이 이래라 저래라 할 수 있는 문제가 아니라고 언급한 적이 있다. 장쩌민 전 주석 역시 2002년까지만 해도 중국의 기존 입장, 즉 '한반도의 비핵화'를 지지하며 북핵 문제의 해결은 북·미 쌍방 간에 대화와 타협을 통해 평화적으로 달성되어야 한다는 양자 해결의 입장을 되풀이할 뿐이었다. 게다가 장쩌민 전 국가 주석은 북·미 간의 위기 발생의 주요 동인은 북한이 아니라 오히려 미국 쪽이라는 시각을 가지고 있었으며, 문제 해결도 북·미 양자 간에 협상으로 해결되어야 한다는 원칙을 견지해 왔다(Zhu 2004; 김

재관 2005, 139-140).

   그러나 2003년 1월 북한이 NPT를 탈퇴하자마자 장쩌민 전 주석은 미 부시 대통령과의 통화에서 중국은 북한의 NPT 탈퇴를 지지하지 않으며 한반도 비핵화를 지지한다는 입장을 전달했다. 이어 후진타오 주석이 집권하고 나서 중국은 북한을 압박하는 여러 적극적인 개입 정책으로 선회하기 시작했다. 적극적 개입 정책으로의 전환 시점을 시기적으로 보면, 제2차 북핵 위기의 발발 시점이기도 하지만, 장쩌민에서 후진타오로의 정권 교체기와도 맞물린다고 볼 수 있다. 따라서 후진타오 신임 국가 주석은 집권 초기부터 대북 문제를 포함한 국제 문제에서 '적극적인 개입 정책'으로 선회했다. 북핵 문제에 대한 중국의 적극적 개입 정책의 구체적 사례로 들자면, 첫째, 2003년 초 북·미 간에 대화가 단절되었을 때, 중국은 기술상의 이유라는 핑계로 북한에 대한 중유 공급을 3일간 중단하고, 첸치천(錢其琛) 부총리와 왕이(王毅) 외교부 부부장을 파견하여 김정일을 만나게 하여 북·미·중 3자간 다자 회담에 참여토록 압력을 행사한 점이다. 둘째, 2003년 9월 초 북·중 국경선 부근에 있던 무장 경찰을 인민해방군으로 교체한 점이다.[2] 셋째, 북·미 양자 회담 방식으로부터 다자 회담 방식인 6자 회담으로 북핵 해법을 전환시킨 점이다. 넷째, 2006년 4월 중국이 미국의 대북 금융 제재(방코델타아시아은행: BDA 동결)에 동참함으로써 중국에 대한 북한의 불만을 고조시킨 점, 다섯째, 2006년 7월 제2차 미사일 발사 실험과 10월 핵실험 이후 중국은 UN의 대북 제재에 동참했을 뿐만 아니라 핵실험 직후 6자 회담 참여국들과 만나 위기 해결을 위한 전 방위적 외교 노력을 경주한 점 등이다. 여섯째, 북한의 붕괴를 막기 위해 대북 경제 지원과 교류를 대폭적으로 확대해 왔다는

....

2) 신상진은 병력 교체가 북한에 대한 중국의 군사적 개입을 목적으로 한 것이 아니라고 본다(신상진 2005, 37-38).

점이다.3) 이 같은 대북 지원과 경협 확대를 근거로 북한이 중국의 '위성국가'로 전락할지도 모른다는 주장도 나왔다(남성욱 2006).4) 하지만 이런 위성국가론적 논리에 대해 일부 학자는 미래 북한 체제의 붕괴 이후 대비책의 일환으로 '동북공정'이 추진되고 있다고 일반화할 수 없으며 오히려 중국은 자국의 경제 발전을 유지하기 위해 주변 환경의 안정, 즉 '현상유지'(status quo)를 더 선호한다고 주장한다. 따라서 이런 시각은 중국 정부의 정교한 정치적 의도 속에서 동북공정과 위성국가론이 추진되고 있다는 관점에 대해 반대한다(Lee 2005, 259-260). 그러나 이 관점은 결과적으로 중국 정부의 기본 입장을 상당히 두둔하는 견해가 아닐 수 없고, 더군다나 중국 정부가 정치적 의도를 명시적으로 드러내지 않는 일반적 관행에 비추어 볼 때 북한 체제의 붕괴에 대비한 중국의 대응 전략이 부재한다거나 혹은 북한 체제의 붕괴와 동북공정의 추진이 서로 무관하다는 논변이 얼마나 설득력이 있을지 의문이다. 중국이 이제까지 지정학적 차원에서 볼 때, 한반도 문제에 끊임없이 개입해 왔고, 앞으로도 북한 내부의 급격한 변화가 발생할 시 미국과 더불어 공동으로 개입할 가능성이 아주 높다(Glaser, Snyder, Park 2008). 구체적으로 북핵 문제의 해결을 둘러싸고 중국이 6자 회담 주도한 점은 그 대표적인 사례라 할 수 있다. 더욱이 소극적 개입이 아니라 적극적으로 개입한 점에 주목할 필요가 있다. 이것은 중국의 역내 및 글로벌 위상에 맞게 대북 문제에

·················

3) 북한의 대중 무역의존도는 약 50%대에 육박하고, 식량(43%) 및 에너지(100%)에 달할 정도로 중국의 대북 교류는 압도적이다(『조선일보』 2006/10/14).
4) 남성욱 교수와 마찬가지로 현대경제연구원의 홍순직 연구원은 북한의 대중 의존도가 심화됨에 따라 중국 경제에 예속될 가능성이 높다고 진단하고, 특히 중국의 '동북공정' 전략에 주목해야 한다고 주장한다. 한걸음 더 나아가 홍순직은 '南南北中의 지역 분할 구도'가 발생할 수 있다고 예상하고 있는데, 즉 개성과 금강산 특구 개발은 남측에게, 신의주와 나진·선봉 및 신규 특구 등의 북쪽 지역 개발은 중국을 중심으로 추진한다고 전망한다. 이런 전략적 구도는 남북경협의 범위 축소와 경협을 통한 남북 관계 개선의 지렛대(leverage) 효과가 약화될 것으로 우려된다(홍순직 2006). 한편 위성국가론에 대한 비판적 시각으로 윤덕민(2006), 김재관(2007) 등을 참조.

보다 깊이 개입하겠다는 의지의 표명으로 해석될 수 있다. 이리하여 중국은 2003년을 기점으로 북·미 관계의 방관자에서 중개자로 적극적으로 개입하는 태도로 전환했다(Zhu Feng 2004; 林利民 2006).

2) 쌍무주의 해법으로부터 다자주의적 해법으로의 전환

중국이 '불간섭 원칙'과 '소극적 관여 정책'으로부터 '적극 개입'정책으로 전환한 것 이외에도 우리가 주목할 만한 외교 전략상의 변화는 바로 쌍무주의적 해결 방식으로부터 다자주의적 해법으로 선회하여 다자간 안보 협력 틀을 개발 발전시켜 온 점이다.

중국은 제2차 북핵 위기가 발생하기 전까지만 하더라도 기본적으로 북·미 양자 당사자 합의 방식을 견지하다가 2003년 이후 미국이 주장하던 다자간 합의 방식으로 전환했다. 이에 따라 2003년 4월 베이징에서 북·미·중 3자회담을 개최한 뒤, 동년 8월에 동북아 주요 국가들이 참여하는 제1차 6자회담이 개최될 수 있었다. 6자 회담은 중국의 입장에서 볼 때, 분쟁을 해결할 수 있는 합리적 측면과 세력 균형적 역할을 할 수 있을 것으로 인식되었다.[5] 그리하여 중국은 다자주의 해법인 6자 회담의 중재자 역할을 통해 자국의 영향력을 크게 확대시켜 왔다. 2003년 8월 제1차 6자 회담 이후 제6차 6자 회담 3차 수석 대표 회담(2008년 12월 8~11일)에 이르기까지 약 5년 넘게 이어져 온 6자 회담 과정에서 가장 주목할 만한 성과는 2005년 9월에 열린 제4차 6자 회담에서 9·19 공동성명을 마련한 뒤,[6] 그 실질적 후속 작업이라

....

5) 회담 방식에 대한 논의는 林利民(2006, 37-38), 신상진(2005, 39-40)을 참조.
6) 9·19 공동성명의 내용에 대해서는 통일부 통일교육연구원(2006, 73-75)을 참조.

할 수 있는 2·13 합의를 도출한 것이다. 이 과정을 통해 중국은 다자주의 해결 방식이 성공적이었음을 입증하기도 했다. 다른 한편으로 협상 방식 차원에서 보면, 초기에 양자 회담을 반대하고 다자간 해결 방식을 고집하던 미국의 입장이 중국에게 관철된 것으로 평가할 수도 있다. 그런데 2·13 합의의 도출은 중국이 주도하고 있는 6자 회담에서 실질적인 돌파구를 마련한 것이 아니라 바로 2007년 1월 17~19일 베를린 북·미 양자 협상에서 비롯되었다는 점이다. 말하자면 북·미 양자 합의 방식으로 문제를 풀게 된 셈이다. 결국 2·13 합의의 돌파구는 중국과 북한이 6자 회담 이전부터 강조해 왔던 북·미 당사자 쌍무 간 담판에서 이뤄졌다. 미국 역시도 애초에 북·미 간 쌍무주의 해법에 반대하고 다자주의적 해법을 견지해 왔지만, 결정적 순간에는 결국 북·미 당사자 간 쌍무 담판에서 해법을 찾았다. 최근 북·미 협상의 예로 평양 합의(2008년 10월)나 싱가포르 회의(2008년 12월)를 들 수 있는 것처럼, 미국 역시 다자와 쌍무 협상을 병행하는 태도를 보이고 있다. 결정적 순간에는 오히려 쌍무 회담을 선호하는 태도를 미국이 보여 주고 있는 것이다. 따라서 북핵 문제를 둘러싸고 진행되었던 쌍무적 접근법과 다자적 접근법 사이에서 미·중 양국은 비일관성과 비대칭성을 보여 주었다.

중국 측의 협상 방식의 전환은 무엇을 의미하는가? 이것은 중국 외교 전략의 획기적인 변환을 의미하는 것인가? 과연 어떤 의도와 목적 속에서 중국은 적극 개입 정책과 다자주의 정책으로 선회한 것일까? 이러한 중국의 적극적 개입은 결국 북·미 간의 충돌을 막아 보겠다는 의지의 소산이기도 하지만, 다른 한편으로 보면 6자 회담의 주도를 통해 동북아 지역 내 자신의 영향력을 한층 더 강화시키겠다는 입장을 드러냈다고 볼 수 있다. 아울러 한반도 문제에서 중국이 배제·소외되는 상황을 미연에 방지하고자 하는 일종의 개입 정책이라고 볼 수 있다. 이처럼 중국은 북핵 위기의 평화적 해결을 위해 시작된 6자 회담을 동북아 지역 내 충돌을 조정·완화 해결할 수 있는 '다자 간 안보 협력 틀'로 제도화시키고자 했다.[7]

3) 대국 책임 외교와 '화자 노선'의 견지

21세기에 접어들면서 중국의 종합 국력은 놀라울 만큼 비약적인 성장을 이뤄 냈다. 글로벌 대국으로 부상한 중국은 경성 권력의 성장을 바탕으로 점 차 국제사회에 '책임을 지는 대국 외교'(負責任的大國外交)를 추진하기 시작했 다(葉自成 2000; 葉自成 2003). 구체적으로 '대국 책임 외교', '다자간 지역주의 외교', '양자 외교로서 주변국과의 선린외교', '다극화 외교' 등을 추진하고 있 다(Goldstein 2001; 김재관 2003). 2003년 후진타오 국가 주석이 집권한 이후로 연성 권력(soft power)에 기초한 글로벌 대국 외교 전략이 강화되고 있다. 우 선 2003년부터 중국의 부상이 위협적 부상이 아니라 '평화적으로 부상'한다 는 소위 '평화 부상론'(和平崛起論)을 제창한 점이 주목된다. 그러나 중국 정부 는 중국의 평화적 부상이 '중국 위협론'이 아니라 오히려 '중국 기회론'을 확 산시키고 국제사회에서 '평화와 발전'(和平與發展)을 증진시킬 것이라는 낙관 적인 전망을 제시하면서 2004년에는 '평화 발전의 노선'(和平發展道路)을 주창 했다. 이어 2005년에는 '조화로운 세계'(和諧世界, harmonious world)란 새로운 외교 이념을 표방하면서 중국의 평화 추구적 이미지를 대외적으로 선전해 왔다.[8] 요컨대 후진타오 시기 중국 책임 대국 외교의 특징은 '이화위선'(以和

....

7) 중국 측은 SCO와 같은 다자간 안보 협의 기구처럼 6자 회담을 동북아의 모든 국가가 참여하는 다자간 안 보 대화 기구로 발전하기를 기대하고 있다(沈驥如 2003, 7;『解放軍報』2003/12/25; 趙華勝 2005; 이태환, 2006; 趙躍欽·謝劍南 2006) 등.

8) 후진타오 시대의 외교 노선에 대해서는 鄭必堅(2005a; 2005b), 정비젠(2007), 中華人民共和國國務院新 聞辦公室(2005), 湯光鴻(2005) 참조.

爲先; 和平崛起, 和平發展, 和諧世界) 혹은 '화자'(和字) 외교 노선으로 집약할 수 있 겠다. 이러한 후진타오 정부의 '화자 노선'(和字路線)의 구체적 실천이 바로 북 핵 6자 회담의 주도 및 중재자 역할을 한 점이다. 6자 회담의 성공적 수행 여 부는 중국의 대국 책임 외교를 평가할 수 있는 중요한 하나의 바로미터가 될 것이다. 비록 현재 교착상태에 빠져 있기는 하지만 제2차 북핵 위기 이후 약 5년에 걸쳐 중국이 추진해 왔던 6자 회담이 상당히 성공을 거둔 것으로 잠정 적으로나마 평가될 수 있다.

4) '중재 외교'의 실시

제2차 북한 핵 개발 이후 대북문제 해결을 위해 중국이 취하고 있는 기본 입장과 목표를 몇 가지로 집약할 수 있다. 첫째, 한반도의 비핵화와 핵확산 반대, 둘째, 대화와 협상을 통한 한반도 핵문제의 해결, 셋째, 한반도와 동북 아의 평화와 안정 유지, 넷째, 6자 회담을 통한 북핵 문제의 해결 등이다.[9]

이런 중국의 외교 목표를 달성하기 위해서는 결국 6자 회담을 통해 '외교 중재'(外交斡旋, diplomatic mediation)를 성공적으로 추진하는 것이 필요했다(朱 鋒 2006; Bercovitch 1996, 11-35).[10]

그러나 중국의 중재 외교는 처음부터 구조 결정론적으로 여러 가지 문제 점을 안고 있어서 효과를 거두기가 쉽지는 않았다.

....

9) "中華人民共和國外交部聲明," 2006年10月9日, http://www.fmprc.gov.cn/chn/zxxx/t275346.htm(검 색일: 2006년 10월 16일); "2006년 10월 10일 외교부 대변인 류젠차오 기자 간담회 회의 상 답변"(2006年 10月10日外交部發言人劉建超在例行記者會上答記者問), http://www.fmprc.gov.cn/chn/xwfw/fyrth/t 275579.htm(검색일 : 2006년 10월 15일).
10) 탈냉전기 국제 중재가 국제적 충돌을 해결하는 과정에서 갖는 그 의의와 작용에 대한 연구로 Bercovitch (1996, 11-35) 참고.

첫째, 무엇보다 6자 회담 틀 내에서 참가국들은 상호 비대칭적인 이해 대립과 상이한 전략적 이해를 갖고 있었다. 객관적으로 대북 인식과 북핵 문제 해결에서 포용 정책을 선호하는 중·한·러 입장이 상호 근접한 반면, 미·일 두 나라는 대북 강압 정책 쪽으로 공동 입장과 태도를 견지하고 있었다. 게다가 탈냉전 이후 동북아 지역에 북방 삼각 연합(중·러·북)과 남방 삼각 연합(한·미·일)이라는 신냉전 구도 역시 구조 결정론적으로 6자 회담의 진전을 가로 막았다. 따라서 이 같은 구조적 제약과 각국 간 상반된 이해 대립 및 전략적 입장의 차이는 처음부터 중국이 중재 외교력을 발휘하는 데 난관을 조성했다.

둘째, 중국이 6자 회담을 통한 외교적 중재 과정에서 직면하게 되는 두 번째 곤란은 미국 정책에 대한 실질적인 영향력을 결여하고 있었을 뿐만 아니라, 대북정책에서도 북·중 양국의 기본 관계를 훼손하지 않는다는 전제 하에서 대북한 강제적 영향력이 결핍되어 있었다는 사실이다. 따라서 6자 회담 과정 중 중국의 외교적 중재는 각 참여 주체들로 하여금 실질적인 타협을 내올 수 있는 구속력과 조작 능력을 발휘하지 못한 채, 늘 담판을 개최하거나 유지하는 등의 형식적 차원의 원칙 제기 수준에 그쳐 실질적 진전을 이루지 못했다는 문제점이 있다.

셋째, 중재자 혹은 조정자로서 중국의 중립적 위상과 역할에 대한 상반된 이해의 대립이다. 중국의 후진타오 정부가 들어서고 나서 '화자 노선'을 주창하고 나섰지만, 중국의 경제 대국화와 국방 현대화 그리고 중화 민족주의의 확산 등 각종 중국 위협론적 요인들 때문에 주변 국가들의 대중국 인식과 우려는 중국과 상당한 편차를 보이고 있다. 그리하여 중화 민족주의에 기초한 '중국 위협론'이 일본·인도·대만·싱가포르 등 아시아 국가들에서 문제가 되어 왔다(Sutter 2006). 따라서 중국의 중재 역할의 진의와 전략적 의도에 대한 회의가 들 수밖에 없었다. 마치 중동 지역에서 미국이 중재자로서 역할을 한다 할지라도 실효를 거두지 못하는 경우와 비슷하다.

넷째, 중국의 중재 역할에 대한 북·미 간의 상반된 요구 때문에 중국의 중재 외교는 상당히 어려운 딜레마에 직면할 수밖에 없었다. 한편으로 중·미 관계의 측면에서, 미국은 중국의 6자 회담 주도 역할을 평가하면서 중국의 역할이 단지 조정자의 역할에 머물러서는 안 되고 한걸음 더 나아가 중국이 대북 압력 행사자로서 적극적인 대북 압박 정책을 구사하기를 기대했다. 이에 중국 측은 미국과 북한 양국이 6자 회담 참가국 가운데 가장 중요한 당사국이라고 인식하고 있는 반면, 미국 측은 중국도 미국과 마찬가지로 중요 당사국이라고 주장했다. 미국의 논리는 결국 중국이 '중재' 혹은 '조정'하는 '주변부' 역할을 넘어 미국을 적극 도와 북한을 압박 설득하는 역할을 당부했던 것이다(朱鋒 2006a, 28). 이런 기대는 이미 2005년 라이스 미 국무장관이 중국 방문을 전후로 하여, 북한이 핵을 포기할 수 있도록 중국이 북한에 대북 압박의 역할을 행사해 줄 것을 당부한 바 있다. 그러나 중국은 대북 제재가 효과가 없으며 상황을 더욱 악화시킬 뿐이라는 이유로 대북 제재를 거절하게 되자 라이스는 솔직히 중국의 대북문제 처리에 대해 불만을 표시한 바 있다. 이때까지만 하더라도 중국은 북핵 문제에 대한 미국의 입장에 동의하지 않았다. 중국은 미국의 패권주의와 일방주의 그리고 대북 강경 대응 정책에 반대해 왔으며, 미국의 대북 군사적 위협과 타격(핵 선제공격 포함)에 찬성하지 않았다. 대신 한반도 비핵화와 다자주의적 해결책에 동조했으며, 나아가 중·미 간 경제 무역, 반테러, 핵 확산 반대, 아태 및 글로벌 이슈에서 협력하는 양면성을 보였다. 2006년에 접어들면서 북핵 문제를 둘러싼 중국과 미국의 공조 체계는 큰 전환을 보인다. 2005년 9월에 미국무부 부장관인 로버트 죌릭(Robert B. Zoellick)은 미·중 관계 위원회 회의에서 중국을 '책임 있는 이익 공유자'(a responsible stakeholder)가 되어 줄 것을 촉구한 바 있다(Zoellick 2005). 이어 2006년 2월에 나온 "4개년 국방 전략 검토 보고서"(Quadrennial Defense Review Report, QDR)와 2006년 3월에 나온 "미국 국가 안보 전략"(National Security Strategy, NSS)에서도 미국은 우선 중국의 '평화 발전의 노선'을 지지하며 '경제적 파트너'인 중국과 계속 우호적 관계를 유지할 뿐만 아니라 국제사회에서도 중국이 '책임 있는 이익 공유자'로서 함께 평화적으로 번영하기를 기대한다고 밝힌 바 있다(U.S. DoD 2006, 29; The White House 2006, 41). 특히 2006년 4월 미국의 대북 금융 제재에 대한 중국의 수용과 동참, 그리고 2006년 7월 대포동 2호 미사일 발사 실험과 10월 9일 북한 핵실험 이후 대북 제재에서 미·중 공조가 크게 부각된 점은 북한으로 하여금 중국에 대한 극도의 불만과 불신을 낳는 하나의 계기가 되기도 했다.

다른 한편으로 북·중 관계의 측면에서 보면, 북한은 1990년대 이후 북·중 관계가 '혈맹 관계'로부터 '실리 관계'로 전환되는 것을 수용할 수밖에 없었다. 게다가 제2차 북핵 위기가 발발하고 난 후 중국 내 대북관도 종래의 '완충지대론'(buffer zone school)보다 '북한 부담론'(liability school)에 더 무게 중심이 실리고 있는 상황이 되었다. 이런 정황을 반영하여 북·중 관계도 앤드류 스코벨(Andrew Scobell) 교수의 표현처럼 종래의 순망치한(脣亡齒寒)적 '동지적 관계로부터 소원한 동맹 관계'로 전환하고 있다는 평가도 나왔다(You 2004; International Crisis Group 2006, 13; Scobell 2004). 이러한 '북한 부담론'은 한편으로 북핵 위기 해결 과정에서 중국의 대북 견제나 영향력 행사에서 일정 정도 한계가 있음을 의미하는 것이다. 일반적으로 한국의 김대중 전 대통령이나 미국의 조셉 나이 등과 같은 학자는 중국의 대북 영향력이 북핵 문제 해결의 열쇠이고 관건적 역할을 한다고 보았지만, 정작 중국의 일부 학자들은 자신들의 대북 영향력은 명확한 한계를 갖고 있고 오히려 미국이 관건적 역할을 한다고 주장했다(蔡建 2006, 58-60). 하지만 최근 들어 점차 중국 내 '북한 부담론'처럼 북·중 관계보다 안정적인 미·중 관계를 더 중시하는 중국의 실리주의적 외교 전략이 중국 학계와 중국 지도부 내부에서 더 설득력을 얻어 가고 있음을 확인할 수 있다.

위 '북한 부담론'과 대조적으로 북한 역시 군사 안보적 측면에서 볼 때, 북핵 문제와 관련해서 중국에 대한 불만이 높았다. 제2차 북핵 위기 이후 북·중간 북핵 문제를 둘러싼 중대한 분기점을 4단계로 나누면, 제1차 분기점은 2002년 12월인데, 제네바 협약에 따라 동결되었던 핵시설을 재가동한 시점이다. 당시 중국 외교부는 제네바 협약을 준수하도록 촉구했지만, 북한은 이런 권고를 무시하고 핵무기 개발 계획을 가속화시킨다. 제2차 분기점은 2003년 1월로서 북한이 NPT를 탈퇴한 때다. 이때 중국은 북한의 NPT 탈퇴를 반대하며, 한반도의 비핵화를 실현해야 한다고 강조한다. 제3차 분기점은 2006년 7월 제2차 미사일 시험 발사 때다. 유엔 안보리는 1695호 대북 제재 결의안을 통과시킨다. 제4차 분기점은 2006년 10월 핵실험 때다. 이 핵실험 결과 UN 안보리는 1718호 대북 제재안을 통과시켰다. 이상의 네 차례 중대 분기점 가운데 특히 2006년 이후 중국이 본격적으로 대미 협조적 태도를 보임에 따라 중국에 대한 북한의 불만은 크게 고조되었다고 할 수 있다. 북한의 대중 불만과 관계 악화는 중국의 중재 외교를 어렵게 만든 하나의 요인으로 작용했다.[11] 특히 BDA 사건(대북 금융 제재 동참)과 2006년 7월 제2차 미사일 발사 실험 그리고 10월 핵실험 등 일련의 사건은 중국의 중재 외교의 한계를 극명히 드러낸 단적인 사례라 할 수 있다. 베이징 대학 주펑(朱鋒) 교수는 북한의 미사일 발사 실험도 6자 회담의 실효성에 대한 회의와 동북아 지역 내

....

11) 제2차 북핵 위기 이후 북·중 관계의 변화 여부에 관한 연구로, You(2004), International Crisis Group 2006, Scobell(2004), 李南周(2005), 김재관(2007) 참고.

안보 딜레마를 가중시켰다고 평가했다(朱鋒 2006b, 25-31). 따라서 북한의 도발적인 '벼랑 끝 외교'(brinkmanship) 전략과 전술은 동북아 다자 안보 협력의 실효성에 대한 의구심과 회의를 불러일으켰다. 그러나 북한 핵실험 직후 중국이 탕자쉬안(唐家璇) 국무위원을 후진타오 주석의 특사 자격으로 북한·미국 등 주요 국가에 파견하여 신속하게 위기 국면을 수습한 점은, 그동안 속수무책으로 노출되었던 중국의 중재 외교의 한계를 돌파한 것으로 평가할 수 있겠다. 2·13 합의 이후 이런 중국의 위기 수습과 중재 노력에 감사하기 위해 북한의 김정일 국방위원장이 2007년 3월 5일 친히 주북한 중국 대사관을 방문하기도 했다(『연합뉴스』 2007/03/05). 이런 일련의 행보는 북한이 2006년 7월 이전 수준으로 중국과의 관계 복원을 시도한 것으로 평가된다.

5) 다자 안보 협력 틀로서의 제도화 가능성

2003년 8월 제1차 6자 회담 이후 동 회담을 동북아 다자 안보 협력의 맹아적 형태로 발전시키려고 했으나, 북한의 반응은 사뭇 달랐다. 북한이 3차 6자 회담(2004년 6월 23~26일) 개최 협의 시 동북아 다자 안보 기구에 대해 부정적 입장을 취함에 따라 당시 중국은 6자 회담을 동북아 다자 안보 협력 기구로 격상시키는 문제에 대해 신중한 태도로 전환하기도 했다(『노동신문』 2004/04/02); 신상진 2005, 48). 그러나 2004년 초 이미 중국 사회과학원에서 6자 회담을 동북아 다자 안보 협력 기구로 발전시킬 것을 적극 검토한다는 보도가 있었고(『每日新聞』 2004/02/25), 특히 북핵 위기가 한층 더 심화되고부터는 더욱 더 6자 회담을 통한 문제 해결에 매달리게 된다. 그리하여 중국 정부는 2006년 북한 미사일 발사와 핵실험이 감행되었을 때도 6자 회담의 실효성 여부에 대한 논란이 있기는 했지만 북핵 문제 해결을 위한 일관된 원칙

유엔 안전보장이사회 의장 성명
- 안보리 결의 1718호를 위반한 북한의 2009년 4월 5일(장거리 로켓) 발사를 규탄한다.
- 북한에 어떠한 추가적인 발사도 하지 말 것을 요구한다.
- 유엔 회원국들에 안보리 결의 1718호상의 의무를 완전히 이행할 것을 촉구한다.
- 안보리 결의 1718호 제8항에 의해 부과된 대북 제재 조치를 구체화해 24일까지 보고하도록 제재위원회에 지시한다.
- 6자 회담의 조기 재개를 요청하며 모든 참가국에 2005년 9·19 공동성명 및 후속 합의문의 완전 이행을 위한 노력을 강화할 것을 촉구한다.

북한의 위협 발언	
3월 24일	- 외무성, "9·19 공동성명 파기되면 6자 회담은 더 존재할 기초도 의의도 없다"(대변인 담화)
26일	- 외무성, "유엔 안보리 상정만 해도 6자 회담은 없다"(대변인 문답)
30일	- 조평통, "(남한의) 대량 살상 무기 확산 방지 구상(PSI) 참여는 선전포고"(대변인 담화)
4월 14일	- 외무성, "6자 회담에 다시는 절대로 참가하지 않고 합의에 구속되지 않을 것"(성명)

가운데 하나로서 6자 회담의 중요성을 강조했던 것이다. 그 북핵 문제 해결의 기본 원칙은 첫째, 한반도의 비핵화, 둘째, 대화와 협상을 통한 한반도 핵문제의 해결, 셋째, 한반도와 동북아의 평화와 안정 유지, 넷째, 6자 회담을 통한 북핵 문제의 해결 등이다.[12] 중앙당교(中央黨校)의 장롄구이(張璉瑰) 교수와 같은 중국 내 정통한 북한 문제 전문가 역시 6자 회담은 결코 다른 것으로 대체될 수 없는 중요한 다자 안보 협력 틀이라고 주장한다. 그 근거로서 첫째, 6자 회담은 동북아 지역 내 10여 년에 걸친 여러 가지 형식의 회담이 실패를 거듭한 이후 가장 합리적이고 균형감 있는 희망적 선택이었기 때문이며, 둘째, 6자 회담을 통한 북핵 문제의 해결은 국제사회가 북핵 문제의 본질에 대해 명확한 판단을 내려 나온 것이기 때문이며, 셋째, 약 3년 넘게

....

12) "2006년 10월 10일 외교부 대변인 류젠차오 기자 간담회 회의 상 답변"(2006年10月10日 外交部發言人 劉建超在例行記者會上答記者問), http://www.fmprc.gov.cn/chn/xwfw/fyrth/t275579.htm.

이어져 온 6자 회담 과정에서 물론 한계가 없지는 않았지만 적지 않은 중요한 성과물, 즉 2005년 9·19 공동성명과 같은 결과물을 내왔으므로 반드시 이 다자 안보 회담의 방식에 따라 북핵 문제를 처리해 나가야 한다고 강조했다(張璉瑰 2006, 35).

이상에서 보듯이 6자 회담은 많은 난관과 여러 차례 우여곡절이 있기는 했지만, 마침내 2005년 9월 9·19 공동성명과 2·13 합의를 이끌어 냈다. 본 합의에 따라 5개 실무 회의 및 그룹 — 즉 한반도 비핵화, 북·미 관계 정상화, 북·일 관계 정상화, 경제·에너지 협력, 동북아 평화 안보 체제 — 이 꾸려졌으며, 비핵화 1단계(2007년 2·13 합의) 조치인 영변 원자로 가동 중단 및 핵시설 봉인이 완료되어 5만 톤의 중유를 한국이 제공했었다. 이어 비핵화 2단계(2007년 10·3 합의) 조치로 일련의 핵 프로그램 신고서 제출(2008년 6월), 영변 핵시설 불능화 부분 완료, 영변 원자로 냉각탑 폭파(2008년 6월), 핵시설 검증 합의(합의문 미작성)가 이뤄져 미국은 상응 조치로 북한을 테러 지원 국가에서 해제(2008년 10월 발효)시키고 나머지 5개국은 남은 중유 95만 톤을 제공하다 2009년 3월 검증 방안 미합의를 이유로 지원이 중단된 상태다. 핵 폐기 단계인 비핵화 3단계는 아직 논의조차 시작하지 못한 상태이다. 제6차 6자 회담 3차 수석 회담(2008년 12월 8일~12월 11일)도 이뤄졌다. 하지만 이런 일련의 비핵화 공동 노력에도 불구하고 MB 정부의 '흡수통일식' 대북 강경 정책은 이런 노력을 수포로 돌아가게 했다. 구체적으로 2008년 10월 한미 연례안보협의회에서 북한 급변 사태에 대응한 '계념계획 5029'를 '작전계획 5029'로 격상시키는 방안이 검토된 데다, 동년 11월 유엔총회 대북 인권 결의안 채택에서 한국이 공동 제안국으로 참여한 점, 게다가 오바마 정부 등장 이후 2009년 2월에 한국 국방장관의 PSI 참여 재검토 발언에다 3월에 한미 합동 군사 훈련 '키 리졸브'가 실시되었다. 이런 일련의 대북 압박 정책에 맞서 북한은 3월 30일 "남한 PSI 참여는 북에 대한 선전포고로 단호히 대응 조치를 취할 것"을 선언한 뒤 곧바로 4월 5일에 '광명성 2호'(장거리 로켓) 발사로 맞섰다. 이에 유엔 안보리는 북한이 유엔 결의안 1718호를 위반했다며 의장 성명을 채택, 대북 제재에 나서자 북한은 6자 회담 불참으로 맞대응했으며, 급기야 5월 25일에는 제 2차 핵실험과 동해상 미사일 2발을 추가 발사하는 강경 대응으로 나왔다. 한국은 핵실험 그 다음날에 PSI 전면 참여를 선언하게 되고 유엔 안보리도 6월 12일에 대북 제재 결의안 1874호를 채택하자 곧바로 6월 13일에 북한은 플루토늄 전량 무기화, 우라늄 농축 등을 선언하며 핵 보유의 의지를 천명하며 유엔 제재에 맞섰다. 이처럼 최근의 6자 회담 중단 사태는 MB 정부가 민주 정부 10년의 대북 포용 정책을 무시하고 대북 강경책으로 선회한 데서 비롯된 측면이 강하다. 남한(5자 회담 제기)과 북한(북미 양자 회담 선호)이 6자 회담을 거부하는 엇박자에도 불구하고 주변 4대 강국들은 6자 회담을 통한 비핵화 노력을 계속 기울이고 있다. 이제까지 6자 회담은 북·미 직접 대화를 위한 장소를 제공했을 뿐만 아니라 현재 동북아 지역 내 주요 6개 참가국들을 한 데 모을 수 있는 유일한 기제로서 북핵 위기의 해결과 동북아 안보 기제의 최종 건설을 위해 기초를 닦았다. 미국 역시 6자 회담이 북핵 문제를 해결할 수 있는 가장 좋은 '다자 안보 협력 체제'라고 표명한 바 있다. 제임스 켈리 차관보는 2004년 3월 상원 외교위원회 청문회에서 6자 회담을 동북아 다자 안보 대화 기구로 발전될 수 있다고 밝혔고, 미국의 로버트 졸릭 전 국무부 부장관도 상원 인준 청문회에서 6자 회담을 다자 안보 기구로 전환할 의사가 있음을 밝혔다. 부시 대통령도 2005년 11월 17일 경주에서 열린 한·미 정상회담에서 미국 정상으로는 처음으로 북핵 문제가 해결되면 역내 안보 문제에 공동대처할 수 있는 지역 다자 안보 대화 및 협력 체제를 발전시키기로 합의한 바 있다(유현석 2006, 201). 따라서 6자 회담의 발전 과정 자체는 6자의 공조 특히 미·중 공조 체제를 반영한 산물로 해석될 수 있다. 아울러 오바마 민주당 정권의 집권은 북·미 협력뿐만 아니라 미·중 협력의 가능성을 높여 주고 있으며, 6자 회담을 통한 북핵 문제 해결의 전망은 여전히 유효하다고 할 것이다.

4. 맺음말 : 동북아 다자 안보 협력의 과제와 전망

본문에서 동북아 다자 안보 협력의 가능성이라는 관점에서 6자 회담 사례를 중심으로 중국 외교 전략의 변화와 특징들을 분석했다. 요컨대 중국은 6자 회담을 주도하면서 외교 전략의 변화를 보여 주었다. 첫째, 기존의 소극적 불간섭 정책으로부터 적극적 개입 정책으로 전환한 점, 둘째, 쌍무주의 해법으로부터 다자주의적 해법으로의 전환, 셋째, 6자 회담의 주도를 통한 대국 책임 외교와 '화자 노선'의 추진한 점, 넷째, 6자 회담의 주도를 통한 '중재 외교'의 실시, 다섯째, 동북아 다자 안보 협력 틀로서 6자 회담의 제도화를 시도한 점 등이다. 여섯째, 경제적 다자 안보 협력과 군사적 다자 안보 협력을 종합 제도화하는 노력을 경주하고 있다.

뿐만 아니라 중국은 SCO의 성공적 건설 경험을 거울로 삼아 6자 회담을 향후 동북아 지역의 다자 안보 협력체로 발돋움할 수 있도록 노력하고 있다. SCO가 경제협력에 더 큰 비중을 둔다면, 6자 회담은 한반도의 비핵화를 목표로 한 군사 분야의 다자 협력을 더 중시하는 측면이 강하다. 이런 측면에서 6자 회담은 SCO와 성격이 다른 다자 협력 틀이라고 할 수 있다. SCO와 관련하여 중국은 우선 군사 분야 다자 협력보다 경제협력에 더 큰 비중을 두는 것 같다. 경제 분야 다자 협력에서 역점을 두는 것으로 첫째, 지역 경제협력의 제도화다. 당면 과제로는 무역 간편화 과정의 추진과 함께 향후 최종적으로 SCO-FTA(자유무역 지대) 실현을 목표로 삼는다는 점이다(楊潔勉 2006). 둘째, 다자 협력을 확대시키는 것으로 특히 교통·에너지·전기통신·금융 등으로 나아가고 있다. 가령 중국-키르기즈스탄-우즈베키스탄 도로 협력 사업이라든가, 중국-카자흐스탄 송유관 연결 등을 꼽을 수 있다.13)

위와 같은 '경제적 다자 협력' 다음으로 중국과 러시아는 SCO를 역내 안보 협력 기구로 발전시킬 전망을 가지고 있다. 2006년에 인도와 파키스탄, 이란, 몽골 등 4개국이 준회원국으로 SCO 회의에 참여했으며, 이 가운데 이란은 정식 회원국으로 정식 가입을 원하고 있다고 한다. 향후 SCO는 한층 더 다자화·조직화·제도화된 방향으로 발전할 것으로 보인다. 이론적으로 보면 다자 안보 레짐의 개방화와 조직화는 해당 지역의 평화와 안정을 가져다주지만, 현실 정치에서 보면 SCO의 개방화, 특히 인도와 이란의 가입은 내부의 권력 구조의 변화를 가져올 가능성이 크다. 러시아와 밀접한 관계를 형성하고 있는 인도가 일단 가입하게 되면 SCO 내부에서 러시아의 영향력이 훨씬 제고될지도 모른다(류동원 2004, 135-136).

SCO 사례와 비교해 볼 때, 제도화 수준이 상대적으로 낮은 6자 회담이 향후 동북아 다자 안보 협력체로 자리매김하기 위해서는 몇 가지 긴요한 과제들이 해결되어야 할 것이다.

첫째, 6자 회담의 지속성과 아젠다의 범위를 확대시켜야 한다. 6자 회담은 여전히 여러 가지 장애 요소들과 전략적 이해관계의 불일치가 존재하므로 장기적인 관점에서 접근해야 한다. 먼저 북핵 문제를 철저히 해결한 다

....

13) 2006년 5월 25일부터 카자흐스탄 아타쑤로부터 중국 신장(新疆)의 아라산코우(阿拉山口)를 잇는 960킬로미터의 송유관을 통해 중국으로 원유가 공식 공급되었다(『新華社』 2006年 5月 25日).

음, 이 성과를 바탕으로 다음 아젠다로 나아갈 필요가 있다. 그리고 아젠다 역시 확대되어야 하는데, 가령 경제, 환경보호, 공공 위생(SARS 등), 에너지, 문화 등 비전통적인 안보 분야로 다자 협력의 폭을 확대시킬 필요가 있다. 장기적으로 일종의 종합적인 다자 안보 협력 체제를 건설하는 방향으로 로드맵을 짤 필요가 있다.

둘째, 냉전적 대립과 대결 구조로부터 벗어나야 한다. 특히 미국이 현실주의적 패러다임을 바탕으로 쌍무적인 미·일 동맹과 한·미 동맹 나아가 다자 간 군사 협력체 건설을 추진하고 있어 동 지역 내 안보 딜레마가 확대되면서 안보 위기는 완화되기보다 오히려 심화되고 있는 형국이다. 따라서 남방 삼각 체제와 북방 삼각 체제로 대립하는 신냉전 구조는 완화 해소될 필요가 있다. 특히 미·중 간의 공조가 무엇보다 절실하다. 다시 말해 미·중 양국이 실질적으로 '한층 더 책임 있는 이익 공유자'로서 동북아 지역 내 안정과 평화를 위해 적극적인 역할을 해야 할 것이다. 다행스럽게도 미국발 금융 위기를 안고 집권하는 오바마 민주당의 정권이 미·중 관계의 안정화에 기여할 것이라는 기대가 확산되고 있어 이는 동북아 지역 내 긴장 완화에 청신호가 아닐 수 없다.

셋째, 동북아 역내 국가들과의 주권 존중, 평화 증진, 상호 불가침 등 선린 우호 협력 관계를 증진시키는 데 6자 회담이 큰 역할을 해야 할 것이다. 마찬가지로 SCO도 군사적 다자 협력체라기보다는 경제적 다자 협력체로 자기 위상을 좀 더 강화해 나갈 때 미국·일본·호주·인도·한국으로 결합되는 대항 구도도 좀 더 완화될 수 있을 것이다. 행동 대 행동의 원칙에 따라 상호 신뢰를 확인하면서 안보 딜레마를 점차 해소해 나가야 할 것이다.

넷째, 역내 분쟁 해결의 원칙은 항상 대화와 협상을 통한 평화적 해결 방식을 고수해야 할 것이다. 무력에 의한 문제 해결은 동 지역 내 약소국가들로 하여금 대량 살상 무기를 끊임없이 개발하도록 충동할 것이다.

다섯째, 2·13 합의와 10·3 합의로 마련된 5개 실무 그룹의 역할이 '행동 대 행동의 원칙'에 따라 순차적으로 성과를 거두어야 한다. 만약 이 5개 실무 그룹의 과제가 성공적으로 달성될 경우, 6자 회담의 미래, 곧 '동북아 다자 안보 협력체' 건설은 보다 앞당겨질 것으로 전망된다.

여섯째, 북한이 2009년 5월 25일 제2차 핵실험을 감행함으로써 다시금 한반도의 위기가 고조되고 있는 시점에서 이에 대한 맞대응 차원에서 한국 정부가 곧바로 5월 26일 공식적으로 PSI 전면 참여를 선언하고 나서게 되었다. 한국의 PSI 참여에 대해 오바마 정부는 환영의 뜻을 표현하기는 했지만 분명 이런 결정은 남북 관계의 악화뿐만 아니라 동북아 안보 환경에도 치명적인 위해 요인이 된다고 할 수 있다. 특히나 한국의 PSI 전면 참여를 계기로 남북한이 한 치의 양보 없이 일촉즉발의 대결 국면에 접어들게 되었다. 유엔 안보리 역시 북한의 제2차 핵실험을 크게 규탄하면서 공조 속에 구체적인 대북 제재 수위를 높이려 하고 있다. 이런 위기 상황에서 과연 어떻게 이런 남북 공멸의 '치킨 게임'을 방지할 것인가? 이런 형국에서 주변 4대 강국은 파국으로 치닫는 작금의 남북 관계를 풀 수 있는 외교적인 수단과 제도적인 협력 방안을 모색 추진할 필요가 있다. 그 방안 가운데 6자 회담은 여전히 유효한 적극적 수단이자 방법이라 할 것이다. 최근 클린턴 전 미국 대통령의 방북이 6자 회담 재개와 북미 관계 개선의 돌파구가 되길 기대해 본다.

참고문헌

김인. 2006. "중국의 중앙아시아 정책과 상하이협력기구." 『아태 쟁점과 연구』 겨울호.

김재관. 2005. "중국 신지도부의 대한반도 정책의 변화: 대북정책과 남북통일관을 중심으로." 『국제정치논총』 제45집 2호.

김재관. 2003. "21세기 중국의 대국화 신안보전략 : 미중간의 안보외교를 중심으로." 『한국과 국제정치』 제19권 2호.

김재관. 2007. "제2차 북핵 위기 이후 북·중 관계의 근본적 변화여부에 관한 연구." 『동아연구』 제52집.

남성욱. 2006. "김정일 방중 후 북·중 경제 관계의 전망." 『이슈와 대안』(미래전략연구원), 1월 23일.

류동원. 2004. "중국의 다자 안보 협력에 대한 인식과 실천." 『국제정치논총』 제44집 4호.

백학순. 2007. "6자 회담 '2·13합의': 내용, 쟁점, 전망." 『정세와 전망』 3월호.

신상진. 2006. "중국의 북핵 6자 회담 전략: 중재역할을 통한 영향력 강화." 『국가전략』 제11권 2호.

유현석. 2006. 『국제 정세의 이해』. 한울아카데미.

윤덕민. 2006. "북한은 중국의 위성국가가 될 것인가." 미래전략연구원(03/24).

이태환. 2006. "동북아 다자안보에 대한 중국의 입장." 『정책보고서』 통권 제 67호(09/10).

최종철. 1998. "미국의 동북아 안보 정책." 정진위 엮음. 『새로운 동북아 질서와 한반도』. 법문사.

통일부 통일교육연구원. 2006. 『북한이해』(통일부).

홍순직. 2006. "북한의 '南南北中' 개발전략의 가시화." 현대경제연구원(02/06), http://www.hri.co.kr/research/publication_1_sub.asp?CODE=10626&CATE_CODE=1,2&tabl_type=A&grpID=.

정비젠(鄭必堅) 지음·이희옥 옮김. 2007. 『중국평화부상의 새로운 길』. 한신대학교 출판부.

鄧小平. 1993. 『鄧小平文選』第 三卷. 人民出版社.

李南周. 2005. "朝鮮的變化與中朝關系: 從'友好合作關系'到'實利關系'." 『現代國際關系』第9期.

林利民. 2006. "朝核危機管理與中國的外交抉擇." 『現代國際關系』第8期.

邢廣程. 2003. "上海合作組織的新發展." 『求是』第14期.

楊潔勉. 2006. "上海合作組織峰會: 中國多邊外交的一次偉大實踐." 『文彙報』6月19日.

葉自成. 2001. "中國實行大國外交戰略勢在必行: 關於中國外交戰略的幾點思考." 『世界經濟與政治』第1期.

_____. 2003. 『中國大戰略: 中國成爲世界大國的主要問題與戰略選擇』. 北京: 中國社會科學出版社.

任曉. 2005. "六方會談與東北亞多邊安全機制的可能性."『國際關系研究』第1期.

張璉瑰. 2006. "朝鮮半島問題四題."『世界知識』第14期.

鄭必堅. 2005a.『論中國和平崛起發展新道路: Peaceful Rise-China's New Road to Development』. 北京: 中央黨校出版社.

鄭必堅. 2005b. "中國共産黨21世紀的走向."『人民日報』(海外版), 11月22日.

趙躍欽·謝劍南. 2006. "淺議朝核問題與東北亞多邊安全合作機制."『國際關系學院學報』第6期.

趙華勝. 2005. "上海合作'組織 : 評估與發展問題."『現代國際關系』第5期.

朱鋒. 2006a. "中國的外交斡旋與朝鮮問題六方會談."『外交評論』4月, No. 88期.

_____. 2006b. "導彈發射, 六方會談與多邊談判中的'安全困境'."『現代國際關系』第8期.

中華人民共和國國務院新聞辦公室. 2005. "中國的和平發展道路." 12月, http://www.gov.cn/zwgk/2005-12/22/content_134060.htm.

秦亞青. 2001. "多邊主義研究 : 理論與方法."『世界經濟與政治』第10期.

蔡建. 2006. "中國在朝鮮問題上的有限作用."『國際觀察』第3期.

沈驥如. 2003. "維護東北亞安全的當務之急 : 制止朝核問題上的危險博弈."

湯光鴻. 2005. "世界多樣性與中國外交新理念."『國際問題研究』第5期.

Armitage, Richard L & Nye, Joseph S. 2007. "The U.S.-Japan Alliance : Getting Asia Right through 2020." *CSIS* (February).

Bercovitch, Jacob ed. 1996. *Resolving International Conflicts: The Theory and Practice of Mediation* (Boulder: Lynne Rienner Publisher).

Dewitt, David. 1994. "Common, Comprehensive and Cooperative Security." The Pacific Review 17-1.

Glaser, Bonnie & Snyer, Scott & Park, John S. 2008. "Keeping an Eye on an Unruly Neighbor : Chinese Views of Economic Reform and Stability in North Korea." *CSIS,* January 3. www.usip.org.

Goldstein, Avery. 2001. "The Diplomatic Face of China's Grand Strategy: A Rising Power's Emerging Choice." *The China Quarterly,* (December) No. 168.

Hachigian, Nina & Schiffer, Michael & Chen, Winny. 2008. "A Global Imperative : A Progressive Approach to U.S.-Chiua Relations in the 21st Century"(August), www.americanprogress.org.

International Crisis Group, 2006. "China and North Korea: Comrades forever?" *International Crisis Group Asia Report* No. 112-1(Feb).

Krasner, Stephen D. ed. 1983. *International Regimes*. Ithaca and London: Cornell University Press.

Keohane, Robert and Nye, Joseph. 2001. *Power and Interdependence*, 3rd ed. New York: Longman.

Keohane, Robert O. 1990. "Multilateralism: An Agenda for Research." *International Journal* 45-4.

Lee, heeok. 2005. "China's Northeast Project and South Korean- Chinese relationship." *Korea Journal*, Summer.

Obama, Barack and Biden, Joe. 2007. "Protecting U.S. Interests and Advancing American Values in Our Relationship with China." Obama Statement(5/23/07), OBAMA BIDEN, WWW.BARACKOBAMA.COM.

Paulson, Henry. 2008. "A Strategic Economic Engagement Strengthening U.S.-China Ties." *Foreign Affairs* September/October http://www.foreignaffairs.org/20080901 faessay87504-p0/henry-m-paulson-jr/ a-strategic-economic-engagement.html.

Ruggie, John. 1993. "Multilateralism: The Anatomy of an Institution." Ruggie ed. *Multilateralism Matters*. New York: Columbia University Press.

Scobell, Andrew. 2004. "China and North Korea: From Comrades-in-arms to Allies at arm's length." *Strategic Studies Institute of the U.S. Army War College,* March, http://www.strategicstudiesinstitute.army.mil/pubs/display.cfm?pubID=373.

Sutter, Robert. 2006. "Why Rising China Can't Dominate Asia." *PacNet, Pacfic Forum CSIS* (September 8), http://www.csis.org/media/csis/pubs/pac0645.pdf.

The White House. 2006. "The National Security Strategy of the United States." http://www.whitehouse.gov/nsc/nss/2006/nss2006.pdf.

U.S. DoD. 2006. Quadrennial Defense Review Report(QDR), http://www.globalsecurity.org/military/library/policy/dod/qdr-2006-report.pdf.

Wang, Hongying. 2000. "Multilateralism in Chinese Foreign Policy." *Asian Survey,* 40-3 (May/June).

You Ji, 2004. "Understanding China's North Korea Policy." *China Brief* Vol. IV, Issue 5 (March 3).

Zhu, Feng. 2004. "China's Policy on the North Korean Nuclear Issue." *China Strategy* Vol 3(July 20), http://www.csis.org/isp/csn/040720.pdf .

Zoellick, Robert B. 2005. "Whither China: From Membership to Responsibility?" *New York City,* September 21, (http://www.state.gov/s/d/former/zoellick/rem/53682.htm.

제2부

중국의 정치·사회·문화 이슈

최근 중국의 민주화 담론에 대한 비판적 고찰 :

당내 민주화론을 중심으로[*]

이정남

1. 서론

개혁·개방 정책 30년을 거치면서 정치개혁과 민주화에 대한 논의는 중국 당정 지도자와 지식인들의 주된 관심사가 되었다. 이는 그동안 시장경제 체제로의 전환 속에서 이루어진 경제성장으로 중국 사회가 다원 사회로 진입하면서, 다원적인 사회·경제적 조건에 부응할 수 있는 정치개혁이 불가피하다는 인식에 기초하고 있다. 이러한 인식은 여러 가지 사례를 통해서 확인할 수 있다.

2005년 10월 국무원이 발행한 『중국민주정치건설백서』는 민주주의는 인류 정치 문명의 발전 성과이며 세계 인민의 보편적인 요구라고 명시함으로써,[1] 그동안 민주주의를 계급 지배의 형식 혹은 통치 형식으로 간주해 온

....

* 이 논문은 『현대중국연구』 제10집 2호(2009년 2월)에 발표된 논문을 일부 수정한 것임.
1) 『中國的民主政治建設白皮書(全文)』, http://news.sina.com.cn/c/2005-10-19/11208053056.shtml(검

시각에 종지부를 찍었다.[2] 원자바오 총리 역시 2006년 이래 각종 연설에서 체제와 계급을 초월한 민주주의의 보편적 가치를 강조하고 있다.[3] 또한 중국의 학자들은 보다 구체적으로 중국의 정치개혁에 대한 장기적인 플랜을 모색하기 시작했다. 중국의 중앙공산당학교의 교수들은 2007년 10월『중국정치개혁연구보고』라는 단행본을 출간해, 중국이 2000~20년 사이에 낮은 수준의 민주화를 달성하고, 2020~40년에 중등 수준의 민주주의 발전을 이룩한 후, 2041~60년에 발전된 수준의 민주주의에 도달할 것이라는 정치개혁 일정을 제시하고 있다(周天勇·王長江·王安嶺 2007, 2).[4]

이 같은 분위기 속에서 중국의 정치개혁은 어디서부터 시작해야 하는가, 즉 정치개혁의 돌파구는 무엇인가에 대해 지식인들의 관심이 높아지고 있다. 특히 2002년 16차 당 대회에서 중국 공산당이 중국의 정치개혁과 민주화의 돌파구는 '당내 민주화로부터 시작해 사회의 민주주의로 나아가야 한다'는 입장을 천명하면서,[5] 정치개혁의 돌파구에 대한 관심은 그 어느 때 보다도 증폭되고 있다. 어떤 학자는 기층 민주주의의 실현을 정치개혁의 중요한 돌파구가 되어야 한다고 주장하는가 하면(陳奕敏 2007, 27-30), 어떤 학자는 당내 민주화라는 위로부터의 민주화와 밑으로부터 기층 민주화를 동시에 추진해야 한다는 주장을 제기하고 있다(兪可平·裴智勇 2008). 또한 어떤 학자

색일: 2008/07/16), p. 2/1-18(Bar).

2) 중국의 민주주의 개념의 도입과 그 의미의 변화 발전 과정에 대해서는 이정남(2008)의 2장 참조.

3) "溫家寶 : 靑年要繼承五四傳統 : 溫家寶五四靑年節看望北師大學生," 『新華網』(2006/05/04); "溫家寶再談鄕鎭直選: 溫家寶訪歐前接受歐洲媒體采訪," 『中國新聞網』(2006/09/06); "溫家寶談社會主義初級階段的歷史任務和對外政策," 『新華網』(2007/02/27); "全國人大會議開幕 溫家寶作政府工作報告(全文)," 『人民網』(2007/03/05).

4) "中央黨校專家: 較高水平政治民主需60年," http://www.chinaelections.org/NewsInfo.asp?NewsID=125351(검색일: 2008/05/28), p.2/ 1-9(Bar).

5) "全面建設小康社會, 開創中國特色社會主義事業新局面(在中國共産黨十六全國代表大會上的報告)" (2002/11/18), http://www.cs.com.cn/csnews/20021118/300508.asp(검색일: 2008/12/20).

는 정당이 아닌 정치체제의 근간을 이루고 있는 인민대표대회의 개혁을 통해 중국의 민주화를 이끌어 내야 한다고 주장하는가 하면,[6] 심의 민주주의의 실시를 통해 정치개혁의 돌파구를 찾아야 한다는 주장도 제기되고 있다(陳家剛 2008). 더 나아가 보다 급진적인 일부 학자들에 의해 자유주의적 헌정 민주주의를 통해 정치개혁의 돌파구를 찾아야 한다는 주장도 제기되고 있다.[7] 그러나 "당내 민주화를 통한 사회 민주화의 추진"이라는 공산당의 입장에 영향을 받으면서, 당내 민주화론은 중국의 민주화 경로에 대한 지식인들의 주류 담론이 되었다.[8]

따라서 이 글은 중국 내의 공산당과 지식인들의 당내 민주주의에 대한 담론을 정치개혁의 돌파구를 둘러싼 다양한 주장 및 논쟁을 중심으로 분석함으로써, 당내 민주화가 과연 중국의 민주화에 돌파구가 될 수 있는가에 대해 비판적인 검토를 하고자 한다.

본 연구는 분석 대상이 되는 사회나 집단의 내재적 작동 논리(이념)를 이해하고 그것의 현실 정합성과 이론, 실천적인 특징과 한계를 규명하려는 이른바 '내재적 비판적 접근'[9]을 통해 당내 민주주의가 중국의 정치개혁의 돌파구가 될 수 있을 것인가에 대한 분석을 시도하고 있다. 이 같은 접근은 당

....

6) 尹冬華, "人大民主應爲中國政改的火車頭," http://www.chinaelections.org(검색일: 2008/04/04); 尤澤勇, "人代會不妨先改起來," http://www.chinaelections.org/NewsInfo.asp?NewsID=123494(검색일 : 2008/04/03).

7) 徐友漁, "從憲政民主角度看民主社會主義," http://www.chinaelections.org/NewsInfo.asp?NewsID=108303 (검색일: 2008/10/25); 劉軍寧, "黨內民主, 或憲政民主," http://www.chinaelections.org (검색일: 2008/04/03).

8) 대표적으로 林尙立(2002), 胡偉(2002), 王貴秀(2001), 肖立輝 等著(2006), 蕭功秦, "從政治發展角度看'黨內民主化'論," http://www.chinaelections.org/NewsInfo.asp?NewsID=123606(검색일 : 2008/03/03), pp. 1-17/1-17(Bar), 胡偉(1999, pp. 1-11), 趙晶 輯(2007) 등이 있다.

9) '내재적 비판적 접근법'은 한국의 북한 지역 전문가인 이종석이 독일학자 루츠(P. C. Rudz), 바이메(K. V. Beyme), 송두율 등이 제기한 '내재적 접근법'에 비판의 의미를 분명하게 포함시키기 위하여 '내재적 비판적 접근법'으로 사용하면서부터 널리 알려졌다(이종석 2000, 24-26).

내 민주주의론이 제기하고 있는 내재적 담론에 대한 분석을 통해 그 특징과 한계를 밝혀내고, 이것이 중국의 정치개혁의 방향에 대해서 지니고 있는 함의를 밝혀낼 수 있다는 점에서 중요한 의의가 있다.

2. 정치개혁, 왜 당내 민주화로부터 시작해야 하는가?

비록 2002년 16차 당대회에서 당내 민주주의를 통해 사회의 민주주의를 추진해야 한다는 입장이 공식화되었지만, 사실 개혁·개방 정책의 실시 이후 당내 민주주의를 통해 사회의 민주주의를 추진해야 한다는 시각은 1980년대 후반 신권위주의 논쟁이 전개되던 시기로 거슬러 올라갈 수 있다. 당시에 당내 민주주의를 주장하던 학자들은 현실적인 조건에서 정치개혁은 권력을 장악하고 있던 공산당을 통하지 않고는 불가능하며, 따라서 당내에 파벌을 합법화한다면 '전면적인 서양화 방식'의 민주주의를 대체할 수 있으며, 중국이 서방화의 길로 가는 것을 피할 수 있다고 주장했다. 그러나 당시 지식인들의 상당수가 급진적인 사고에 경도되어 있던 상황에서 이 같은 주장은 별로 주목을 받지 못했다.[10]

그 후 정치개혁의 돌파구로서 당내 민주주의에 대한 논의는 1998년 2월 하버드 대학 옌칭(Yanqing)연구소에서 푸단(複旦) 대학의 후웨이(胡偉) 교수가 "중공의 당내 민주주의와 정치발전"이라는 주제로 발표를 하면서 다시 제기되었다. 이 발표에서 그는 당내 다양한 파벌이 존재하고 이들 파벌에 기

....

10) 蕭功秦, "從政治發展角度看'黨內民主化論'," p. 5/1-17(Bar).

초해 당내의 경쟁적 민주주의 메커니즘이 도입된다면, 다원사회의 이익 통합에 긍정적인 영향을 미칠 뿐만 아니라, 다당제에 기초한 민주화 방식을 대체할 수 있다는 점을 주장하였다(胡偉 1999, 1-11).

그러나 개혁·개방 이후 당내 민주주의가 정치개혁의 돌파구를 둘러싼 지식인들의 주요한 담론으로 등장하는 데 결정적인 기여를 한 것은, 2002년 16차 당 대회에서 장쩌민이 "당내 민주주의를 통해 인민민주주의를 추진해야 한다"는 입장을 발표하면서부터다. 16차 당 대회에서 장쩌민은 "당내 민주주의는 당의 생명이며, 당내 민주주의에 근거해 인민민주주의를 추진해야 하고, 사회의 민주주의에 대해 인도와 모범 역할을 해야 한다"고 주장했다.[11] 이 같은 입장은 17차 당대회에서도 "당내 민주주의는 당의 창조적 활력과 당의 통일 단결을 공고화시키는 중요한 보증이다. 당내 민주주의의 확대에 기초해 인민민주주의를 발전시키고, 당내 화합의 증진에 기초해 사회화합을 추진해야 한다"고[12] 언급함으로써 재차 확인되었다.

중국 공산당의 이 같은 입장은 13차 당대회에서 제기된 당정 분리를 정치개혁의 돌파구로 간주하는 시각에 변화가 있음을 의미한다. 덩샤오핑은 13차 당대회에서 당정 분리를 정치개혁의 돌파구로 제시했다. 이는 당정 분리가 이루어지지 못함으로 인해, 당이 국가 행정 업무의 제일선에 서게 되어 각종 모순의 집중점이 되는 결과를 초래해, 당의 영도적 지위를 추락시키고 영도력을 약화시키는 결과를 초래했다는 판단에 기초하고 있다.[13] 이 같은 인식에 기초해 13차 당대회 이후, 당정 기구의 직능 조정, 당정 기구의 중복

----

11) "全面建設小康社會, 開創中國特色社會主義事業新局面(在中國共産黨十六全國代表大會上的報告)"(2002年11月18日), http://www.cs.com.cn/csnews/20021118/300508.asp(검색일: 2008/12/20).

12) "高擧中國特色社會主義大旗幟, 爲奪取全面建設小康社會新勝利而奮鬥(在中國産黨第十七次全國代表大會上的報告)," 『人民網』(2007年10月15日).

13) "沿著有中國特色的社會主義道路前進(在中國共産黨第十三次全國代表大會上的報告)(一九八七年十月二十五日)", http://news.xinhuanet.com/ziliao/2003-01/20/content_697061.htm(검색일 : 2009/01/05).

설치의 폐지, 입법·행정·사법 기구의 완비, 국가기구들의 역할의 적극적 발휘, 공무원 제도의 설립 등 당정 분리를 이끌어 내기 위한 일련의 조치가 단행되었다.

그러나 1989년 천안문 사태를 계기로 중국 공산당은 당정 분리를 정치 개혁의 돌파구로 추진한다는 입장을 더 이상 언급하지 않았다. 이 같은 입장의 변화는 다음의 논리가 힘을 발휘했기 때문이다.[14] 즉 중국의 정치제도는 3권 분립과 다당 경쟁 체제에 기초한 서방의 정치체제와는 달리 국가에 대한 공산당의 영도에 기초하고 있기 때문에, 정치개혁의 목적은 당의 영도하에서, 그리고 사회주의 체제하에서 사회적 생산력의 발전을 추진하기 위한 것이고, 사회주의의 우월성을 발휘하는 것이다. 따라서 당의 기능과 당 조직을 약화시키는 방향으로 진행되어서는 안 된다는 것이다(王勇兵 2007, 261).

또한 현실적으로 당정 분리가 어려운 상황임에도 불구하고, 무리하게 당정 기구의 분리와 당정 인사를 분리해 배치함으로써 당정 기구의 팽창과 효율의 저하를 초래한 것도 한 원인이 되었다. 이 같은 문제는 특히 지방 수준에서 더 심각하게 드러났다. 그리하여 2004년 9월 16기 4중 전회에서는 "당정 영도자 성원의 교차 겸직을 적절히 확대하고, 영도직 수를 축소시키며, 중첩 문제를 적절히 분리해 해결하고, 당위원회와 정부의 직종이 서로 같거나 유사한 업무 부문을 철수하고 합병해야 한다"고 제기했다.[15] 이는 실제

----

14) 당시 당정 분리론에 대해 다양한 의견 대립이 존재했다. 공산당의 기능을 약화시키고 정치 영역에서 공산당의 역할은 간접적인 역할로 제한해야 한다는 주장이 있는가 하면, 다른 한편 정부에 대한 공산당의 일원화된 영도를 더욱 강화해, 당이 정치를 할 수 있도록 하고 정부는 단지 당의 결의를 집행하는 기관 역할을 해야 한다는 주장도 있었다. 또한 공산당은 정치 영역에서뿐만 아니라 사회와 경제생활에서 이미 효과적인 영도적 지위를 확립하고 있고, 이 같은 당의 영도가 각종 문제점을 해결하는 데 중요한 역할을 하기 때문에 당 조직은 약화되어서는 안 된다. 다만 국가권력 기관을 현대화하기 위해 당과 국가와의 관계를 재정립할 필요가 있기 때문에, 국가권력 기구 중의 당원을 잘 관리해 이 당원들이 국가의 권력기관에서 중요한 역할을 하도록 하면 된다는 주장도 제기되었다. 蕭功秦, "從政治發展角度看'黨內民主化論," p. 14/1-17(Bar).

15) "中共中央關於加强黨的執政能力建設的決定(2004年9月19日中國共産黨第十六屆中央委員會第四次全

로 당정 분리가 성공하지 못해 초래된 당정 기구의 중첩 설치와 당정 체제 운행의 원활하지 못한 문제를 해결할 필요성을 강조한 것이라고 볼 수 있다 (王勇兵 2007, 261).

그리해 16차 당대회에서는 당정 분리가 아닌 당내 민주화를 정치개혁의 돌파구로 제시하게 된 것이다. 그렇다면 당내 민주화를 정치개혁의 돌파구로 제시한 논리적 근거는 무엇인가? 중국 내 학자들의 주장에 따르면, 당내 민주화는 다음과 같은 점에서 정치개혁과 사회 민주화의 돌파구가 되어야 한다.

첫째, 개혁·개방 정책으로 중국인들의 민주주의 의식이 성장하고 인권과 정치적 권리에 대한 요구가 높아지고 있으며, 동시에 시장경제의 발전으로 사회적 이익이 다원화되고 새로운 사회계층과 이익집단이 출현하면서 빈부 격차와 사회 발전 불균등 현상이 심각한 문제로 대두되고 있다. 그러나 중국은 역사적으로 민주적인 전통이 부족할 뿐만 아니라, 정치발전의 불균등성 또한 심각해, 일부에서는 민주적인 의식이 성장해 이미 많은 사회적인 문제를 민주적으로 해결하고 있지만, 경제적으로 낙후된 지역에서는 민주적 의식의 성장이 매우 지체되어 있는 상황이다. 이로 인해 중국은 민주화를 추진하지 않으면 안 되는 상황이면서도, 동시에 상당 기간 동안 민주주의를 발전시킬 수 있을 만한 충분한 조건을 구비하고 있지 못하다. 따라서 현 단계에서 민주화의 추진은 민주주의 의식과 소질을 구비한 지방(상하이·선전·베이징·광저우 등지)의 사회 엘리트 계층에서 먼저 시작한 후, 그 범위를 점차 확대해 대중으로 넓혀 가야 한다. 그리고 현재 중국의 조건에서 볼 때, 비록 공산당 외에도 엘리트가 존재하고 있지만, 중국의 최대 규모의 엘리트 조직

....
體會議通過)," http://www.chinaelections.org/NewsInfo.asp?NewsID=61020(검색일 : 2008/12/25).

은 공산당이기 때문에, 공산당 내부로부터 중국의 민주화를 추진해야 한다.

둘째, 정치개혁의 돌파구는 반드시 정치체제의 핵심과 관련되어야 하고, 돌파구를 여는 것이 정치체제에 중요한 변혁을 이끌어 낼 수 있어야 하기 때문이다. 중국 공산당은 중국 내의 유일한 집권당으로서 정치권력을 장악하고 있으며, 따라서 정치개혁은 공산당을 통하지 않고는 불가능하다. 공산당이 상당 정도로 당내 민주화를 이룩한다면, 중국의 정치 생활에서 공산당이 점하고 있는 특수한 지위로 인해 전체 중국의 민주주의의 발전을 이끌어 낼 것이다. 따라서 중국의 민주정치의 발전 경로를 설계할 때, 공산당의 영도 방식을 개선하고 당내 민주화를 추진한다면, 공산당의 영도적인 지위를 변화시킬 필요가 없으며, 공산당의 영도와 중국의 민주정치의 발전을 결합시킬 수 있다.

셋째, 현 시기 중국의 중심 과제는 경제 발전으로 정치발전 역시 경제 발전을 위한 길을 여는 데 집중되어야 한다. 민주정치도 필요하지만 안정적인 정치사회적 조건과 효율적인 정부가 우선적으로 필요하다. 이를 위해 현 단계에서 정치개혁의 개시와 주도권은 공산당의 손에 장악되어 있어야 하며, 어떠한 정치개혁 방안이나 계획도 반드시 공산당에 의해서 받아들여지는 것을 전제로 하고 공산당의 이익에 부합하는 방향이 되어야 한다. 따라서 정치개혁의 목표는 사회주의 기본 정치제도를 완비해야 하고, 반드시 당의 영도를 유지하고 개선하는 방향이 되어야 하며, 당의 영도에 도전하는 방향이 되어서는 안 된다. 당내 민주화를 정치개혁의 돌파구로 삼는 것은 공산당의 집권 정당성을 증강시켜 당의 영도하에 정치개혁을 추진하는 것을 가능하게 한다.

넷째, 당내 민주주의는 다른 영역에 대한 개혁보다 상대적으로 추진하는 것이 쉽다는 점이다. ① 당내 민주주의를 통한 정치개혁은 당의 영도를 동요시키지 않고, 당의 지위와 영도적인 지위를 유지하고 공고화시킬 수 있기 때문에, 공산당의 반대가 비교적 적을 수가 있다. ② 상급 당 조직이 하급 당 조직에 대한 당내 민주주의 발전을 추진할 수 있다. ③ 공산당이 이미 지니고 있는 일련의 이념이나 제도가 당내 민주주의 발전을 위해 제도적 조건으로 활용될 수 있다. 즉 "공을 위해 당을 세우고, 민을 위해 집권을 한다"(立黨爲公, 執政爲民)는 당내 민주주의 사상과 집단지도체제, 민주집중제 등은 공산당이 당내 민주화의 발전을 위해 이미 확보하고 있는 중요한 제도적 조건으로 활용될 수 있다. ④ 공산당은 관련 인원이 비교적 적고, 범위가 작으며, 당원들이 사회의 엘리트 집단이기 때문에, 민주화를 추진하는 것이 상대적으로 쉬우며, 개혁자로서의 집권당이 정치개혁의 진행 과정을 통제할 수 있다(趙迪 2008, 9-10; 陳兆德·徐騰 2004, 39-41; 王勇兵 2007, 262-264; 胡偉 1999, 2-3).[16]

결국 중국 내 지식인들의 담론을 통해, 당내 민주화가 정치개혁의 돌파구가 되어야 하는 논리적인 근거를 다음과 같이 요약할 수 있다. 당내 민주화를 통한 사회 민주화의 추진은 개혁·개방 정책의 추진으로 사회의 다원화가 증가되고 사회적 갈등이 증폭되면서 나타난 민주적인 권리 의식의 신장으로 정치개혁이 불가피한 상황에서, 공산당이 선택할 수 있는 중요한 개혁의 돌파구다. 왜냐하면 당내 민주화의 추진은 중국 내의 유일한 집권당으로서 정치권력을 장악하고 있는 공산당의 특수한 지위로 인해, 전체 중국의 민주주의의 발전을 이끌어 낼 수 있다. 동시에 공산당의 외부가 아닌 내부에서 개혁이 추진되어야 공산당의 지도하에 정치적인 안정을 유지하면서 정치개혁을 추진할 수 있어 경제성장이라는 최고의 목표를 이룩할 수 있기 때문이다. 마지막으로 중국 사회의 가장 선진적인 엘리트들로 구성된 상대적으로

---

16) 本刊編輯部, "發展黨內民主專題硏討觀點綜述," http://www.world-china.org/article_view.asp?ID=1459 (검색일: 2008/12/23), pp. 1-2/1-5(Bar)(『黨建硏究』(2006年1月)에 수록된 글임); "兪可平談'中國模式'與'普世價値': 訪中央編譯局副局長兪可平," 『北京日報』 2008年11月18日.

소규모 범위에 국한되기 때문에, 보다 쉽게 개혁을 추진할 수 있으며 정치개혁 과정에 대한 통제도 가능하기 때문이다.

다시 말하면, 민주화 과정에서 우선 당내 민주주의를 선택한 후에 다음으로 당 외부의 민주주의를 선택해야 하고, 중앙을 선택한 후 그 다음으로 지방을 선택해야 하며, 엘리트를 선택한 후 다음으로 대중을 선택해, 체제 내부로부터 점진적 발전의 길을 가야 한다는 것이다. 그리고 이처럼 당내 민주주의를 통해 현행 정치제도의 틀 내에서 민주주의의 성장점을 찾아서 육성함으로써 사회의 민주주의를 추진하는 것은, 중국의 민주정치 발전의 현실적이고 안정적이며 긍정적인 경로로 간주되고 있다(趙迪 2008, 9-10; 陳兆德·徐騰 2004, 39-41).

3. 당내 민주주의, 어떻게 추진할 것인가?

그렇다면 정치체제 개혁의 돌파구 역할을 할 당내 민주화의 구체적 내용은 무엇인가? 당내 민주주의에 대한 중국 지식인들의 담론을 분석해 보면, 당내 파벌의 인정을 통한 다원적 경쟁 메커니즘을 당내로 도입할 것을 주장하는 시각과, 당내의 민주적인 절차의 제도화를 주장하는 시각으로 나뉜다.

우선, 당내 민주화를 둘러싸고 당내의 다른 의견을 가진 집단의 합법적인 존재를 인정하고, 당내에 다른 파벌을 만들어 경쟁하도록 하는 메커니즘이 필요하다는 주장이다. 이 시각은 당내의 서로 다른 엘리트들이 정치적인 노선에 기초해 경쟁하는 상황이 존재하고, 당내에 경쟁 선거를 도입해 이러한 차이가 반영된다면, 당내의 다양한 이익 갈등을 통합하는 데 도움을 줄 것이며, 또한 이는 다당제를 통한 경쟁을 대체할 수 있어 공산당 주도하에 안정적인 정치적 민주화의 추진에 도움을 준다는 것이다. 비록 이 같은 주장을 하는 학자들은 소수지만, 이들은 사회가 아닌 통치자 내부에서 다원적인 이익을 반영하는 민주정치를 시도함으로써 정치 안정에 유리하게 작용할 수 있어, 공산당에 의해 수용될 수 있다는 장점이 있다고 주장한다(胡偉 1999, 1-11).[17]

그러나 이 의견은 중국의 대부분의 지식인들이나 당정 간부들에 의해 수용되지 않고 있다. 이들은 당내의 파벌에 기초한 당내 민주화는 일본의 자민당 방식과 유사한 것으로, 중국에는 부적합하며, 만약 당내에 다수 경쟁 체제를 도입한다면 상호간에 모순과 충돌이 발생해 정치 안정에 불리한 영향을 미칠 것이라고 비판한다. 또한 당내 서로 다른 집단이 각자의 파벌에 기초해 당내에서 경쟁을 진행한다면 사회 모순과 당내 모순이 서로 혼재되는 결과를 초래해 결국은 사회적 혼란으로 이어질 것이라고 비판한다. 무엇보다도 중국 공산당이 당내 민주론을 제기하는 가장 큰 동기가 현 체제하에 공산당 주도하에 사회 민주화의 길을 여는 것으로서, 만약에 당내 다양한 파벌이 존재한다면 불가피하게 당내 반대를 유발할 수밖에 없을 것이고, 그럴 경우 공산당은 당내 민주주의의 추진을 받아들이지 않을 것이라는 점을 지적하고 있다. 마지막으로 오랜 기간 동안 고도로 집중된 권력 독점을 유지해 온 공산당이 당내 다양한 파벌을 인정할 가능성이 낮다는 점 등이 비판의 근거로 제시되고 있다.[18]

당내 민주화의 추진 방안에 대한 두 번째의 시각은 민주적인 절차와 제도화를 당내로 끌어들여 공산당 영도의 효율성을 제고하자는 시각이다. 사

....

17) 蕭功秦, "從政治發展角度看'黨內民主化'論," p. 1-17/1-17(Bar).
18) 蕭功秦, "從政治發展角度看'黨內民主化'論," p. 13-15/1-17(Bar); 本刊編輯部, "'發展黨內民主'專題研討 觀點綜述," p. 3/1-5(Bar).

실 중국 공산당이나 중국의 대다수 지식인들은 이 시각을 견지하고 있다. 그러나 이 시각은 민주적 절차를 당내로 도입한다는 점에서는 공통점이 있음에도 불구하고, 당내 민주주의의 내용 및 당내 민주주의의 실현을 위한 방안을 둘러싸고 다양한 이견이 존재한다.

첫째, 전체 당원이 평등하게 직간접적으로 당내의 모든 업무를 처리할 권리를 가져야 한다는 주장이다. 이 시각은 당내에서 당원의 주체적 역할을 강조하고, 당원이 당내 권력의 최종적인 소유자이며, 당내의 권력은 본질적으로 당원으로부터 나온 것이기 때문에, 당내 민주주의는 당원을 주인이 되게 하는 것이라는 점을 강조한다(王貴秀 2001, 9-13; 唐曉清 2008). 둘째, 민주 집중제에 기초한 당의 제도 규정 및 이로 인한 당내 민주적 생활을 당내 민주주의를 구현하는 구체적인 방안으로 간주하는 시각이다(林尙立 2002, 4). 셋째, 당내 민주주의를 당내 선거, 정책 결정, 정책 집행, 감독 등 전체적인 과정을 포괄하는 것으로 간주하고, 이들 모든 과정이 민주적으로 진행되도록 해야 한다고 주장하는가 하면, 다른 한편 당내 감독 및 당내 정책의 집행은 당내 민주주의에 속하지 않으며, 다만 당내의 선거와 당내의 정책결정과정만이 당내 민주주의 범주에 들어가야 한다는 주장도 있다(尹學明·任中平 2008).[19]

당내 민주주의를 어떻게 추진할 것인가에 대한 지식인들의 논쟁에 대해, 중국 공산당은 '당내 파벌론'을 비판하면서 민주적 절차의 제도화를 강조하고 있다. 이는 중국 공산당이 16차 당대회와 17차 당대회에서 당내 민주주의를 실현하기 위한 구체적인 방향으로, 첫째로 당원의 주체적 지위를 존중하고, 민주적 권리를 보장한다는 점을 강조하고, 두 번째로 당내 선거제도의 개혁, 당내 감독제도, 당위원회의 의사제도(議事制度) 및 정책 결정 제도, 당

19) 張榮臣, "改革開放三十年黨內民主建設的回顧與思考," http://www.chinaelections.org/PrintNews.asp?NewsID=137920(검색일: 2008/12/02), pp. 1-4/1-4(Bar).

대표대회 제도, 당무 공개 제도 등을 중심으로 한 제도적 완비를 강조했다는 점을 통해서도 알 수 있다.[20] 이 같은 내용은 중국 공산당이 당내 민주화의 주요 방안으로 당내의 다원화와 경쟁을 강화하는 데 초점을 맞추기보다는, 주로 당원의 권리 강화 및 제도의 정비에 초점을 맞추고 있음을 의미한다.

당내 민주화를 위한 그동안의 중국 공산당의 시도는 현급 이하 하급 단위에서는 주로 당원의 권리 실현에 주력하면서 당내 선거, 당무 공개, 당내 감독의 강화, 당대표대회의 상임제 실시 등을 위한 일련의 조치에 초점이 맞추어져 왔다. 반면에 당의 중앙 및 현급 이상의 중간층 조직 단위에서는 당 중앙 정치국의 중앙위원회를 향한 보고의 점진적 제도화, 각급 당위원회의 집체 영도 제도의 건설, 당위원회의 역할 발휘 등의 방면에서 각종 개혁 조치가 시도되었다.[21]

보다 구체적으로 16차 당대회 이래 중국 공산당이 제시하고 추진해 온 당내 민주화를 위한 정책적 시도들은 다음과 같다. 첫째, 당무 공개 제도의 추진이다. 16차 당대회 이래 중국 공산당은 중앙의 관련 부문과 지방 당 조직의 투명도와 개방성을 높이기 위해 노력을 기울였다. 구체적으로 중앙판공실·중앙조직부·중앙연락부 등 중앙 각 부문의 지도자들이 국무원 신문판공실에 출석해 언론 발표회를 조직하도록 하였고, 기층 당 조직이나 지방 당 조직에서도 당무 공개를 위한 시도들이 이루어졌다. 이 같은 움직임은 16기 4중 전회에서 "당무 공개를 점진적으로 추진하고, 당 조직의 업무의 투명도를 증강시키며, 당원들이 당내 업무의 내용을 더 잘 이해하고 참여할 수 있도록 해야 한다"는 점이 제기되면서 더욱 더 강조되었다. 17차 당대회 보

····················

20) "高擧中國特色社會主義大旗幟, 爲奪取全面建設小康社會新勝利而奮鬥(在中國産黨第十七次全國代表大會上的報告)," 『人民網』(2007年10月15日).
21) 蔡霞, "黨內民主探索與問題," http://www.world-china.org/newsdetail.asp?newsid=2167(검색일: 2008/12/23), pp. 1-2/1-4(Bar).

고에서도 당의 각 조직이 자신들의 업무 내용을 공개해야 한다는 점이 다시 강조되었다(王貴秀 2005, 10-13; 王勇兵 2007).

둘째, 당대표대회 제도의 완비다. 당대표대회 제도의 완비를 위해 가장 중점적으로 제기되고 있는 문제는 당대표대회 상임위제의 실시다. 당대표대회는 당내의 최고 권력기관으로, 정책 결정과 감독 기구이고, 당내의 모든 업무를 결정할 권리가 있다. 그러나 당대표는 당대회 개최 기간 동안 당대회 보고에 대한 토론 및 수정 작업, 중대한 사항의 결정, 당위원회 및 기율검사위원회 간부 선출권을 가질 뿐, 당 간부 선출을 위한 후보자 추천권, 제안권, 질의권, 파면권, 그리고 평가권 등에 대한 명확한 규정이 없다. 또한 당대회가 폐회된 이후 당 대표의 활동이 어떻게 이루어져야 할 것인가에 대한 명확한 규정이 없어, 당대표의 활동이 공백 상태에 처해 있는 것이 현실이다(肖立輝·孟令梅 2006, 30). 이에 당대표 상임제, 연 1회 당대회 개최를 정례화하는 연회제(年會制)의 실시, 당대회의 상설 기구화 등을 통해 당대회가 당의 최고 권력과 감독 기관이 될 수 있도록 해야 한다는 주장이 제기된 것이다.[22] 그리해 1988년부터 일부 현급 행정단위에서 시험적으로 실시되어 오던 당대회 상임위제를 2002년 16차 당 대회에서 시급으로 확대할 필요성이 제기되었다. 그 결과 현재 당대회 상임위제는 10여 개 성의 시와 현에서 시범적으로 실시되고 있는 상황이다.[23]

셋째, 당내의 표결제 완비를 통해 전통적인 정책 결정 구조의 문제점을 해결하고자 하였다. 당의 표결제란 당위원회가 중요한 문제의 결정이나 간부를 임명할 때 전체 당위원회의 투표를 통해 결정하는 방식을 말한다.[24]

....

22) 張書林, "黨代會常任制硏究 : 價値, 路徑與爭論," http://www.chinaelections.org/PrintNews.asp?NewsID=109485(검색일 : 2008/12/05), p. 1/1-5(Bar).
23) 鄧達, "黨代表常任制 : 中國政治模式民主化的突破口," http://www.chinaelections.org/PrintNews.asp?NewsID =109484(검색일 : 2008/12/05), p. 3/1-5(Bar).

148

당 표결제가 당의 공식적인 업무 보고에서 정식으로 언급된 것은, 17차 당 대회 보고에서 후진타오가 각 지방의 당위원회가 투표를 통해 중요한 간부를 임명하고 중요한 문제를 결정하도록 해야 한다는 점을 제기하면서부터이다. 그러나 중국 공산당은 2001년 당중앙 조직부가 하이난성(海南省), 산시성(山西省), 샨시성(陝西省), 쓰촨성(四川省), 그리고 저장성(浙江省)의 일부 지역을 당위원회 표결제 개혁을 위한 시범 지역으로 선정하면서부터 실시를 준비해 왔다고 볼 수 있다. 이러한 다양한 지역에서 시범적인 실행을 거친 후, 2004년 공산당 중앙은 당의 규정을 통해 원래 당 상임위가 하급 당정의 정직(正職) 지도자 임명을 결정하던 것에서 당위원회 전체회의에서 투표를 통해 결정하도록 규정함으로써, 당위원회가 간부의 임명 과정에 결정적인 역할을 하도록 했다. 이 결정으로 표결제를 통한 간부 인선은 많은 지방 당 조직으로 확대 실시되어 갔다. 이에 17차 당대회는 이러한 시도들을 긍정적으로 평가하면서, 표결제의 범위를 더욱 더 확대하여 중요한 간부 임명, 중대한 정책 결정, 중요한 프로젝트의 배치, 대규모 자금의 사용 등을 당위원회 전체회의 표결을 통해 결정할 것을 제기했다.[25]

넷째, 상임위원회의 당위원회를 향한 업무 보고 제도의 확립이다. 2003년 당의 16기 3중전회는 중앙정치국이 중앙위원회를 향한 업무 보고를 중앙위 전체 회의의 제1의제로 하였다. 그 후 16기 4중전회, 5중전회, 6중전회, 7중전회상에서 모두 중앙정치국은 중앙위원회를 향해 업무 보고를 하였다. 이는 당 중앙이 솔선수범해 당내 민주화를 실천하려는 의지로 볼 수 있다. 사실 중국 공산당은 지방의 당위원회 전체 회의와 상임위원회의 관계

---

24) 張書林, "推行黨委票決制的思考," http://www.chinaelections.org/NewsInfo.asp?NewsID =124958 (검색일 : 2009/12/25)

25) 張書林, "票決制：黨內民主的"助推器"," http://www.chinaelections.org/NewsInfo.asp?NewsID =132318(검색일 : 2008/12/25).

를 원활하게 하기 위해, 1996년 〈중국 공산당 당위원회의 공작 조례(시행)〉
를 발표하였다. 여기서 당내 법규의 형식에 기초해 당위원회와 상임위의 직
책을 구분하였다. 구체적으로 당위원회는 상임위의 업무 보고를 듣고 심의
하는 역할을 하고, 상임위 및 지방정부의 업무에 대해 감독과 평의를 진행하
는 역할을 한다. 또한 당위원회는 상임위가 제기하고 요구한 문제에 대해 혹
은 당위원회가 행한 기타 중요한 문제에 대해 결정을 해야 한다고 규정하고
있다. 17차 당대회 보고는 더 나아가 중앙정치국의 중앙위를 향한 보고, 지
방 각급 당위 상임위의 당위원회 전체 회의를 향한 정기적인 보고 및 감독을
받을 것을 제기하였다(王勇兵 2007).

다섯째, 당내 선거제도의 완비다. 16대 이래 기층 당 조직의 영도 집단들
은 당원들의 직접선거에 대한 실험을 확대해 왔다. 사실 그동안 추진된 당내
민주화의 최대 성과가 기층 당 조직의 선거제도의 개혁과 혁신이라고 해도
과언이 아니다. 2000년을 전후로 해, 농촌 촌 당지부 서기 및 지부 당위원이
산시(陝西)·후베이·쓰촨 등 일부 성에서 개방식 추천 및 차액 선거와 직접
선거를 실시한 이후, 당내 경쟁 선거는 향진급 당 조직의 영도 집단의 선거
로까지 확대되었다.[26] 이에 당 중앙은 16기 4중 전회에서 "당의 집권 능력
건설 강화를 위한 결정"을 통해 기층 당 조직 영도 집단의 직접선거의 범위
를 점진적으로 확대할 것을 언명함으로써, 이 같은 흐름을 공식적으로 인정
했다. 그리해 2006~2007년 실시된 기층 당 조직 영도 집단의 교체시기에,
거의 모든 성에서 기층 당 조직 지도자들에 대한 직접선거를 위한 실험이 실
시되었다. 17차 당대회 보고에서는 그동안 선거의 성과들을 총괄적으로 평

····················

26) 예를 들면 2001년 쓰촨성 핑창(平昌)현에서 향진당위원회의 영도자들에 대한 직접선거의 실험이 있었
고, 그 후 2004년 말까지 쓰촨성 45개 향진의 당위원회 서기가 공개적인 추천과 직선을 통하여 선출되었
다. 또한 2005년 10월까지 전국 210개 향진에서 공개적인 추천과 직선 실험이 이루어졌다.

가하면서, 후보자 추천 제도와 선거 방식 개선 등을 중심으로 해 선거제도에 대한 제도적 개선책이 제기되었다. 특히 17차 당대회 보고는 기층 당 조직의 지도부는 당원이나 기층 군중이 공개적으로 추천하고, 상급 당 조직이 추천하는 방식을 결합할 것을 제기함으로써, 당원이 아닌 군중들도 당원 영도집단의 후보자 추천 과정에 참여할 수 있도록 하였다.27)

상술한 개혁 조치를 통해서 볼 때, 중국공산당에 의해 제기되고 있는 당내 민주화의 내용은 당내의 다원성에 기초한 경쟁을 강화하고자 하는 민주주의가 아닌, 당의 정책 결정과 운영에 민주적인 요소를 강화하고 제도화해 당 운영의 효율성을 높이고자 하는 데 초점을 두고 있음을 의미한다. 다시말하면 당내의 거버넌스 구조의 변화를 통한 당의 효율성을 제고시키는 데초점을 두고 있음을 알 수 있다.

4. 당내 민주화, 사회 민주화의 돌파구인가?

그렇다면 과연 당내 민주주의의 강화는 사회의 민주주의 발전을 이끌어낼 수 있는가? 앞에서도 살펴보았듯이 당내 민주화는 경제 발전과 시장화에따른 중국 사회 내의 다원적인 이익 갈등 구조의 등장과 민주적 권리에 대한요구로부터 출발했다. 동시에 체제 내로부터 개혁을 통해 공산당이 정치개혁의 주도권을 장악해 사회 경제적 안정을 유지하면서 정치개혁을 추진하겠다는 시도라고 볼 수 있다. 이런 점에서 볼 때, 당 운영의 민주적 절차의 제

27) "胡錦濤 : 推進黨內民主建設 改革黨內選擧制度," 『中國新聞網』 2007年10月15日.

도화를 통한 통치 효율성의 제고를 주요 내용으로 한 당내 민주화론은, 공산당의 통치 효율성의 제고를 통한 정치·사회적 안정성을 제고시키는 데 일정한 기여를 할 수는 있을 것이다. 그러나 이러한 개혁이 사회의 민주주의 발전을 추진할 것으로 보기는 어렵다.

그 이유는 공산당 내 민주주의와 사회의 민주주의가 서로 다른 작동 원리에 기초하고 있기 때문이다. 첫째, 공산당원의 권리는 조건적인 평등권으로, 즉 공산당에 가입하기 위해서는 반드시 정치적인 신념이 일치해야 하고, 어떤 상황에서는 조직의 필요를 위해 개인의 권리를 희생해야 한다. 그러나 당 외의 사회생활에서 공민의 권리는 신념의 제약을 받지 않으며, 공민이 법률을 위배하지 않는 한 어떠한 조직이나 개인도 기본 권리를 침해받지 않는다.

둘째, 당내의 권력은 제약이 필요하지만, 당 조직과 국가권력의 성격 차이로 권력 제약의 형식이 다르다는 점이다. 당 조직은 국가기구와 같이 입법·사법·행정 등의 권력 계통으로 되어 있지 않으며 그럴 필요도 없다. 따라서 비록 당내에도 권력 제약 형식이 존재하나, 권력에 기초한 권력의 제한보다는 권리에 기초한 권력의 제약이 더 주요한 비중을 점하고 있다.

셋째, 당내 민주주의의 범위는 사회의 민주주의보다 그 범위가 훨씬 협소하다는 점이다. 관련된 인원이 적고, 국가의 헌법이나 법률을 준수하는 것 외에, 당내에는 더욱 더 엄격한 조직 기율이 필요하다. 예를 들면, 하나의 통일된 행동으로서 당 조직을 유지하기 위해, 당 조직은 결의 과정을 조직하고, 어떠한 당원도 결의 내용을 외부에 발표하거나 언론에 알리는 것을 불허한다.

넷째, 당내 민주주의는 당의 정치 노선의 제약을 받는다. 이는 어떠한 하나의 조직도 사회에서 생존하기 위해서는 조직의 특수한 요구와 목표를 가져야 하고, 그 조직 내부의 운영 형식은 조직의 요구와 목표의 제약을 받아야 하기 때문이다(高新民 2007, 240).

상술한 이유로, 당내 민주주의의 두드러진 특징은 당내에서 당원의 권리의 향유, 당내 각종 업무에 대한 당원의 참여를 의미한다. 즉 당내 민주화의 기본적 내용은 당원들 내부의 권리와 당의 정책 결정 과정에 대한 당원들의 참여 및 감독에 관한 것으로 당의 조직과 운영 원칙에 관한 것이다(高新民 2007, 241). 따라서 당내 민주주의 원리는 서로 다른 이해관계에 기초한 다원적 사회에서의 다양한 이익 주체를 대상으로 한 사회의 민주주의 원리와는 근본적으로 다르다고 볼 수 있다.

이 점은 결국 당내 민주화는 당내 민주화에 그칠 뿐, 중국 사회의 민주화의 요구를 수용해 사회의 민주주의로 확대되는 것이 어렵다는 것을 말해 준다. 이 같은 맥락에서 중국의 한 학자는 당내 민주화는 정치체제의 민주화가 아니라 정당 내부의 민주화이고, 따라서 중국인 가운데 극소수의 당원만이 민주주의를 확보할 수 있고, 95% 이상의 절대 다수의 비공산당원은 민주주의를 경험할 수 없도록 해 당내 민주화를 정치체제의 민주화를 위한 돌파구로 삼을 수 없다고 비판하고 있다.[28]

한편 일부 지식인들에 의해서 제기되고 있는 당내 다원 민주주의 모델의 강점은, 집권당의 효과적인 정치 통제가 이루어지는 범위 내에서 당의 조직 기율과 절차를 통해 정치 엘리트층 내부에서 민주화 교육과 실험을 진행하는 방식으로 주목받고 있다. 그러나 당내 민주화가 당내 다양한 정파로 발전되는 데는 어려움이 있다. 그 이유는 중국 공산당은 레닌주의 정당으로 고도로 조직화되어 있고, 이데올로기적으로 결합된 군대형 조직이며, 민주집중제 원칙에 기초해 위로부터 밑으로 응집력 있는 통제가 이루어지는 정당이기 때문이다. 따라서 원래 다수의 군소정당이 연합해 형성된 일본의 자민당

....

28) 劉軍寧, "黨內民主, 或憲政民主," http://www.chinaelections.org(검색일: 2008/04/03).

과는 근본적으로 다르게, 공산당 내부로부터 새롭게 분파가 분화되어 다원적인 파벌을 형성하는 것이 쉽지 않다.29)

정치개혁의 돌파구로서 당내 민주화론이 한계를 지니고 있다면, 정치개혁의 돌파구에 대해 현재 중국 내에서 제기되고 있는 다른 주장들에 주목할 필요가 있다. 현재 중국 내에서는 정치개혁의 돌파구로 기층 민주주의, 심의 민주주의, 헌정 민주주의, 인민대표대회의 민주화 추진 등 다양한 대안에 대한 논쟁이 이루어지고 있다. 그러나 기층 민주주의는 국가권력 행사와 직접적으로 관련이 없는 정권 조직이 아닌 기층 자치 조직 수준에서의 민주화라는 점에서 정치개혁의 돌파구로 삼는 데에는 근본적인 한계가 있다고 볼 수 있다. 또한 심의 민주주의는 자유민주주의 국가에서조차도 새로운 민주주의의 대안으로 간주되고 있지 못한 점을 고려할 때, 중국처럼 대의 민주주의가 작동될 수 있는 민주적인 조건이 갖추어지지 않은 조건에서 정치개혁의 돌파구가 되는 것은 한계가 있다.30) 마지막으로 법치, 권력 제한, 권력분립과 견제 등을 주요 내용으로 한 헌정 민주주의를 통해 정치개혁의 돌파구를 찾고자 하는 시각은, 입법·행정·사법의 합치된 의정합일체(議政合一體)로서 인민대표대회에 대한 공산당의 일원적 영도에 기초해 작동되고 있는 현재 중국의 권력 구조에서, 공산당에 의해 수용되기 어려운 한계가 있다.31)

다른 한편, 인민대표대회의 민주화를 주장하는 시각은 현재 중국의 핵심적인 민의 대표 기관인 인민대표대회에 주목하고 있을 뿐만 아니라, 공산당

---

29) 蕭功秦, "新加坡的'選擧權威主義'及其啓示兼論中國民主發展的基本路徑," http://www.chinaelections. org/PrintNews.asp?NewsID=107909(검색일: 2008/12/04), p. 7/1-9(Bar).

30) 심의민주주의의 문제점에 대해서는 Maion(1987, 338-368), Stokes(1998) 참조.

31) 헌정주의와 중국의 권력 구조의 특징에 대해서는 다음 논문을 참조할 것. 陳奎德, "中國的憲法與憲政," http://www.chinaelections.org/PrintNews.asp?NewsID=17414(검색일: 2008/09/24), p. 1-7/1-7(Bar); 劉文靜, "憲政制度在近代中國爲什麽難以確立," http://www.chinaelections.org/PrintNews.asp?NewsID =112204(검색일: 08-9-24), p. 1-6/1-6(Bar).

에 의해 수용 가능한 대안이라는 점에서 의미 있는 주장이라고 볼 수 있다. 이 시각은 인민이 선거를 통해 대표를 선출하고, 이들 대표가 인민대표대회를 통해 국가권력을 조직해 권력을 행사하도록 해야 한다고 주장한다. 그리고 인대가 국가권력을 행사하는 데 합법성을 지니고 있기 때문에, 공산당이라 하더라도 인대를 통해 정부에 대한 영도를 실현해야 하며, 당의 의지를 국가 의지로 변화시켜야 한다는 것이다. 따라서 인민대표대회의 민주화 수준이 중국 민주주의 발전 수준을 결정하기 때문에, 인대 제도의 개혁이 진행되어야 한다는 것이다.32) 그러나 이 시각 역시 영도적인 지위를 점하고 있는 공산당이 구체적으로 어떻게 인민대표대회를 통해 당의 의지를 국가 의지로 전환시켜야 되는가에 대한 대안을 제시하고 있지 못하다는 점에서 한계가 있다.

이런 점에서 공산당원을 인대에 진입시켜 이들이 인대를 장악해 통치하도록 해야 한다는 한 학자의 주장은 주목할 가치가 있다. 그는 현재 중국의 정치체제하에서 당이 정부를 영도하는 것은 불가피하다. 그러나 비록 공산당이 절대적인 영도적 지위를 차지하고 있어 공산당이 서방식 의회제하의 정당과 동일할 수 없지만, 공산당 또한 인민대표대회를 통해 정부를 형성하고 감독하며, 정부의 교체를 실행할 수 있다는 것이다. 구체적으로 싱가포르의 인민행동당이 우수한 인재를 선발해 당에 입당시키고, 선거를 통해 의회로 진입해 집권을 하는 것처럼, 중국 공산당 역시 당내 민주화를 통해 민주적으로 훈련된 우수한 당원들을 양성하고 이들 공산당원이 각급 인대로 선출되어 진입하도록 해 집권을 하도록 하면 된다는 것이다. 바로 이 같은 방법을 통해 당과 정부의 관계를 해결할 수 있을 뿐만 아니라, 당내 민주화와

....

32) 尹冬華, "人大民主應成爲中國政改的火車頭," p. 2/1-6(Bar).

사회 민주를 결합시킬 수 있을 것이라고 주장한다(鄭永年 2008).

5. 결론

당내 민주화를 통한 사회 민주화의 추진은 현재 중국의 정치개혁 경로에 대한 주류 담론으로 자리 잡고 있다. 이 같은 시각은 중국 사회에서 상대적으로 정치적인 소질이 높고 조직화 수준이 높은 엘리트 집단인 공산당 내부의 민주적인 개혁을 통해, 공산당의 통치 능력을 강화하고 동시에 사회의 민주화를 추진하는 데 있어 모범이 되도록 해 사회의 민주주의 발전으로 전환시키겠다는 구상이다. 또한 공산당의 개혁을 통해 공산당이 개혁 과정을 주도하면서 정치 사회적인 안정을 유지하면서 정치개혁을 추진하겠다는 의지의 반영이라고 볼 수 있다.

당내 민주화가 정치개혁의 돌파구가 되기 위해서는 당내 민주화가 제기된 배경, 즉 경제 발전과 시장경제 체제로의 전환에 따른 사회 내의 다원적 이익 갈등의 증가와 민주화에 대한 요구에 부응할 수 있어야 한다. 그러나 당내 민주화의 원리와 사회의 민주주의 원리는 근본적으로 다르다. 즉 공산당이 추진하고 있는 당내 민주화의 주요 내용이 당의 정책 결정과 조직 운영 과정에서 민주적인 절차의 제도화를 추진하는 데 초점을 맞추고 있지만, 이는 공산당 조직 내 당원들의 민주화에 한정된 것이다. 이는 사회 내의 다양한 이익 관계에 의해 조직된 각종 사회단체나 개인들의 다원적인 이해관계를 반영해야 하는 사회의 민주주의 논리와는 근본적인 차이가 있다.

결국 당내 민주화는 공산당원에게 민주주의를 경험하게 할 수 있지만, 모든 중국인이 민주적인 정치를 경험하도록 하는 데는 한계가 있다. 이는 중

156

국 공산당이 제기하고 있는 정치개혁의 경로인 당내 민주화를 통한 사회 민주화의 추진이 현실적으로 민주적 정치개혁을 이끌어 내는 데 의미 있는 대안이 될 수 없음을 의미한다. 다만 공산당의 개혁을 통한 통치 능력의 강화에 머무르는 데 한정될 것이다.

그렇다면 현 시기 중국 공산당에 의해 수용 가능하면서, 당내 민주화를 사회의 민주주의 발전으로 연결할 수 있는 대안은 존재하는가? 필자는 이 질문에 대한 대답으로 중국의 한 학자에 의해 제기되고 있는 '인민대표대회를 통한 공산당의 영도'라는 싱가포르식 통치 방식에 주목할 필요가 있다고 본다. 그 이유는 개혁 과정에 대한 공산당의 주도적 지위를 보장해 줄 수 있어 공산당에 의해 수용 가능하면서도, 동시에 공산당의 민주화와 인민대표대회를 통한 사회 민주화를 결합할 수 있는 강점이 있기 때문이다.

그러나 이 방안 역시 현실적으로 가능한 대안이 되기 위해서는 공산당의 민주적인 개혁이 실질적으로 추진되어야 할 뿐만 아니라, 사회의 민주주의를 실현할 수 있는 제도로서 인민대표대회가 근본적으로 변화되어야 한다. 이 과정이 성공적으로 추진된다면, 공산당의 권위주의적인 통치하에서 제한된 민주주의를 실현하는 이른바 중국 특색의 민주화 경로가 될 수도 있을 것이다. 그러나 이 과정은 자유주의적 헌정 체제를 향한 개혁만큼이나 길고도 어려운 과정이 될 것이다.

참고문헌

이정남. 2008. "'중국 특색의 민주주의론' : 새로운 민주주의 모델의 모색인가?" 2008년 현대 중국학회 베이징국제학술회의 발표 논문(10월 26일).

이종석. 2000. 『새로운 현대 북한의 이해』. 역사비평사.

陳奕敏. 2007. "基層民主化與民主基層化." 『中國改革』 第9期.

俞可平·裴智勇. 2008. "30年盤點 : 中國民主增量發展." 『人民日報』 12月3日.

尹冬華. 2008. "人大民主應成爲中國政改的火車頭," http://www.chinaelections.org(검색일: 2008/04/04).

尤澤勇. "人代會不妨先改起來," http://www.chinaelections.org/NewsInfo.asp?NewsID= 123494(검색일: 2008/04/03).

陳家剛. 2008. "協商民主與當代中國的政治發展." 『北京聯合大學學報(人文社會科學版)』 第2期.

徐友漁. "從憲政民主角度看民主社會主義," http://www.chinaelections.org/NewsInfo.asp?NewsID =108303 (검색일: 2008/10/25).

劉軍寧. "黨內民主, 或憲政民主," http://www.chinaelections.org(검색일: 2008/04/03).

林尙立. 2002. 『黨內民主』. 上海社會科學出版社.

王貴秀. 2001. "關於發展黨內民主問題." 『中國黨政幹部論壇』 第11期.

_____. 2005. "黨務公開勢在必行." 『中國黨政幹部論壇』 第1期.

肖立輝 等著. 2006. 『中國共産黨黨內民主建設研究』. 重慶出版社.

肖立輝·孟令梅. 2006. "推進黨內民主的障礙性因素." 肖立輝 等著. 『中國共産黨黨內民主建設 研究』. 重慶出版社.

蕭功秦. "從政治發展角度看黨內民主化論," http://www.chinaelections.org/NewsInfo.asp?NewsID =123606(검색일: 2008/03/03).

_____. "新加坡的選擧權威主義及其啓示兼論中國民主發展的基本路徑," http://www.chinaelections.org/ PrintNews.asp?NewsID=107909(검색일: 2008/12/04).

胡偉. 1999. "黨內民主與政治發展: 開發中國民主化的體制內資源." 『復旦學報(社會科學版)』 第 1期.

_____. 2002. "關於'黨內民主'的若幹問題的思考." 『江蘇行政學院學報』 第4期.

趙晶 輯. 2007. "中國政改線路 : 以黨內民主帶動人民民主." 『中國共産黨新聞網』 10月21日.

王勇兵. 2007. "從黨政分開到黨內民主: 政治體制改革突破口的轉變." 王長江 主編. 『黨內民主制 度創新』. 中央編譯出版社.

周天勇·王長江·王安嶺. 2007.『攻堅: 中國政治體制改革研究報告』. 新疆生産建設兵團出版社.

_____. 2007. "解讀十七大報告關於黨內民主建設的論述." 『學習時報』10月30日.

本刊編輯部. 2006. "'發展黨內民主專題研討觀點綜述." 『黨建研究』(1月), http://www.world-chi-na.org/article_view.asp?ID=1459(검색일 : 2008/12/23).

趙迪. 2008. "論以黨內民主促進社會民主." 『重慶科技學院學報(社會科學版)』第3期.

陳兆德·徐騰. 2004. "以黨內民主推進人民民主-中國政治發展的路竟選擇." 『甘肅理論學刊』第1期 總第161期(1月).

唐曉淸. 2008. ""黨員主體": 黨內民主的核心理念." 『遼寧日報』5月12日.

張榮臣. "改革開放三十年黨內民主建設的回顧與思考," http://www.chinaelections.org/PrintNews.asp?NewsID=137920(검색일: 2008/12/02).

尹學明·任中平. 2008. "以黨內民主推動人民民主:基於成都市基層民主的調査." 『理論與改革』第2期.

蔡霞. "黨內民主: 探索與問題," http://www.world-china.org/newsdetail.asp?news-id=2167(검색일: 2008/12/23).

張書林. "黨代會常任制研究: 價值, 路徑與爭論," http://www.chinaelections.org/PrintNews.asp?NewsID=109485(검색일: 2008/12/05).

_____. "票決制 : 黨內民主的'助推器'," http://www.chinaelections.org/NewsInfo.asp?NewsID=132318(검색일: 2008/12/25).

鄧達. "黨代表常任制 : 中國政治模式民主化的突破口," http://www.chinaelections.org/PrintNews.asp?NewsID=109484(검색일: 2008/12/05).

高新民. 2007. "關於黨內民主的若幹思考." 王長江 主編. 『黨內民主制度創新』. 中央編譯出版社.

劉軍寧. "黨內民主, 或憲政民主," http://www.chinaelections.org(검색일: 2008/04/03).

陳奎德. "中國的憲法與憲政," http://www.chinaelections.org/PrintNews.asp?NewsID=17414(검색일: 2008/09/24).

劉文靜. "憲政制度在近代中國爲什麼難以確立," http://www.chinaelections.org/PrintNews.asp?NewsID=112204(검색일: 2008/09/24).

鄭永年. 2008. "中共黨內民主與黨政關系." 『聯合早報』8月5日.

"兪可平談'中國模式'與'普世價值': 訪中央編譯局副局長兪可平," 『北京日報』2008年11月18日.

"中國的民主政治建設白皮書(全文)", http://news.sina.com.cn/c/2005-10-19/11208053056.shtml(검색일: 2008/07/16).

"溫家寶 : 靑年要繼承五四傳統:溫家寶五四靑年節看望北師大學生," 『新華網』(2006/05/04).

"溫家寶再談鄕鎭直選:溫家寶訪歐前接受歐洲媒體朵訪," 『中國新聞網』(2006/09/06).

"溫家寶談社會主義初級階段的曆史任務和對外政策,"『新華網』(2007/02/27).

"全國人大會議開幕 溫家寶作政府工作報告(全文),"『人民網』(2007/03/05).

"中央黨校專家:較高水平政治民主需60年," http://www.chinaelections.org/NewsInfo.asp?
　　NewsID=125351(검색일: 2008/05/28).

"沿著有中國特色的社會主義道路前進: 在中國共産黨第十三次全國代表大會上的報告(一九八七年
　　十月二十五日)", http://news.xinhuanet.com/ziliao/2003-01/20/content_697061.htm
　　(검색일: 2009/01/05).

"全面建設小康社會, 開創中國特色社會主義事業新局面: 在中國共産黨十六全國代表大會上的
　　報告"(2002/11/18), http://www.cs.com.cn/csnews/20021118/300508.asp(검색일:
　　2008/12/20).

"中共中央關於加強黨的執政能力建設的決定"(2004年9月19日中國共産黨第十六屆中央委員會第
　　四次全體會議通過), http://www.chinaelections.org/NewsInfo.asp?NewsID=61020
　　(검색일: 2008/12/25).

"高擧中國特色社會主義大旗幟, 爲奪取全面建設小康社會新勝利而奮鬥: 在中國産黨第十七次
　　全國代表大會上的報告"『人民網』(2007年10月15日).

"胡錦濤: 推進黨內民主建設 改革黨內選擧制度."『中國新聞網』2007年10月15日.

Maion, Bernard. 1987. "On Legitimacy and Political Deliberation," *Political Theory* vol.15,
　　no.3.

Stokes, Susan C. 1998. "Pathologies of Deliberation." Jon Elster eds. *Deliberative
　　Democracy*. Cambridge: Cambridge University Press.

포스트 사회주의 중국의
문화 민족주의와 재현의 정치학[*]

임춘성

1. 이끄는 글

2008년 지구촌의 최대 화제는 베이징 올림픽이었다. 세 번의 도전 끝에 거머쥔 올림픽 개최는 중국에게 아편전쟁 이래 굴욕과 좌절로 점철된 근현대사를 딛고 새로운 단계로 나아가는 전환점이었다. 그것은 최근의 급속한 경제성장을 바탕으로 중화 대국의 부흥을 가능케 하는 국가적 욕망과 인민의 염원을 담은 프로젝트가 되었다. 냐오차오(鳥巢)라는 이름을 가진 주경기장의 준공은 물론, 국가대극원(國家大劇院) 등의 문화 예술 관련 건축물들의 완공은 이제 베이징 시티 투어의 노선을 바꿨다. 중국은 베이징 올림픽을, 스포츠 행사에 그치지 않고 중국 전통문화를 만방에 선양하는 기회로 삼아 문화 올림픽의 기획에 총력을 기울였다. '2008년 8월 8일 오후 8시 8분 8초.'

....

[*] 이 글은 『문화과학』 54호에 실린 글을 토대로 수정, 보완했다.

중국인들이 행운의 숫자로 믿고 있는 8이 여섯 개나 중복되는 개막 일시는, 중국인들이 이 행사에 얼마나 많은 의미와 주술을 걸고 있는지를 간접적으로 시사한다. 중국 본토인과 아시아 국가 내 화교를 결집하려는 중화주의의 문화적 기획들은 1997년 홍콩 이양과 2000년 타이완의 정치 지형의 변화를 계기로 표면화되기 시작했고, 2008년 베이징 올림픽을 기점으로 최고조에 달할 것으로 예상할 수 있다(이동연 2006, 202)는 진단이 단순한 기우(杞憂)가 아님을 반증하고 있다.

2008년은 또한 개혁·개방 30주년을 맞는 해였다. 서세동점 이래 구국과 부강을 위한 운동은 실패의 연속이거나 불완전한 승리였고, 1949년 신중국 건설은 사회주의 국가 건설기로 새로운 도약의 단계에 들어가는 듯했으나, 결과적으로 사회주의 30년 역시 또 다른 시행착오의 긴 시간이 되어 버렸다. 1978년 이후 덩샤오핑(鄧小平)의 '사회주의 현대화'의 실험은 정치 경제적인 면에서 일정한 성공을 거두었을 뿐만 아니라 이를 바탕으로 국제사회에서의 외교적 무게와 위상도 제고되고 있어 전 세계가 중국을 괄목상대하고 있다. 개혁·개방 30년 동안에 보여 준 비약적인 발전은, 아편전쟁 이후 근 170년에 걸쳐 점철되었던 중국인의 좌절과 눈물을 위로하고 보상하는 데에서 나아가, 중화 민족으로서의 자신감과 자부심을 회복하는 발판을 마련했다. 중국은 이제 베이징 올림픽을 계기로 과거의 영광을 되찾고 새로운 중국의 부흥을 도모하려 하고 있다.[1]

중국은 근대 이후 '하나의 중국'을 표방해 왔고, 이번의 베이징 올림픽 역시 '하나의 세계, 하나의 꿈'(同一個世界, 同一個夢想)이라는 구호를 내걸고 있지

---

1) 올림픽 축제 준비 와중에 발생한 쓰촨(四川) 대지진은 그야말로 청천벽력(靑天霹靂)이었다. 1,240만 명이라는 엄청난 숫자의 이재민을 발생시키고 아직도 여진의 위험을 안고 있는 대재앙은 그 정확한 원인은 보도되지 않았지만, 개발로 인한 자연 변형의 가능성이 원인의 하나로 제기되었다.

만 그 준비 과정을 지켜보는 내외의 시선은 하나가 아닌 복수였다. '하나'를 강조하는 캐치프레이즈 이면에는 복수의 갈등과 복수의 역사가 존재하고 있음을 말하는 것이다. 올림픽을 바라보는 시선, 티베트 사태를 바라보는 시선, '개혁·개방'의 성공을 바라보는 시선, 중국의 경제 발전을 바라보는 시선에는 이미 도농 간의 갈등을 넘어 계층 간의 갈등, 빈부 격차 등, 결코 간단치만은 않은 수많은 사회적 욕망과 좌절과 불안의 시선이 교차하며 도사리고 있다.

중국은 이제 갈등과 위험을 화해와 봉합으로 성공적으로 전환시킬 수 있는 맞춤한 계기가 필요했으며, 그 전환점에 올림픽 축제가 하나의 기호처럼 작동했던 것이다. 그 기호를 공공연하게 혹은 은밀하게 작동시키고 있는 것은 국가가 주도하고 있는 '문화 민족주의'다.

이 글에서는 우선 문화 민족주의의 양면성에 대해 이론적 검토를 한 후, 포스트 사회주의[2] 시기 국가주의가 개입하고 있는 중국의 문화 민족주의를 '재현의 정치학'과 연계시켜 고찰하고자 한다.

· · · · · · · · · · · · · · · · · ·

2) 1976년 문화대혁명(이하 문혁)이 종결되고 2년여의 과도기를 거쳐 1978년 12월 '사회주의 현대화(現代化)'를 구호로 내세운 덩샤오핑의 개혁·개방이 시작되었다. 이후 중국에서 30년의 시간을 개괄하는 데 '포스트 사회주의'(post-socialism)는 유용한 개념이다. 개혁·개방은 사회주의를 전면 부정하는 듯하지만 심층적으로는 그 자장(磁場)에서 자유롭지 못하다. 그 주체들도 그로부터 벗어나려 애를 썼지만 커다란 그물에서 벗어나지 못하고 있다. 그러므로 '사회주의 30년과 개혁·개방 30년'은 최소한 60년이라는 중기적 관점에서 고찰해야 한다. 나아가 중기 60년은 1840년의 아편전쟁까지 거슬러 올라가는 '근현대' '장기 지속'(longue durèe)의 관점에서 고찰할 필요가 있다. 중기-장기 지속의 개념은 페르낭 브로델(Fernand Braudel)의 시간 개념을 차용한 것이다. 브로델은 '초장기 지속(teès longue durèe)-장기 지속(longue durèe)-중기적 시간대(conjuncture)-사건사의 시간대'로 나누는데, 그 기준은 장기간 지속되는 시간대를 가리키는 장기 지속이다. 장기 지속보다 더 긴 시간대가 초장기 지속이고 그보다 짧은 중기적 시간대, 단기에 해당하는 사건사의 시간대. 그는 네 가지 시간대가 병렬되어 있는 것이 아니라 중첩되어 있다고 본다. 브로델(1996) 참조.

2. 문화 민족주의의 양면성

사실 문화 민족주의가 부정적인 것만은 아니다. 최근 중국의 소장 학자들은 문화 민족주의에 대해 전반적으로 긍정적인 평가를 내리고 있다. 문화 민족주의가 전면 서화를 반대하지만 문화 보수주의는 아니라면서 그것이 문화의 근현대화를 기본 소구(訴求)로 삼는다는 주장(孟凡東·何愛國 2007, 79)[3]을 펴기도 하고, 문화 민족주의를 민족국가에 대한 근현대적 소구와 신형 민족문화 재건의 기대를 가지고 있던 문화 다원주의의 일종(暨愛民 2007, 48)으로 보기도 한다. 제국주의 침략이라는 근현대 역사를 고찰할 때 문화 민족주의의 긍정적인 역할을 충분히 이해할 수 있지만, 보수주의와의 결합 가능성을 배제하고 다원주의로 발전할 수 있는 계기에 대한 고찰을 소홀히 하는 것은 문화 민족주의의 부정적 측면에 대한 성찰이 부재한 것으로 보인다.

한편, 20세기 초 문화 민족주의를 추적한 김월회는 문화 민족주의가 중국 역사를 배후에서 구축해 온 전통적 문화 심리 구조의 근대적 변용(變容)일 가능성을 제시하는 동시에, 그것이 1840년대의 '사이장기론'(師夷長技論), 1860년대의 '중체서용론'(中體西用論) 및 1890년대 중반 이래의 '변법유신론'(變法維新論)을 이어받은 근대 기획의 일환이었을 가능성을 이론적으로 검토했다. 그 결과 문화 민족주의가 중국 근대사상 처음으로 중체(中體)로서의 중국 전통과 서체(西體)로서의 서유럽 근대를 중국적 근대의 양대 연원으로 통일적으로 활용했을 가능성과, 문화적 근대가 중국적 근대의 핵심적인 내용일 가능성을 제시했다(김월회 2001, 161).[4] 그의 논의대로라면, 문화 민족주의

....

3) 그 세 가지 소구(訴求)는 다음과 같다; 중국 근현대화는 우선 중화 민족문화와 민족의식을 부흥시켜야 한다. 민족문화 부흥은 민족문화 전통을 존중하고 이해하며 새롭게 해석해야 한다. 시대정신과 세계 문화를 융합해 민족문화의 근현대화를 추동해야 한다.
4) 문화 민족주의는 20세기 초의 시대 상황과 중서 문화의 소통 추구, 복고적 경향 및 진/위의 인식 틀 출현 등

는 공시적으로는 20세기 초 중국의 근대 기획의 지도 이론이었고, 통시적으로는 전통적인 외래 문명 수용 양식의 20세기 초의 변용이었다. 천성림 또한 20세기 중국 민족주의의 형성과 전개를 고찰하면서, 문화적 민족주의가 20세기 초에 처음 모습을 드러냈을 때 '문화구국', '학술구국'을 구호로 삼아 중국인의 민족적 정체성을 추구했고, 제국주의의 문화 침략을 반대했으며, 중국 사상계의 맹목적 서유럽화를 저지하고, 중국인의 민족문화에 대한 자신감을 제고하는 등의 방면에서 중요한 작용을 발휘했다고 주장하고 있다 (천성림 2006, 189). 1905년 국학보존회(國學保存會)의 국수(國粹) 운동, 1920년 대의 국고파(國故派)와 학형파(學衡派), 그리고 1930, 40년대의 중국 본위의 문화 건설론과 항전 시기의 학술 활동, 현대의 신유가(新儒家) 등이 그 대표적인 예이다.

문화 민족주의의 상위 개념인 민족주의에 대한 검토가 필요하다. '비판적 중국 연구'를 내세우는 이희옥은 현대 중국의 민족주의 성격을 저항적 민족주의, 수동적 민족주의, 동원 민족주의, 발전 민족주의로 구분하면서, "건국 이후 중국 민족주의는 사회주의와 시장의 관계 속에서 적절하게 통제되었다"(이희옥 2004, 241)고 본다. 그러나 "사회주의 이데올로기의 공백을 잠정적으로 채워 나가야 하는 현실적 필요에 의해 동원된" 애국 민족주의는 "사회주의의 본래 가치나 민주주의의 요구를 후퇴시킬 수밖에 없"는 것이다. 이희옥과 대척점[5])에 서있는 김희교는 '애국주의'가 "중국이 개혁·개방 정책

....

과 같은 신흥 시대정신 아래에서 '原道'와 '古己有之'의 문화 심리 기제에 의거하여 창출하고자 했던 문화적 근대로서의 중국적 근대국가의 건설을 위한 청사진이었다(김월회 2001, 167).

5) 김희교는 탈식민적 입장에서 기존의 중국 담론을 신식민주의라고 비판했고, 이에 대해 이희옥(2004) 등이 반박했으며, 김희교(2003)는 그에 대해 재비판했다. 양자 간의 핵심 쟁점은 중국 사회주의의 의미에 대한 해석이라 할 수 있다. 즉 이희옥이 "그동안 중국 문제는 중국 공산주의 운동사에서 대중노선과 사회주의적 우애의 한 전범을 이루었던 옌안 작풍에 대한 따뜻한 시선만으로 한국 사회에 비판적 성찰의 계기를 제공했다. 하지만 이제는 사회주의의 이름으로 행해지는 사회주의의 왜곡과, 모호성을 특징으로 하는 과도한

을 시행하면서 사회주의 이념을 대체하기 위하여 대대적으로 진행한 국민 교육이자 중국민 사이에 고양된 국민 이데올로기"로 설정하고, 그것을 '신중화주의' 또는 '중화 패권주의'로 해석하는 것을 경계하며, '발전주의적 제3세계 민족주의'(김희교 2006, 310)에 가까운 것으로 보고, 그것이 "제국주의와 패권주의를 견제하는 역할을 수행했다는 것도 기억할 필요가 있"음(김희교 2006, 311)을 강조하고 있다.

민족문화를 선양함으로써 제국주의 침략에 저항하고 독재 정권의 억압에 맞서는 긍정적인 요소를 가지고 있음에도 불구하고, 신해혁명 이후 중국의 문화 민족주의는 부침을 거듭하면서 국가주의와 사회주의적 요소 등의 개입으로 인해 '변질'되는 과정을 겪는다. 냉전 시기 이후 중국의 민족주의를 사회주의와 발전주의라는 두 모순적 요소의 혼재로 파악하는 백승욱이 보기에 "저항의 이데올로기로서 민족주의가 담고자 했던 반근대성의 요소"는 국가주의적·발전주의적 민족주의에서는 말할 것도 없고 사회주의적 민족주의에서도 탈각되어 가고 있으며, 이는 애국주의라는 담론을 강화시키면서 중화 민족이라는 만들어진 신화를 강화하는 국가 중심주의의 형태로 나타나고 있다(백승욱 2007, 165, 167). 한류 문화 자본을 고찰하며 문화 민족 자본주의의 국가주의적 성격을 경계한 이동연은 문화를 매개로 한 국가주의적인 개입이 문화 민족주의적 성향을 드러내며 동아시아에 일정한 정치적·외교적 헤게모니를 행사한다고 분석했다(이동연 2006, 188). 이는 중국의

민족국가 논리를 재검토해야 할 시점이 되었다"(2004, 240). "무늬만 사회주의"인 중국의 현실을 비판적으로 바라보아야 한다고 주장하는 것에 반해, 김희교는 이희옥 등의 주장을 한국의 주류 중국 담론과 무의식적 공모 관계에 있는 신식민주의적 견해로 비판(김희교 2003)하면서, 중국 사회주의가 가지고 있는 비판적 저항의 계기를 보아 내야 한다고 주장하고 있다. 이들의 비판과 반박은 한국의 중국 연구자들에게 여러 가지 유효한 측면을 제공하고 있지만, 그 가운데에는 사회구성체 논쟁의 '주타방'을 연상시키는 측면도 존재한다.

문화 중화주의, 일본의 연성 국가주의, 한국의 한류 문화 자본으로 현현하고 있는데, 자국 문화에 대한 국가적·대중적 자부심을 표출하는 새로운 형태의 국가주의다.

2천5백 년 이상의 기록된 역사를 가지고 있고, 그 시기 대부분 세계 일류 국가였던 중국. 그러나 아편전쟁을 전환점으로 실패와 좌절의 나락으로 떨어졌던 중국. 사회주의 30년을 통해 정치적 주체성을 확립한 후 개혁·개방 30년을 거쳐 경제적 자립도 확립한 중국. 이 중국이 베이징 올림픽을 계기로 문화 중국의 부흥을 만방에 선포하려 한다. 그러나 개혁·개방 이후 급격한 상업화로 인해 정체성의 위기와 소수민족의 분리 움직임이 나타나면서 1980년대 후반부터 다시 등장한 문화 민족주의는 겉으로는 유가를 비롯한 '국학열'로 나타나고 있지만, 그 이면에는 과거의 천하적 세계 질서를 재편하여 동아시아의 맹주가 되려는 정치적 목적이 드리워져 있음을 부인할 수 없다(천성림 2006, 204).

중국 공산당은 신민주주의 혁명기 내내 영화의 선전 기능에 주목했다.[6] 사회주의 30년 동안 영화의 선전 기능은 과잉되었고 나중에는 민중의 마음에서 이반되어 홀로 독백하는 이데올로기의 염불이 될 지경에 이르렀지만, 최근의 영상물은 사회주의 30년의 경험과 교훈을 거울로 삼아 '즐거움에 가르침을 얹는'(寓教於樂) 전술을 잘 활용하고 있다. 재미와 흥미를 중시하여 제작하되 그 안에 모종의 교시와 선전을 잘 버무려 넣고 있다. 1990년대 후반 이후 영상물 재현을 통해 '중화 민족 대가정', '문화적 중화주의'를 선양하면서 국민의 통합을 유도하고 있다. 영상은 급속히 보급된 텔레비전·디브이

---

6) 1931년 '좌익희극작가연맹'은 중국 영화 운동에 참여할 필요성을 인식했다. 샤옌(夏衍), 톈한(田漢) 등 거물급 작가들이 영화계에 뛰어들어 시나리오 각색에 참여했고 쑨위(孫瑜), 차이추성(蔡楚生) 등 감독들이 당원으로 활동했다.

디·컴퓨터의 도움을 받아 안방 깊숙이 영향력을 행사하고 있으며, 중국 정부와 문화계 지도자들은 이 점을 충분히 인지해 잘 활용하고 있다.

3. 대국의 좌표와 부흥의 꿈 : 〈대국굴기〉와 〈부흥의 길〉

1980년대 말 중국 중앙TV에서 제작한 6부작 〈하상〉(河殤)[7]은 중국인의 상징인 '황하(黃河)의 죽음'을 선고함으로써 커다란 논란을 불러일으켰다. 황제(黃帝)의 후손, 황하의 아들을 자처하는 중국 민족이 왜 좌절하고 비운의 역사를 겪어야 했는가를 중국 문명에 대한 비판과 감성적 접근으로 녹여 낸 영상물이다. 이 다큐멘터리는 중국 근현대가 지닌 굴욕과 좌절의 역사적 근원을 중국 문명의 몰락에서 찾고 있으며, 그에 대한 거국적 '반성적 사유'를 토대로 하고 있다는 점에서 대대적인 호응과 영향을 불러일으켰고 이른바 '하상 현상'을 낳기도 했다. 그 주제 의식은 농업을 근간으로 하는 중국의 대륙 문명이 상공업을 중심으로 한 해양 문명에 의해 침략을 당했다는 점에서 〈대국굴기〉(大國崛起)와 비슷하다. 그러나 사상과 형상을 결합한 〈하상〉의 진지한 접근은 정치적 비판과 정부의 간섭을 야기했고,[8] 그로 인해 〈하상〉의 문제 제기는 미해결로 남게 되었다.

....

7) 셰쉬안준(謝選駿)이 기획하고 샤쥔(夏駿)이 감독한 〈하상〉이 1988년 6월 16일 처음 방영된 뒤로 광범한 토론과 논쟁이 벌어졌다. 1988년 단행본으로 출간(現代出版社)되었는데 국내에도 번역되었다. 蘇曉康·王魯湘(1989) 참조.
8) 방영 이듬해 발발한 '6·4 톈안먼 사건'의 사상적 선도가 되었다는 평가를 받았다. 실제로 톈안먼 사건 이후 〈하상〉은 '부르주아 자유화', '허무주의' 사상의 전형이라는 비판을 받고 방송이 금지되었으며 단행본은 출판 금지되었다.

그로부터 18년 뒤 중앙TV에서 제작한 〈대국굴기〉[9]는 15세기부터 해양으로 진출해 강대국이 된 9개국의 부침을 다루고 있다. 해양 세력의 원조인 포르투갈과 스페인, 해상 경제력을 바탕으로 17세기 세계 최초로 증권거래소와 은행을 설립한 네덜란드, 1688년 산업혁명에 성공하고 시장경제를 확립한 잉글랜드, 1789년의 프랑스 대혁명과 공화정, 1871년 뒤늦게 민족 통합을 이룬 통일 도이치, 개항 후 전면 서화 학습에 나선 일본, 뒤늦게 서유럽을 학습한 러시아, 그리고 독립 후 적극적으로 대학을 설립하고 과학기술의 선두에 선 미국이 그들이다. 이 작품은 〈하상〉의 비관적이고 반성적인 아우라와는 달리, 세계사를 주도한 강대국의 홍성과 그 원인을 낙관적이고 적극적인 자세로 분석했다. 뿐만 아니라 관점도 새로워졌다. 이들 강대국은 이전에 서세동점(西勢東漸)의 주역인 제국주의 국가들이었다. 마오쩌둥(毛澤東)의 신민주주의 혁명은 이들을 반대하는 반제(反帝)의 구호를 첫머리에 내세웠었다. 그런데 〈대국굴기〉는 이들이 산업화와 시장경제로 대변되는 '근현대화'(modernization)에 성공해 강대국이 되었고, 중국은 이들을 학습해야 한다는 점을, 그것도 매우 열렬하게 따라잡고 학습해야 한다는 점을 명확하게 밝히고 있다.

〈대국굴기〉의 인터뷰에서 월러스틴(Immanuel Wallerstein)은 이렇게 말하고 있다. 모든 강대국은 자국의 이익에 맞는 세계 질서를 구축하려 했고 그들은 항상 그 질서를 위한 대책과 계획을 세웠지만, 후발 국가들은 이 질서를 깨려고 시도했으며 강대국을 추월하려고 노력했다고. 이 질서 구축과 추월 노력의 충돌이 두 번의 국제 전쟁이었음을 우리는 잘 알고 있다. 〈대국굴기〉에서는 이 교훈을 되새기면서 각국의 성공 원인을 분석하고, 왜 다시 그

9) 중국 중앙방송국(CCTV)이 2년여의 시간을 들여 제작한 다큐멘터리 〈대국굴기〉는 2006년 11월 13일부터 24일까지 경제 전문 CCTV 채널 2에서 방영해 시청률 60%를 웃돌았다.

들이 실패하고 역사의 무대에서 사라졌는지 그 패인을 추적해 들어간다. 그리고 결론은 독재보다는 민주를, 강압과 억압에 의한 인민 강제보다는 인민 자율의 보장을, 무력과 물질의 힘보다는 문화의 힘을 선택해야 한다고 역설한다.

그러나 '대국굴기'의 말발굽에 스러져간 약소국가와 약소민족, 약소한 인간들, 대국이 되는 길에 있었던 엄청난 폭력과 비인간적인 만행들은 '대국굴기'라는 빙산을 떠받치고 있는 무거운 무게로 남아 있다. 거기에는 국가와 민족만 있고 개인은 없었으며, 발전과 확장과 성장만 있되 그늘과 소외는 전혀 고려되지 못했다. 도도한 발전 메커니즘과 그것에만 초점이 집중되어 있다. 자국의 역사를 대상화해 본 경험이 없는 나라가 지구의 저편에서 세계를 좌지우지하고 있으며, 국가와 민족을 대상화해 반성과 성찰을 해본 적이 없는 중국이 근거리에서 대국으로의 굴기를 준비하고 있는 중이다. 중국은 목하 '조화 사회론'을 말하고 있지만, 그것은 경제성장의 상승 국면에서 나온 정치 이데올로기이거나 고도의 외교술에 불과한 듯 보인다(유세종 2007, 64-65). 재미있는 것은 세계 각국의 국가 경쟁력과 권력 분점, 법치와 교육 등 제도적 강점을 집중 부각하고 있는 다큐멘터리의 심층에 존재하는 '재현의 정치학'이다. 이 시리즈에서 중국은 부재한다. 어디에서도 중국에 관한 이야기는 나오지 않는다. 그러나 우리는 12부의 텍스트를 보는 내내 '중국은?'이라는 의문을 지울 수 없다. 그 답은 마지막 12부가 끝나고 나서야 나온다. 중국인 모두는 그 대답을 알고 있고 그렇게 되기를 욕망한다. 미국 다음으로 세계사를 주도할 강대국은 중국이라는 것이다. 그러므로 이 시리즈에서 중국은 '부재하는 존재'이다.

'재현의 정치학'은 편집에서 두드러진다. 앞부분은 주로 서양 전문가의 견해를 주로 인용하다가 중반을 넘어 후반으로 갈수록 중국 전문가의 인터뷰 장면을 많이 내보낸다. 우리는 이를 바깥으로부터 가운데로 이동하는 서사 전술로 읽을 수 있다. 우리가 흔히 동서(東西)라고 표현하는 세계사 공간을 '가운데'[中華]와 '바깥'[外夷]으로 표기하는 중국의 '중외'(中外) 개념을 적용하고 있는 것으로 보인다. 가운데와 바깥은 전통 천하관의 공간 구분법이다. 〈대국굴기〉는 바로 바깥에 관한 재해석인 셈이다. 그리고 바깥 이야기는 가운데 이야기를 위해 존재하기 마련이다.

2007년에 제작된 6부작 〈부흥의 길〉(復興之路)[10]에서 '천년의 변화'(千年局變) 편은 강희(康熙 1662~　) 황제부터 시작한다. 흔히 강희에서 옹정(雍正 1723~　)을 거쳐 건륭(乾隆 1736~95)에 이르기까지를 청나라의 전성기라고 하는데, 이들은 국내 안주로 인해 같은 시기 해외로 눈을 돌린 서양 강대국의 발전을 따라잡지 못하고 결국 1840년 아편전쟁에서 굴욕을 겪게 되었다고 본다. 오랜 세월 동안 세계의 중앙에 홀로 우뚝 서서, 비교할 대상이 없다고 여겨졌고, 그래서 스스로 존귀하다 착각하고, 자기와 다른 것을 우습게 보는 문명, 그 문명은 이미 영락과 쇠락의 조짐을 그 스스로 안고 있다고 했던 루쉰의 자국 문명 비판(魯迅 2005, 45-46)을 재해석하고 있는 셈이다. 이 다큐멘터리는 이어서 '고난의 세월(1912~1949)'을 거쳐 마오쩌둥의 '신생 중국(1949~67)', 덩샤오핑의 '위대한 전환(1967~92)', 장쩌민(江澤民)의 '세기의 도약(1989~2002)', 그리고 후진타오(胡錦濤)의 '과거를 이어받아 미래를 개척하다(2002~07)' 편으로 이어진다. 주요하게는 아편전쟁 이후 지금까지 중국의 좌절과 부흥의 역사를 그렸는데, 특이한 점은 지도자를 중심으로 시기를 구분한 것이다. 대국을 지향하는 중화 민족의 꿈과 투쟁의 역사를 파노라마식으로 조명하되 정치적 '영웅'을 중심으로 서사한, 영웅 사관의 부활이라고 할

----

10) 2007년 10월 5일 중국 중앙 TV 1번의 황금 시간대에 방영되었는데, 이 날은 중국공산당 전국대표대회 개막일이기도 했다.

수 있고, 진시황·한무제·당태종 등의 치적을 선양하는 것과 일맥상통한다.

〈대국굴기〉와 마찬가지로 〈부흥의 길〉은 유난히 전문가 인터뷰가 많다. '세계 석학'부터 중국의 원로급 전문가들이 다투어 전문 견해를 표명한다. 전문가 인터뷰는 원래 그들의 견해를 청취해서 프로그램 제작에 반영하는 것이 상례인데, 이들 다큐멘터리에서는 본말이 전도된 느낌이 강하다. 즉 이미 대본이 나와 있고 그에 맞는 배우들을 캐스팅해서 연기하게끔 한 것이 아닌가 하는 의구심을 불러일으킨다.

좌절과 굴욕으로 얼룩졌던 중국 근현대사를 새롭게 해석해 중국인들에게 희망을 심어 주는 일은 국가 차원에서 필요한 일일 수 있다. 그러나 극복 과정만 보여 주고 발생 원인에 대한 분석이 결락되어 있으며, 심층 분석은 외면하고 좋아진 현상만을 나열 또는 과시함으로써 의도를 과잉 노출시키고 있다. 이를테면 사스(SARS) 문제가 그러하며 중국식 양극화의 상징인 농민공(農民工) 문제가 그러하다. 이런 현실이 중국만의 문제가 아니라 전 지구적 현상이라고 간주함으로써 책임을 회피하고 만다. 과장하여 말하면, 정성 들여 만든 〈대한뉴스〉를 보는 듯하다. 그러나 중국 공산당의 발전 전략[11]이랄 수 있는 이 홍보 영상은 중국인들에게 큰 환영을 받았다.

4. 역사의 허구적 재현 : 〈영웅〉과 〈한무대제〉

사실적 재현인 다큐멘터리보다 허구적 재현인 영화나 드라마가 시청자

....

11) 〈대국굴기〉와 〈부흥의 길〉의 제작은 중국 공산당 중앙위원회 고위 지도자들의 집단학습과 긴밀하게 연계되어 있다. 안치영(2008) 참조.

를 훨씬 더 몰입하게 만들고 그럼으로써 더 많은 효과를 거둘 수 있다. 상상력이 사회과학의 연구 대상이 된 것은 어제 오늘의 일이 아니다. 이전에 개인적 수준과 예술 영역의 활동으로 치부되었던 상상력은 오늘날 영화·텔레비전 등의 기술에 힘입어 상상력과 판타지는 "다양한 사회의 수많은 사람들이 그것을 통해 사회적 삶을 가공해 내는 수단으로 기능"하고 있다(아파두라이 2004, 98-99). 상상력은 사회적으로 훈육될 수 있다. 그것은 판타지와 향수를 일련의 새로운 상품들에 대한 욕망과 연결시키는 법을 배우는 것이다(아파두라이 2004, 149). 지금 중국은 수많은 영상 재현물을 통해 중국의 영광들에 대한 욕망을 만들어 냄으로써 현실적인 영향력을 발휘하고 있다. 오랜 역사를 자랑하는 중국에서 역사적 영웅을 발굴하기란 어렵지 않은 일이다. 그 기준이 명확하게 존재하지는 않지만 국가(state)·에스닉(ethnic)·네이션(nation)[12]이 중요하게 작용하는 것은 틀림없다.

〈영웅〉(英雄, 2002)은 국내외적으로 명망을 구축한 '문화 영웅' 장이모(張藝謀)가 마음먹고 만든 영화다. 그동안 '오리엔탈리즘의 내면화' 또는 '내재적 유배' 등의 비판을 받아온 장이모는 기존의 '셀프 오리엔탈리즘' 전략(임춘성 2008, 368)을 대폭 수정해서 이제는 자국의 관중을 겨냥하고 있다. 가장 중국적인 무협 요소와 가장 전 지구적인 할리우드 블록버스터를 결합해 '중국 다피엔(大片) 시대'를 연 것이다. 장이모의 문화적 역량이 두드러진 측면은 미국 컬럼비아 사의 투자 유치에서 두드러진다(임대근 외 2008, 313). 중국과 미국에서 흥행에 성공을 거두었고 한국에서도 복잡한 역사적 맥락이 탈각된 채 멋있는 중국 영화로 소비되었으며, 후속작 〈연인〉(十面埋伏)과 〈황후화〉

----

12) 〈한무대제〉(漢武大帝)는 시작하기 전 설명에서 세 가지를 이야기하고 있다. "그는 전에 없던 국가(國家, state)의 존엄을 세웠다. 그는 에스닉(族群, ethnic)에게 천추의 자신감을 우뚝 세웠다. 그의 국호(漢)는 네이션(民族, nation)의 영원한 이름이 되었다."

(滿城盡帶黃金甲)도 환영을 받았다.

물론 〈영웅〉의 역사 맥락에 대한 비판이 필요하다. 사실 전국(戰國)시대 (B.C. 386~B.C. 256)의 칠웅(七雄)은 독립적인 체제를 갖춘 정치 단위였고, 소진 (蘇秦)과 장의(張儀)는 단순한 궤변가가 아니라 당시의 국제 문제 전문가였다. 광활한 중국 대륙이 유럽 대륙처럼 여러 국가들로 나뉠 수 있었는데, 그 가 능성을 일소한 것이 진시황의 통일이었다. 진섭(陳涉)이 수창(首唱)하고 항우 (項羽)와 유방(劉邦)이 완성시킨 진의 멸망은 '각국의 사직을 잇자'라는 구호 로 진행되었기에 각 제후국 후손들의 지원을 얻을 수 있었으며, 그럼으로써 과제를 완수할 수 있었던 것이다. 장이모는 이런 맥락을 거두절미하고, 전쟁 으로 어지러운 천하를 바로잡고 백성을 안정시킬 수 있는 '영웅'은 오직 진 시황뿐이라는 사실을 파검(破劍)이 깨닫고 그 깨달음을 무명(無名)에게 감염 시킨다. 잔검의 깨달음에는 천하가 어지러워진 원인에 대한 성찰이 부재하 다. 그러나 중국의 관객은 진시황에 대한 새로운 해석을 즐기고 있는 듯하 다. 위대한 정치 '영웅'에 의해 중국은 혼란의 역사 시기를 종식시키고 강고 한 하나의 중국으로 역사 속에 힘 있게 등장한다는 논리다. 중국의 역사 사 실에 무심한 외국 관객은 재미있게 서사되는 같은 사건의 다른 시점 서사 구 조와 화려하고 웅장한 미장센, 진시황을 중심으로 초점을 맞춘 거대한 사각 의 구중궁궐과 화면의 영상 구도, 마치 우주의 중심에 진시황이 있기라도 한 듯한 구도에 시선을 빼앗긴다.

〈영웅〉이 컬럼비아 사의 투자를 받아 전 세계 관객을 대상으로 할리우 드 블록 버스트 방식으로 제작되었다는 점에서 영상 재현의 전 지구화 (globalization)를 표지한다면, TV 연속극 〈한무대제〉는 한나라 초기 역사에 익숙한 중국인 시청자를 겨냥했다는 점에서 지방화(localization)에 충실한 텍스트라고 할 수 있다. 64부작 〈한무대제〉[13)의 첫 장면은 사마천(司馬遷)

과 한무제 유철(劉徹)의 대담이라는 점에서 의미심장하다. 특히 "『사기』(史記)와 『한서』(漢書)에 근거해 개편·창작했다"는 사전 설명은 저자와 텍스트 속 인물의 만남을 연상시킨다. 『사기』 속 인물인 무제가 저자 사마천과 논쟁을 벌이는 꼴인데, 〈한무대제〉의 제작자는 철저하게 무제 편이다. 마지막 회에서도 반복되는 사마천의 등장은 불후의 명저 『사기』의 저자라 하기에 지극히 초라하다. 중서령(中書令)이 황제를 알현하는 모습은 그럴 수 있다 치더라도, 무제는 사마천의 저작을 독파하고 그 의도[14]를 간파했지만, 사마천은 무제의 흉중을 헤아리지 못한 채 「효무본기」(孝武本紀)[15]를 제대로 기록하지 못했음을 자인하고 있는 것이다. 두 사람의 대면은 무제가 『사기』를 읽은 후 이뤄지는데, 무제의 첫 마디는 "짐이 화병이 났도다!"(朕氣病了!)였지만, 그것을 추스른 후 무제는 『사기』가 '일가지언'(一家之言)일 뿐 정사(正史)가 아니라고 규정하고 역사의 진리는 '하늘만이 안다'고 결론짓는다. 이 드라마는 한무제가 어렵게 황제가 되고 즉위한 후에도 수많은 난관을 거쳐 국내외의 혼란을 수습하고, 한나라를 반석 위에 올려놓는 영웅이었음에 초점을 맞추어 이야기를 진행한다.

....

13) 중국 중앙 TV에서 제작해 2005년에 방영. 총감독 후메이(胡玫), 총제작 한산핑(韓三平), 각본 장치타오(張奇濤), 천바오궈(陳寶國, 무제), 자오황(焦晃, 경제), 구이야레이(歸亞蕾, 두황후) 등 출연. 64부작. 참고로 후메이는 〈옹정왕조〉의 감독이기도 하다. 한 경제 즉위 초(前元 원년, 기원전 156년)부터 한 무제의 죽음(後元 2년 기원전 87년)까지, 기본적으로 역사서에 기재된 중요한 사건들을 대부분 재현했다. 주요한 것으로 7국의 난, 조조(晁錯) 요참(腰斬), 경제의 동생 양왕 유무(梁王劉武)의 야심, 금옥장교(金屋藏嬌), 도가(道家)에서 유가(儒家)로의 전환 과정, 한무제 시기의 경제 및 인사 정책, 삭번(削藩), 흉노와의 전쟁, 장건(張騫)의 서역(西域) 출사, 소무(蘇武)의 목양(牧羊), 무고(巫蠱)의 난 등이 있다. 뿐만 아니라 한대의 풍속과 복식, 의전 등도 충실하게 고증한 것으로 평가받는 등 한 초의 역사와 문화를 이해하는 데 훌륭한 텍스트다.

14) 무제가 사마천의 책을 읽고 난 후 책을 불태우고 그를 죽임으로써 사마천은 천추만대의 忠烈로 남고 무제는 폭군으로 남는다는 식의 추측.

15) 『사기』 130권은 12본기, 10표, 8서(書), 30세가, 70열전으로 구성되어 있다. 본기의 마지막 편인 「효무본기」는 한무제에 대한 기록으로, 지금까지 진위(眞僞) 여부가 미해결로 남아 있다.

흉노와 한족이 대우(大禹)의 후손이라는 설정 또한 지극히 중국적인 문화 해석이다. 이는 거란족의 요(遼) 왕조, 몽골족의 원(元) 왕조와 만주족의 청(淸) 왕조 등을 '이민족 왕조'로 취급하다가 '소수민족 정권'으로 재해석하는 것과 맥락을 같이 한다. 사실 중화인민공화국 이전의 역사는 한족을 중심으로 기술되었고, 원(元)과 청은 이민족 정권으로 타도 대상이었다. 쑨원(孫文)의 '오족공화'(五族共和) 이후 만주족 정권의 황제들16)에게서 타자의 고깔을 벗겨 준 것은 '중화 민족 대가정'이라는 '문화 중국'의 논리다. 이 논리에서 원과 청은 더 이상 이민족 왕조가 아니라 소수민족 정권으로 변모한다. 이런 재해석은 베네딕트 앤더슨의 '상상된 공동체'를 연상시킨다. 이를테면 '중선부'17)가 인정한 진용(金庸)의 초기작 '사조(射雕) 삼부작'(『사조영웅전』, 『신조협려』, 『의천도룡기』)에서 몽골족은 한족의 타도 대상이었고 항몽(抗蒙) 투쟁은 '사조 삼부작'의 주요한 주제였다. 그러나 후기 작품으로 가면, 거란족 출신이면서 한족으로 성장한 『천룡팔부』의 소봉은 에스닉 정체성으로 혼란을 겪다가 요와 송의 평화를 위해 자결한다.18) 또한 자신을 한족으로 여겼던 『녹정기』의 위소보는, 어머니의 기억에 의하면, 친부가 오족 가운데 하나일 수 있음을 깨닫게 된다. 〈한무대제〉는 우(禹) 임금의 동일한 자손이었던 한족과 흉노족이 하(夏) 멸망 이후 갈라졌다가 장기간의 모순과 투쟁을 거쳐 통일되었다는 민족 대융합의 이야기로, 몽골족과 만주족뿐만 아니라 그보

<hr />

16) 청 건국의 시조인 홍타이지나 만주족의 조상인 누르하치에 대한 영상물은 찾아보기 힘든 반면, 중국화(中國化)된 강희·옹정·건륭 등은 영상화의 주요 대상으로 선택받는다.

17) 중국 공산당 중앙위원회 선전부의 약칭. 사상·이데올로기를 관장하는 부서로 언론·출판에 대한 통제권을 가지고 있다. 베이징 대학 교수 자오궈뱌오(焦國標)는 2004년 『중선부를 토벌한다』(討伐中宣部)를 출간해 이를 비판했지만 결국 해직되고 말았다. 자오궈뱌오(2006) 참고.

18) 같은 작품의 단애는 만나는 여성마다 연정을 느끼는데 모두 아버지의 딸임을 알고 비관하지만 마지막에 자신이 아버지의 아들이 아니라는 사실을 알고는 이른바 '여동생들'을 아내로 맞이함으로써 가족의 테두리를 타파한다.

다 훨씬 앞선 흉노족도 한족과 하나의 국족(國族, nation)임을 강변한다.

이들 영상물의 재현에서 중화 민족 대가정과 한족 중심주의는 두루뭉술하게 표리를 이룬다. 이 둘은 사실상 불일치하는 모순임에도 불구하고 재현을 통해 하나인 것처럼 통합된다. 진시황과 한무제는 통일 중국에 공헌이 지대한 인물임에 분명하다. 진시황의 문자 통일이 있었기에 2천 년이 넘게 수없이 분열되었다가 다시 합쳐질 수 있었고, 한무제의 강역 통일과 유가 통치의 제도 마련이 있었기에 한족을 중심으로 중화 민족을 통합(integration)시킬 수 있었다. 여기에 황제(黃帝)의 자손이라는 점과 공자(孔子)[19]의 사상을 더하면 문화 중국의 통합 시스템 기본 골격이 완성되는 것이다.

5. 맺는 글

베이징 올림픽을 계기로 새로운 문화 중국의 위상을 선전하려는 중국 정부의 의도가 순탄치만은 않다. 어떤 이들은 그런 시도를 1936년의 베를린 올림픽에 비견하기도 한다. 이런 우려와 맞물려 실제 장애물이 생겼다. 다름 아닌 티베트 시위[20]로 인해 야기된 올림픽 반대 선언이다. 이는 각국에서 올림픽 성화 봉송을 저지하는 시위로 이어지기도 한다. 이 과정에서 우리의 눈길을 끄는 것은 성화 봉송 저지 시위가 일어나고 있는 해당 지역의 중국

....

19) 최근 세계의 각국 대학에 개설되는 '공자 아카데미'는 중국 정부가 거금을 지원하는 문화 중국 확산을 위한 새로운 국가사업이다.
20) 1951년 중국 중앙 인민정부와 티베트 지방정부는 '17개 협의'에서 민족자결의 원칙을 강조했다. 티베트에서 중국의 주권 확립과 아울러 티베트의 고도의 자치권을 인정했던 것이다. 그러나 1959년 이후 티베트의 자치는 명목상의 자치로 추락한다. 김윤태(2004, 42-43)를 참조.

유학생들이 그 시위를 반대하는 시위를 벌이고 심지어 폭력 사태로 발전하는 현상이다. 여기에는 최소한 세 개 이상의 민족주의가 각축을 벌이고 있다. 올림픽으로 집중되어 있는 세계의 이목을 끌기 위한 티베트의 민족주의, 그것을 최대한 무화시키려는 중국의 중화주의와 해외 유학생들의 애국주의, 그리고 시위가 벌어지는 국가의 배외주의가 그것이다.

최근 올림픽 성화 문제로 불거진 폭력 시위를 통해 중국 유학생이 우리에게 실체로 모습을 드러내면서 여러 가지 시사점을 던지고 있다. 4만 명을 바라보는 중국 유학생 규모의 실체를 인식하고, 성화 봉송을 호위하기 위해 6천~8천 명이 운집하게끔 만든 힘이 무엇일까에 대해 숙고해야 한다. 1870년 청나라가 '유학총부'(留學總部)를 창설한 이래 중국 유학생은 미국을 위시하여 전 세계로 퍼져 나갔다. 개혁·개방 이후 한국과의 교류가 급증하면서 유학생들이 몰려오기 시작했다. 1980년 이후에 태어난 '바링허우(八零後) 세대'가 주축을 이루고 있는 중국 유학생들은 '유학보국'(留學保國)이라는 전통적 가치관을 가지고 있을 뿐만 아니라, 우리의 '붉은 악마' 서포터즈와 비슷한 신인류의 행동 양태를 보인다. 그들은 이슈에 민감하고 자국 문화에 대한 자부심이 크다. 그들에게 베이징 올림픽은 자부심의 근거다. '바링허우'를 '붉은 악마'에 비견한 것(유강문 2008)[21]은 나름의 근거가 있다. 이들은 역사적 부채 의식을 갖고 있지 않고, 현재 대국으로 굴기하고 있는 중국에 대해 자긍심을 가진다. 이들은 1919년 신문화운동을 주도했던 5·4세대 및 1989년 톈안먼 광장을 뒤덮었던 6·4 세대와 달리, 반성적 사유가 부재하다.

아편전쟁 이래 실패와 좌절의 역사를 마무리하고 새로운 웅비를 하고 싶

....

21) "성화 봉송 과정에서 오성홍기를 들고 반중국 시위대를 압도한 이들'바링허우'—저제의 조직력과 참여 의식은 2002년 한·일 월드컵 때 시청 앞 광장을 태극기로 물들인 한국의 '붉은 악마'에 비견할 만하다." 그러나 이들을 '맹목적 애국주의'와 '신종 매카시즘'으로 몰아가고 그 속에서 국가와 공모의 징후를 읽는 것은 과도하게 자의적으로 해석한 측면이 있다.

178

은 것은 국가적 욕망일 뿐 아니라 국민 개개인에게 내재화된 욕망이기도 하다. '서울 올림픽 때 한국인은 어떠했는가? 월드컵은?'이라고 묻는 중국 유학생들에게 우리는 어떤 대답을 할 수 있는가? 한국 시민 단체가 티베트 시위를 지지하는 것은 소수자의 인권을 보호하기 위한 것이지만 그렇다고 지구촌 축제인 올림픽 성화 봉송을 반대하는 것은 인질극 메커니즘을 내면화한 것일 수 있다. 그리고 일부 구성원의 폭력 행위를 중국 유학생 전체에게 덮어씌우는 것도 온당치 못하다. 1년 전 버지니아 공대의 조승희 사건을 접하면서 그것이 미국 내에서 한인 유학생들에게 파급되지 않기를 바랐던 마음을 역지사지(易地思之)해 보아야 한다. 150년 만에 자국의 위용을 자랑하고 싶은 중국인 유학생의 마음을 일부 시위자의 폭력 행위로 덮어 버리면서 '여기는 너희 나라가 아니다'라고 외치는 행위는, 폭력 시위를 일소해야 한다는 시민사회의 성숙함과 별개의 것이다.

이 지점에서 푸코(Michel Foucault)의 '담론 공동체'를 재고할 필요가 있다. "푸코가 '담론'이라는 용어를 사용하는 것은 해결될 수 없는 딜레마인 것처럼 보이는 것을 피하려는 시도"임에는 분명하다. 그러나 무조건 도피하지는 않는다. 그의 대안은 이렇다. "팔레스타인의 문제는 경쟁하고 있는 담론 ― '자유의 투사'와 '테러리스트'라는 담론 ― 에 의해 생산되며, 그 각각의 담론은 권력을 놓고 싸운다는 것에 관련되어 있다. 요컨대 어떤 상황의 '진리'를 결정하는 것은 이러한 투쟁이라는 것이다"(홀 1996, 206). 각국의 티베트 독립 지지 담론은 베이징 올림픽 담론을 억압해서는 안 되고, 중국 유학생들의 애국주의 담론도 티베트 독립 담론을 억압할 수 없다.

한류 문화 자본을 고찰하며 문화 민족 자본주의의 국가주의적 성격을 경계한 이동연은, 문화를 매개로 한 국가주의적인 개입이 문화 민족주의적 성향을 드러내며 동아시아에 일정한 정치적·외교적 헤게모니를 행사한다고 진단한다(이동연 2006, 188). 이는 중국의 문화 중화주의, 일본의 연성 국가주의, 한국의 한류 문화 자본으로 현현하고 있는데, 자국 문화에 대한 국가적·대중적 자부심을 표출하는 새로운 형태의 국가주의다. 특히 제2차 세계대전 직전 프랑스·독일·이탈리아의 오페라 경쟁에서 묻어난 문화 민족주의를 분석하면서, 현재 한·중·일의 문화 경쟁과의 유사성을 지적한 우석훈(2008)의 성찰은 동아시아 3국이 경계로 삼아야 할 메시지라 할 수 있다. 그에 따르면, 한·중·일 3국의 문화 민족주의 경쟁의 심층에는 자원 민족주의의 경쟁이 있고, 이대로 갈 경우 향후 30년 이내에 전쟁으로 치달을 가능성이 크다는 것이다.

베이징 올림픽을 전후해 강화된 그리고 강화될 중국의 문화 민족주의 흐름은 오랜 교류 관계를 가져온 인근 우방인 우리로서는 경계할 대상이다. 그러나 그것을 무조건 비판하며 배척할 수만은 없다. 서경석(2008)은 대중의 "스포츠 신화에 대한 무지몽매한 신앙"과 "다양한 타자들로 구성되는 공공적인 사회를 '피를 나눈 가족'으로 구성되는 혈연 공동체인 것처럼 착각하게 만드는 사술(詐術)"을 통해, 국가주의의 보이지 않는 기제가 작동하고 있음을 설파한다. 우리는 베이징 올림픽뿐만 아니라, 1964년 도쿄 올림픽에서, 1988년 서울 올림픽에서, 그리고 2002년 한일 월드컵에서 그와 비슷한 현상을 목도한 바 있다. 뿐만 아니라 올림픽에 참가하는 각국 선수도 주최국 못지않게 국가와 개인의 명예 그리고 입상에 따른 포상에 집착한다. 이런 맥락에서 보면 2008년 베이징 올림픽은 20년 간격으로 업그레이드된 도쿄 올림픽이자 서울 올림픽이다.

그러므로 비판의 초점은 '중국' 또는 '한국'이 아니라, '국가주의가 개입된 문화 민족주의'에 맞춰야 한다. 우리는 '동아시아 공동체'를 지향하면서 문화 민족주의에 대한 국가주의적 개입을 비판하고 저항적이고 성찰적인 계기를 발견해서 문화 다양성을 확보할 수 있도록 상호 노력해야만, 문화 세계화의 흐름에 함께 대처하고 국가주의의 무한 경쟁의 종국인 전쟁을 미연에 방지할 수 있을 것이다. 한·중 관계의 새로운 단계를 위해 정부의 다각적 노력과 병행해서 다양한 민간 차원의 협력이 어느 때보다 절실한 시점이다.

참고문헌

김월회. 2001. "20세기 초 中國의 文化民族主義 研究." 서울대학교 중어중문학과 박사 학위 논문.

김윤태. 2004. "중국 티벳 민족주의 발전의 본질 : 민족이익과 민족자존회복." 중국학연구회. 『중국학연구』제28집.

김희교. 2003. "한국학계의 신식민주의 : 중국담론을 중심으로." 『역사비평』가을호.

_____. 2006. "중국 애국주의의 실체 : 신중화주의, 중화패권주의, 민족주의." 『역사비평』여름호(통권 75호).

다이진화 지음·이현복·성옥례 옮김. 2007. 『무중풍경 : 중국영화문화, 1978~1998』. 산지니.

백승욱. 2007. "동아시아 속의 민족주의 : 한국과 중국." 『문화과학』52호.

브로델, 페르낭 지음·주경철 옮김. 1996. 『물질문명과 자본주의 II-1』. 까치.

서경석. 2008. "올림픽과 국가주의의 '잘못된 만남'." 『한겨레신문』8월 9일.

쑤샤오캉(蘇曉康)·왕루저우(王魯湘) 지음. 1989. 홍희 옮김. 『하상(河殤)』. 동문선.

아파두라이, 아르준 지음·차원현·채호석·배개화 옮김. 2004. 『고삐 풀린 현대성』. 현실문화연구.

안치영. 2008. "중국 고위 의사 결정자층의 역사 문화 학습." 『개혁·개방 30년 중국의 변화와 전망』. 현대중국학회/전남대학교 사회과학연구소 2008년 춘계공동학술대회 자료집 (5월 23일, 전남대학교).

앤더슨, 베네딕트 지음·윤형숙 옮김. 2002. 『상상의 공동체 : 민족주의의 기원과 전파에 대한 성찰』. 나남출판.

우석훈. 2008. 『촌놈들의 제국주의』. 개마고원.

유강문. 2008. "'바링허우' 민족주의엔 반성이 없다?" 『한겨레신문』5월 5일.

유세종. 2007. "현 중국 사회를 읽는 하나의 거울 : 지아장커(賈樟柯)의 『세계』, 『스틸라이프』론." 한국외국어대학교 중국연구소. 『중국연구』제42권.

이동연. 2006. 『아시아 문화 연구를 상상하기 : 문화 민족주의와 문화 자본의 논리를 넘어서』. 그린비.

이희옥. 2004. "한국에서 비판적 중국 연구를 한다는 것." 『중국의 새로운 사회주의 탐색』. 창비.

임대근 외. 2008. 『중국 영화의 이해』. 동녘.

임춘성. 2008. "'서유럽 모던'과 '동아시아 근현대'에 대한 포스트 식민적 고찰." (사단법인)현대중국학회. 『현대중국연구』제9집 2호.

자오궈뱌오 지음·이상수 옮김. 2006. 『당신들의 중국』. 한겨레출판.

천성림. 2006. "20세기 중국 민족주의 형성과 전개 : 문화적 민족주의를 중심으로." 『동양정치사상사』제5권 1호.

홀, 스튜어트 외 지음·전효관 김수진 외 옮김. 1996.『현대성과 현대문화(2)』. 현실문화연구.

暨愛民. 2007. "文化民族主義的現代取向."『中央民族大學學報(哲學社會科學版)』第5期.

戴錦華. 2006.『霧中風景: 中國電影文化, 1978~1998』. 北京大學出版社.

魯迅. 2005. "文化偏至論."『魯迅全集』1권. 人民文學出版社.

孟凡東·何愛國. 2007. "20世紀中國文化民族主義的三大核心訴求."『北方論叢』第3期.

任學安. 2006. 〈大國崛起〉. CCTV.

_____. 2007. 〈復興之路〉. CCTV.

司馬遷.『史記』.

張藝謀. 2002. 〈英雄〉.

胡 玫. 2005. 〈漢武大帝〉. CCTV.

복합위험사회로서의 중국 :

한국 경험과의 비교 평가*

장경섭

1. 서론

2008년 5월 중국 쓰촨성의 대지진이 충격적 수준의 인명·환경·재산 피해를 초래한 직후인 7월에 발생한 일본 혼슈의 강진이 최소한의 피해만으로 수습되자, 지진 문제에 대한 국제적 관심이 그 자연적 원인의 규명에서 재해에 대한 사전 대비와 사후 대처의 국가·사회적 차이로 옮겨 갔다. 2008년 하계 올림픽을 통해 중국은 지난 30여 년의 개혁을 통한 경제적 성취를 전 세계에 자랑하고자 했지만, 올해 들어서까지도 끊임없이 이어지는 대형 재해들로 인해 사회적 안전에 대한 관리능력을 국제적으로 의심받는 참담한 처지에 놓이게 되었다. 이러한 중국의 상황은 지난 1990년대 중반 선진국 협

* 본고는 "개혁·개방 30년과 미래를 향한 한중 소통"에 관한 현대중국학회 국제학술회의(2008년 10월 24~25일, 베이징 로즈데일 호텔) 발표문을 수정·보완한 것이다. 이중희 교수의 논평과 박우의 연구 보조에 감사의 뜻을 표한다.

의체인 경제협력개발기구(OECD) 가입을 전후로 선진국 진입의 자축 분위기에 들떠 있던 한국에서 교량·건물 붕괴, 지하철 대형 폭발 등이 이어지면서 '사고 공화국'으로 전락했다는 자조적 평가가 나왔던 때를 상기시킨다(Chang 1999).[1] 불과 수년 사이에 집중된 대재앙들은 대부분 인재로서 판명났으며, 위험 문제에 관한 학술적 관심이 본격화되는 계기가 되었다.[2]

필자는 독일의 사회학자 울리히 벡(Ulrich Beck)의 '위험사회'(risk society) 논의를 한국에 확장 적용해 한국이 선진국형, 후진국형, 폭증 사회형, 날림 사회형 위험이 병존하는 '복합위험사회'(complex risk society)라고 규정했으며, 다양한 위험 유형의 사례·내용·성격·원인 등을 설명한 후 한국의 개발주의 정치경제를 복합위험사회의 구조적 환경으로서 적시했었다(장경섭 1998). 본 연구에서는 이러한 한국의 경험을 다시 중국에 확장 적용해 중국 역시 "복합위험사회"로 규정될 수 있으며, 다만 위험 유형의 구성이 한국보다 오히려 훨씬 복잡하다는 것을 지적하고자 한다. 구체적으로 21세기 중국 사회는, 한국 사회가 급속한 대외 의존적 근대화와 경제 발전을 추진하면서도 여러 측면에서 구조화된 부문 간 불균형을 극복하지 못함으로써 반복적으로 겪어 온 다양한 위험 증후군의 대부분이 나타남과 동시에, 지난 30여 년의 체제 개혁에 수반된 여러 위험 증후군들과 그 이전의 사회주의 시기에 배태되어 아직도 극복되지 못한 위험 증후군들이 중첩되어 나타나는 극도로 복합적인 위험사회가 되었다.[3]

....

1) 1990년대 중반에 집중된 이러한 대형 안전사고들의 충격이 채 가시기도 전에 한국은 1997년 말 미증유의 경제 위기를 겪게 되어 그동안의 경제적 성취조차 기반이 불안한 것으로 드러났다.
2) 예를 들어, 이재열(2005) 및 "한국은 위험사회인가?'를 주제로 한 『계간 사상』, 특집호(1998년 가을) 참조.
3) 개혁기 중국을 위험사회론의 관점에서 분석하고자 하는 연구들이 최근 중국 바깥에서 꾸준히 발표되고 있는데, 대부분 필자의 문제의식에 비해서는 다루어진 내용들이나 이론적 관점이 매우 제한적이다. 특히, 기업 활동의 투명성(transparency)과 국가의 규제 능력(regulatory capacity)에 대한 관심이 주를 이룬다. 관련 논문으로 Thiers(2003), Wishnick(2005). 중국 내에서의 주요 연구 성과로는 楊雪冬 等(2006).

중국의 개혁은 러시아, 동구 등의 급진적 체제 전환 사례와 비교할 때, 사회주의 정권의 정치적 독재가 지속되면서 점진적으로 비사회주의적 경제·사회 요소들이 경제 발전을 위한 실용적 측면에서 도입·확산되는 과정을 밟아 왔다. 이러한 조심스러운 접근법은 오히려 경제적 측면에서 중국 사회가 갖고 있던 경제 발전의 다양한 잠재력을 빠짐없이 실현시킴으로써 누구도 예상하지 못한 폭발적이고 장기적인 경제성장으로 귀결되었다. 이처럼 독특한 상황에서 나타나는 중국의 위험사회로서의 특징은 부문·지역에 따라 사회주의의 유제 및 저발전에 연계된 위험 증후군과 급속한 탈사회주의적 경제·사회 변화의 결과와 과정에 연계된 위험 증후군이 동시에 나타나는 것이다. 이 가운데에서도 가장 특별한 학술적·현실적 의미를 갖는 것은 시장경제적 전환의 양상에 관련된 위험 증후군들이다. 시장경제는 본원적으로 참가자들에게 다양한 경제적 불안전과 생활상의 위험을 부과하지만, 이 사회제도가 경제 위기의 탈출 차원에서 정치적 결정에 의해 갑자기 도입되면 대다수 인민은 시장경제 질서의 경험적 생소함, 시장적 경쟁 자원의 결핍, 반공동체적 경쟁 질서에 대한 이념적 거부감 혹은 그런 이념적 태도로 정당화되는 시장 윤리에 대한 무감각 등에 수반된 위험들을 추가로 경험하게 된다.[4]

중국에서 시장경제를 맞아들이는 과정과 환경의 특수성들이 초래하는 이러한 위험들, 나아가 한국과 마찬가지로 겪고 있는 후진국형, 선진국형, 폭증 사회형, 날림 사회형 위험들은 각 인민이 처한 경제적 여건뿐 아니라 중국의 복잡한 정치·사회적 질서 속에서 갖는 각자의 지위에 따라 차별적으로 실현된다. 우선 급증하는 빈부 격차는 계층별로 안전에 관련해서도 뚜렷한 차별적 지위를 갖게 만들었는데, 이는 특히 안전의 상품화 추세로 표현되

....

4) 이는 대다수 탈북 동포가 남한 사회에서 겪는 좌절의 원천과도 유사한 것으로 여러 면접 연구들에서 자세히 드러난다. 예를 들어 김화순·신재영(2005).

어 왔다. 또한 중국의 주요 정치·사회질서 가운데 권위주의적 국가-시민 관계, 사회집단별 배제적 시민권과 차별적 경제활동, 개혁·개방의 공간적 차등성과 분절성 등 세 가지가 위험의 사회질서에 밀접히 얽혀 있는 것으로 보인다. 권위주의적 국가-시민 관계는 여전히 국가권력이 공산당에 의해 독점적으로 행사되고 있고 이에 따라 중앙과 지방의 각종 간부 및 이들과 유착된 세력의 배타적 이익을 위해 일반 시민(인민)의 다양한 안전이 위협받는 상황을 말하는데, 주로 부정부패를 배경으로 치명적 안전사고가 발생하거나 안전을 위협하는 기업 비리와 횡포가 저질러지는 것이다. 사회집단별 배제적 시민권과 차별적 경제활동은 농민, 이농 노동자, 도시 노동자 등의 사이에 존재하는 사회보장, 공공서비스, 고용, 사업 기회 등에 대한 차별적 접근성이 결과적으로 다양한 위험에의 노출 및 위험으로부터의 보호에 있어 중요한 차이를 가지고 오는 것을 말한다. 개혁·개방의 공간적 차등성과 분절성은 농촌-도시, 내륙-해안 등 공간적 기준에 따라 개혁·개방이 분절적으로 추진되고 그 경제·사회적 결과가 차등적으로 나타나는 데 따른 위험의 공간적 분포의 차이를 말한다. 극도로 복합적인 위험사회로서의 중국은 위험 자체가 별도로 핵심적인 사회 불평등 체계를 구성하고 있다고 볼 수 있으며, 이는 탈사회주의적 체제 전환과 경제 발전의 사회·정치적 뇌관으로 대두되고 있다.

본 연구는 복합위험사회로서 한국의 경험에 기초한 이론적 문제의식을 '분석적 귀납'(analytic induction) 전략에 의거해 중국에 적용함으로써 복잡다기한 중국의 위험사회 증후군을 종합적으로 분류하고 개혁기의 경제적 및 정치·사회적 질서를 다양한 위험 요소들의 구성·분포·경험과 연결시켜 재조명하고자 한다.[5] 이 글은 이론적 문제의식을 예비적인 수준에서 고찰된 중국 현실에 적용시킨 결과를 담고 있기 때문에 앞으로 관련 학자들과의 토론 및 관련 연구 결과의 반영에 의거해 보완적 후속 연구 작업을 예상하고 있다.[6] 우선 본고를 통해 중국의 장기적 발전 전망에 있어 아킬레스건으로 부각되고 있는 위험(안전) 문제에 대해 본격적인 이론적 토론이 촉구되기를 기대한다.

2. 복합위험사회로서의 한국

1) 복합위험사회

대한민국을 뒤흔든 수많은 충격적 안전사고들 가운데 2003년의 대구 지하철 화재 참사는 로또에 당첨되기만큼이나 어려운 확률적 가능성이 현실화된 것 같았다. 방화범의 문제는 접어 두더라도, 객차의 의자·바닥·천장 할 것 없이 가연재로 설치된 사실, 화재에 총체적으로 무방비며 승객 대피를 오히려 차단하는 지하철 역사, 상황 통제실의 화재 경보 무시 행태, 화재 파악 이후에 기관사와 상황 통제실이 함께 보여 줄 무대책, 화재 경고에도 불

....

5) 즈나니에키(Florian Znaniecki)가 제시했던 분석적 귀납을 통해 민주화와 경제 발전의 관계를 분석한 루쉬마이어 등에 따르면, "[분석적 귀납은] 우리의 일상생활이나 대다수 역사학적 설명에서 보는 것과 같은 전략을 자명하고 절도 있게 사용한다. 그러나 그것은 좀 더 명확하게 분석적 지향을 갖고 있다. 그것은 철저히 사유된 분석적 관심사들로부터 출발하며, 하나나 몇몇 사례들에 대한 이해로부터 나아가 다른 구체적인 사례 분석들을 통한 검증과 재검증을 거쳐 잠재적으로 일반화가 가능한 이론적 통찰력들에 도달한다. …… 각각의 요인이 역사적 맥락에 위치하고 따라서 좀 더 적절히 해석될 수 있는 여러 사례들의 복합적 성격은 자의적인 추측성 이론화를 방지하는 경험적 '노석'(road blocks)으로 기능한다"(Rueschemeyer, Stephens, and Stephens 1992, 36-37).

6) 중국 내 위험사회와 관련한 사회적·학술적 분위기를 개략적으로 전하는 언론인의 글로는 袁鐵成(2004)를 참조.

구한 또 다른 열차의 진입과 실질적 승객 감금 행위, 상황 통제실의 계속된 무대책과 기관사 도주 유도 등 일련의 과정에서 어느 한 가지만 예방되었어도 거의 2백 명이, 그것도 극도로 비참하게 목숨을 잃는 비극은 발생하지 않았을 것이다.

이 하나하나의 비상식적인 문제가 한꺼번에 터진 것은 그저 대구 시민들만의 불운으로 해석할 수가 없다. 한국인들의 안전을 위협하는 각종 비상식의 확률이 얼마나 높은 것인지는 대구 지하철 화재뿐 아니라 이전부터 끊임없이 발생한 대·소형 안전사고들에 의해 입증되었다. 성수대교와 삼풍백화점의 붕괴, 대구·서울 지하철 공사장의 폭발 사고 등 초대형 구조물 사고가 잇따를 뿐 아니라 교통사고율, 산업재해율 등 일상적 안전사고율이 세계 최고 수준을 넘나들었다. 일전에 인천 씨랜드 화재 참사로 어린 자녀를 잃은 올림픽 메달리스트는 분노를 억누를 수 없어 메달을 반납하고 외국으로 이주하기까지 했다.

이러한 갖가지 위험 요인들 때문에 시민의 안전이 때와 장소를 가리지 않고 위협받는 상황이 닥치자, 서구의 위험사회 논의가 한국의 학계 및 전문가들의 비상한 관심을 끌게 되었다.[7] 서구에서 두 세기를 넘는 지속적 산업화와 경제성장으로 얻은 물질적 풍요의 이면에 사고와 재난의 일상화라는 반갑지 않은 현상이 나타났다. 서구인들은 원자력 관련 사고에서 유전자조작 식품의 해악에 이르기까지 발전의 결과로서 치러야 할 엄청난 비용에 직면해 왔다. 그런데 이러한 각종 사고와 재난은 더 이상 우발적 사건이 아니라 일정 확률을 가지고 상시적으로 발생하는 일상성의 한 부분이라는 지적이 위험사회론이다.

....

7) 위험사회론 주창자 울리히 벡의 두 핵심 저서로, *Risk Society : Towards a New Modernity*(1992)와 *World Risk Society*(1999) 참조.

기적으로 불리는 고속 산업화를 통해 선진국 대열에 합류한 한국은 선진국형 위험사회 증후군 역시 앞당겨 경험하고 있다. 여기에 더해 초보적 안전 관리의 미비로 후진국형 재해들도 계속된다. 장마가 오면 하천 관리가 소홀한 도시들이 물에 잠기고 난개발로 인한 산사태로 마을들이 흙더미에 묻히는 일이 반복된다. 건설만 하고 관리는 뒷전인 수많은 죽음의 도로들에서 이어지는 대형 교통사고들로 인해 애꿎은 사상자들이 속출한다.

또 일상화된 비리와 탈법 속에서 부실 시공된 건축·구조물이 붕괴되어 무수한 인명이 희생되는 등 날림 사회형 재해가 널려 있고, 무엇이든지 단기간에 최대한 건설하고 생산하고 소비하려는 가운데 갖가지 재해도 압축적으로 경험하는 등 폭증 사회형 재해가 잇따른다. 이러한 유형의 재해들은 한국의 독특한 발전 경험과 결부된 한국형 재해다. 한국은 이처럼 선진국형, 후진국형, 나아가 한국 특유형의 갖가지 위험 요인이 동시에 작용하는 '복합 위험사회'로 규정할 수 있으며 이 가운데 한국형 재해들이 특히 문제다.

2) 폭증 사회와 안전

폭증 사회형 위험은 한국의 근대화가 '외연적 경제성장'을 바탕으로 짧은 기간에 엄청난 경제·사회적 변화를 거친 데서 기인한다. 외연적 성장이란 생산과정의 효율성과 안전성의 개선보다는 노동력과 자연 자원에 대한 동원(착취)을 강화하여 이루어지는데, 여기에서 재난과 오염이 급증한다. 이 외연적 성장 전략이 주효하여 생산, 건설, 소비, 교환, 여가, 이동 활동이 세계에서도 유례없이 급속하게 늘어났다. 일정량의 인간 활동에 일정 확률의 안전사고가 발생한다면, 경제활동이 늘어난 만큼 안전사고도 늘어날 수밖에 없다. 그런데 안전 문제 예방과 대처는 뒤로 미루고 경제성장에 따른 이윤, 소득, 세수 증가만 누리겠다는 일종의 '선성장, 후안전'(growth first, safety later)의 태도가 만연해 있다.[8]

폭증하는 경제·사회 활동에 비례한 위험의 증가를 피하려면 이러한 활동의 안전을 보장할 수 있는 물리적 시설과 장치의 확충에 덧붙여 조직·문화적 관리 역량의 동반적 성장이 필수적이다. 그런데 안전 보장을 위한 조직·문화적 관리 역량의 성장이 일종의 "문화 지체"(cultural lag)처럼 답보 상태에 있다. 이 역량의 보강은 생산라인의 가동 시간을 늘리거나 가동 속도를 높이는 것과는 달라 일시에 결정하고 달성할 수 있는 일이 아니고, 개인적으로나 집단적으로나 상당 기간의 학습, 훈련, 적응을 필요로 한다. 안전 관리를 위한 조직·문화적 역량이 갖추어진 상황에서도 인간 활동이 증가하면 안전사고도 따라서 늘 수밖에 없는데, 한국 사회에서는 그 역량이 준비되지 못한 채 이루어진 인간 활동의 폭증이 안전사고의 더욱 심각한 폭증을 유발해 왔다.

폭증의 문제는 여기에서 끝나지 않고, 산업구조 및 생활양식의 급격한 변화 자체가 야기하는 위험과 재난의 폭증이 추가로 나타났다. 한국의 국가 경제 및 기업 성장의 특징은 끊임없는 산업구조 다변화와 고도화였으며, 시민 생활 변화의 특징으로는 새로운 서구 문물의 적극적인 소비였다. 사회·경제 환경의 지속적이고 급격한 변화 속에서 한국인들은 부단한 적응과 변신의 노력을 기울였지만 새로운 것에 대한 초보자 혹은 미숙련자 노릇을 계속 반복해야 했으며, 이 과정에서 초보자로서의 높은 안전사고 확률을 늘 안고 다녔다. 더욱이 새로운 선진적 공정이나 재화는 기존의 것에 비해 성능과 효율이 좋지만 잘못 다루는 경우에 위험부담도 많은 것이 일반적이다. 미숙

....

8) 이는 소득 보장, 사회복지 등에 관련한 이른바 "선성장, 후분배"(growth first, distribution later) 전략과 마찬가지의 보수적 태도 혹은 논리를 반영했다고 볼 수 있다.

련자의 높은 안전사고 확률은 산업재해 및 교통사고에서 가장 잘 드러나지만 이 문제가 해당되지 않는 부문이 거의 없다. 이러한 '반복적 미숙련'의 문제는 일반인과 전문가를 가리지 않고 발생한다.

3) 날림 사회와 안전

한국의 경제 발전 과정에서 형성된 독특한 '속도 효율'(speed efficiency) 문화의 이면에 국가와 기업의 안전 문제에 대한 무책임성이 확산되었다. 국가적 차원에서는 집권 정부가 업적을 내세울 때 일정 수준의 국가 경제 성장과 국민소득 향상, 나아가 특정한 국가 시설의 건설을 최단 시일에 이룩하는 것을 업적의 증표로 삼은 데서 속도 효율에 대한 광적인 집착이 나타났다.[9] 기업적 차원에서는, 폭발적인 경제성장과 산업구조 변화에 대응해 가급적 개별 사업들을 최단 시일에 마무리 짓고 서둘러 다음 사업 기회를 포착해야 한다는 기업 성장 전략 하에서 무모한 납기 단축과 공기 단축을 오히려 최선의 경영 성과로 여기는 속도 효율 문화가 나타났다. 정부와 기업의 속도 효율에 대한 이러한 집착은 안전 문제에 대한 '담합적 부실'을 야기했다. 국가적 수출 실적을 달성하기 위해, 생산 업체들이 산업 안전 규정을 어기면서까지 풀가동하는 것을 정부가 규제하기는커녕 은근히 독려했던 것이 사실이다. 심지어 대형 교량 등 기간 시설을 앞당겨 완공하기 위해 기업들을 재촉하는 것이 정부의 관행이었고, 기업들은 이를 싫지 않게 받아들였다. 설사 심각한

----

9) 이러한 정치적 경향은 아직도 강력해서 이른바 "747" 공약을 내세운 이명박 후보가 2007년의 대통령 선거에서 당선되었다. 숫자 7, 4, 7은 각각 7% 경제성장, 1인당 국민소득 4만 달러, 세계 7대 경제대국을 나타낸다(http://english.mbplaza.net/default/korea/?type=html/747_01&wgrp=42&m=2). 불행히 이명박 정부 출범 첫 해인 2008년에 국내외 경제 상황이 극도로 악화되고, 심각한 경제정책 오류까지 겹쳐 747 공약은 사실상 폐기된 것으로 간주된다.

안전사고가 발생하더라도 기업인들에 대한 사법 처리는 언제나 '산업 유공자적 예우'를 갖춘 형식적인 것이었다.

편법·탈법의 사회 현실과는 상관없이 법령 만능주의의 풍토 속에서 주로 정부에 의해 만들어진 법령과 규정들은 실제 제대로 지켜진다면 산업 및 생활 현장에서의 안전을 획기적으로 제고할 수 있는 것들도 많다. 그러나 안전 법령과 규정들이 현실적으로 무시되거나 느슨하게 적용되는 것을 전제로 굴러가는 기업 조직과 사회 체계는 그 법령과 규정들이 엄격하게 준수되는 상황에서는 여러 가지 예기치 못한 문제들을 안게 될 것이다. 이러한 기업 조직과 사회 체계의 맹점을 파악한 버스 운전사, 지하철 노동자, 통신 회사 노동자 등이 '준법투쟁'이라는 매우 상징적이면서도 효과적인 투쟁 전략을 통해 자신들의 권익을 보호하려고 했다. 그런데 준법투쟁을 통한 노동자들의 목표가 작업 안전성의 제고 자체보다는 임금 인상 등 다른 권익의 확보에 더 치중한다는 데에 사회적 딜레마가 있다. 실제 버스나 지하철의 '준법 안전 운행'에 대해 많은 시민들은 노동자 투쟁 기간뿐 아니라 평상시에도 지켜졌으면 하는 바람을 표시했지만, 노사 타협 이후에는 다시 '위법 위험 운행'이 재개되었다.

3. 한국과 비교한 중국

1) 후진국형 및 선진국형 위험의 공존

1970년대 후반부터 30여 년간 지속된 중국의 체제 개혁과 경제 발전은 국가적 차원에서는 경제력에 기초한 국제적 위상 급상승을, 인민 차원에서는 대다수의 소득 및 생활수준 향상을 가져왔다. 그러나 이러한 경제적 성취의 이면에 복잡다기한 불평등의 심화로 공산당 영구 집권의 이념적 기반이 약화되어 왔을 뿐 아니라 끊임없이 터지는 초대형 환경 재난, 산업재해, 식품 오염, 심지어 화재와 교통사고로 인민들이 물리적 생존 자체에 집단적 불안감을 느끼는 상황이 전개되고 있다. 더욱이 후자의 갖가지 안전 재해는 기존의 정치·경제적 불평등에 중첩적으로 발생하는 경우가 많아 민심을 극도로 교란시키고 있다.

이러한 중국의 딜레마는 여러 측면에서 한국인들이 개발 권위주의 통치하에서 압축적 경제·사회 변화를 거치며 겪어야 했던 고통스러운 경험과 유사한 원인과 양상을 보여 준다. 우선 경제개발 일변도의 국정에 따라 중국 사회의 여러 측면은 '의도된' 낙후성을 벗어나지 못하고 있는데, 이 가운데 안전관리의 문제가 특히 심각하다. 한국의 "선성장 후분배" 전략이 결과적으로 '선성장, 후안전'의 상황을 야기한 것처럼, 중국의 '선부'(先富) 전략도 마찬가지의 안전 유기 상황을 초래하고 있다. 그런데 한국과 비교할 수 없을 만큼 거대한 영토와 인구 그리고 사회적 복합성을 지닌 중국은 안전에 관련된 사회적 위험지역들도 극히 복잡 다양하고 성장과 안전 사이의 불균형에 따른 사회적 해악이 훨씬 클 수밖에 없으며 불균형 상태를 극복하는 데에도 훨씬 긴 시간이 걸릴 수밖에 없다.

다른 한편으로 이미 중국은 부문과 지역에 따라 한국, 나아가 구미 선진 사회들에서 겪고 있는 여러 위험 증후군을 앞당겨 경험하고 있다. 한국과 마찬가지로 경제개발에 있어 '후발주자로서의 이점'(advantage of late development)을 십분 활용해 온 중국은 구미의 선진 과학기술을 전 방위로 도입해 활용하고 있을 뿐 아니라 중국 자체의 지식 생산·가공 역량을 바탕으로 따라잡기 학습의 효과를 가공할 정도로 증폭시키고 있다.[10] 그런데 외래 선진 기술에 대한 의존은 선진 기술 자체가 안고 있는 위험 요소들에 대해 중국인들이 노출되는 결과뿐 아니라, (기술 개발국에서 거쳤던 것과 같은) '사회적 구성과 성찰'은 결여된 채로 주로 생산 단위들의 즉각적인 경제적 필요에 의해 도입된 외래 기술들이 중국의 사회·경제·생태 환경에 심각한 부작용을 야기하는 문제가 있다.[11] 이는 냉전 시대에 제3세계 일원에서 서구에 의해 거의 강요되다시피 한 녹색혁명이 초래한 생태·사회·경제적 문제들과 맥을 같이 하는 것이다(Goonatilake 1984).[12] 또한 외래 기술의 수용 과정 자체의 부실에 의해 고효율 산업 기술의 위험 발생 소지가 심각하게 증폭되는 문제도 수반되며, 그 위험의 첫 번째 피해자는 노동자들이다.

2) 한국형 위험의 중국적 발현

중국은 결코 한국에 뒤지지 않는 급속한 경제성장의 결과로 한국과 마찬가지의 '폭증 사회형 위험'을 여실히 겪고 있다. 개혁 초기의 산업화를 선도한 전국의 향진기업(鄕鎭企業)들에서부터 이제 연안과 내륙을 가리지 않는 중외 합작 기업들에 이르기까지 주로 거대한 중국의 노동력을 활용한 노동 집약적 산업 발전을 이끌었으며, 그 결과 세계인의 경외감을 불러일으키는

....

10) 중국의 지도부는 중국 기업들이 여전히 독자적 고급 산업 기술 개발 능력을 갖고 있지 못하다고 생각하여 이에 관한 획기적 전기를 마련하려고 혈안이지만, 비교 준거를 세계적 최선진 기업들에 둔 것이기 때문에 그동안의 중국 기업들의 성취를 결코 무시할 수 없다. 필자는 중국 지도부의 이러한 문제의식 하에서 파견된 중국 상무부의 시찰단과 자세한 비공식 대화를 가졌다.
11) 연구자에 따라, 중국이 나름대로 선진 기술의 잠재적 해악 및 중국적 적합성에 대한 체계적 접근을 한다는 평가도 한다. 예를 들어, Zhao and Ho(2005).
12) 중국의 녹색혁명은 아직 현재 진행형이라고 할 수 있다. 예를 들어, 공식 집계된 전국 농약 사용량은 1985년 1,776만 톤, 1995년 3,594만 톤, 2005년 4,766만 톤으로 폭증세를 지속해 왔다(www.stats.gov.cn).

'외연적 경제성장'에 성공했다. 이러한 경제성장은 부문 간 및 지역 간 격차에도 불구하고 대다수 중국 인민으로 하여금 경제·사회적 생활의 내용 전환과 밀도 팽창을 경험하게 만들었다. 외연적 경제성장에서 등한시되는 생산과정의 질적 혁신에는 경제 규모 확대에 수반되는 위험비용에 대한 근원적 축소가 포함되는 것이기 때문에, 중국인들은 경제적 성공에 비례한 만큼 갖가지 안전사고의 급증에 시달려야 한다. 중국인들은 미증유의 폭증세를 보이고 있는 생산, 건설, 소비, 교환, 여가, 이동 활동 모두에서 역시 미증유의 강도로 심화되고 있는 위험 인자들을 일상생활로서 받아들여야 하는 형편이다.[13]

이러한 폭증 사회형 위험에 대처하려면 안전 관리를 위한 물리적 시설·장치의 확충 및 조직·문화적 관리 역량의 동반 성장이 필수적임은 한국에서와 마찬가지다. 그러나 중국 지도부 스스로 거듭 인정하듯이 이러한 안전 기반 시설 및 관리 역량의 절대적·상대적 결여가 갈수록 심각해지고 있다. 우발성이 아닌 일상성을 띠고 충격적 재해가 꼬리를 물고 이어지는 상황에서 일부 관리의 문책과 경질 같은 정치적 미봉책만 나오고 있는 실정이다. 고속 성장형 경제·사회의 안전관리에 있어 구조적으로 나타나는 '문화 지체' 현상은 개혁의 결실을 결정적으로 빛바래게 하는 것이다.

그리고 경제·사회 활동의 폭증은 한국에서와 마찬가지로 새로운 기술 및 산업의 급진적 도입 그리고 이에 수반한 생활양식의 격변과 맞물려 왔다. 이러한 경제·사회적 환경의 급변은 중국인들로 하여금 부단한 적응과 변신

....

13) 예를 들어, 국가통계국(國家統計局) 집계에 의하면, 전국 교통사고 사망자 수는 1995년 7만1,494명, 2000년 9만3,853명, 2005년 9만8,738명이었다(www.stats.gov.cn). 2007년에는 10만4천 명이 교통사고로 사망해 전 세계 교통사고 사망자의 15%를 차지했다(www.yonhapnews.co.kr, 2004/09/15). 매년 운전자가 무려 1천1백만 명 가량이 늘고 있는데, 면허 발급이 쉬워 대다수가 운전이 매우 서툰 상태에서 도로에 나서고 있다.

의 노력을 요구하면서도 불가피하게 '반복적 미숙련'에 따른 높은 위험 확률을 감내하도록 만들고 있는데, 이 역시 한국인들의 경험과 맥을 같이 한다. 중국 지도부의 산업구조 및 생산기술 고도화에 대한 의욕이 강화될수록 중국인들의 초보자 노릇은 확대될 수밖에 없으며 중국의 위험사회적 성격은 심화될 것이다.

'날림 사회형 위험' 역시 중국에서 폭증하고 있다. 실용주의의 기치 아래 사회주의 경제 원칙을 사실상 폐기하고 고도 경제성장 및 산업화에 정치적 사활을 걸고 있는 공산당 정권은 스스로의 의지에 상관없이 간부들에게는 경제 실적 지상주의를, 기업가들에게는 이윤 추구의 몰윤리성을 배양해 왔다.[14] 이러한 태도는 생산과정에서 안전관리의 유기, 위해 요소의 악용 등으로 이어질 수밖에 없다. 지방으로 내려가면 지역 경제 발전을 지상 목표로 삼는 지방정부와, 이에 인적·정치적·금전적으로 유착된 지방 기업들 사이에 공공연한 담합 구조가 형성되어 노동자, 소비자, 지역 주민 등의 안녕을 위협하는 경제행위가 제도적으로 자행되고 있다.

날림사회의 중국적 발현으로서 특히 심각한 문제가, 상상의 한계를 넘는 '짝퉁' 상품의 제조 및 유통을 위시한 '위조 경제'(僞造經濟)의 범람이다. 중국산 위조 제품들이 갖고 있는 성능 부실과 위해 성분들이 중국뿐 아니라 전 세계에서 끊임없이 문제가 되고 있다. '세계의 공장'인 중국이 세계인을 위해 상품뿐 아니라 위험을 함께 제조하고 있는 것이 현실이며, 여기에는 기업 성장이 경제 발전이라는 등식을 내세워 갈수록 강고해지고 있는 중국 기업과 당·정 관리의 부패 유착 구조가 바탕에 깔려 있다.[15] 개혁기 중국에서 위

....

14) 베이징 올림픽을 전후해서 강화된 중화 민족주의의 분위기, 나아가 미국과의 패권적 경쟁(대결) 의식 등이 급속한 경제개발의 애국주의적 정당화를 더욱 농후하게 만들고 있다.
15) 올림픽의 성공적 개최 이후 자긍심과 안도감을 갖던 중국 사회를 일거에 뒤흔든 멜라민 첨가 유제품 사건

조 경제의 확산과 방치는 등소평의 흑묘백묘(黑貓白貓)론이 결과적으로 '수단과 방법을 가리지 않고' 국가·지역·기업의 (날림) 성장만 추구하면 된다는 태도를 만연시키고 부패 환경을 정당화시켜 왔으며, 나아가 중국과 세계를 동시에 심각한 위험 요소들에 노출시키는 결과를 가지고 왔음을 반증한다.

한국의 경우 날림사회의 다양한 위험 요소들에 대해 나름대로의 엄격한 규제 법규들이 존재하지만 그 집행상의 왜곡이나 타협이 문제가 되는 데 반해, 중국의 경우 규제 법규의 미비와 무시뿐 아니라 국가권력의 집중과 미분화에 따른 법치의 구조적 취약성이 날림 사회형 위험들을 온존시키고 있다. 중앙 및 지방의 미분화된 국가권력(간부)이 정치적 목적이나 개인적 이해를 위해 인민의 안전을 희생시키는 행정·경제·사회 활동을 조장하거나 용인하는 경우 이에 대한 국가적·사회적 통제는 실제 불가능하다. 심각한 사회적 희생을 치르는 안전사고가 터지면 간부들에 대한 처벌과 문책이 뒤따르지만 근본적인 제도적 해결책이 모색되지 못한 상황에서 곧 또 다른 안전사고가 이어지는 구조적 이유가 여기에 있다. 이렇게 해서 일부 간부들의 부패나 무능은 해소될지 몰라도 날림사회의 위험성이 근본적으로 개선되기 어렵다.

3) 체제 전환형 중국적 위험 구조

중국의 개혁은 경제·사회·문화적으로 폭발적 변화들을 가져왔으나 러

....

의 최대 주범인 허베이 성 싼루(三鹿) 집단이 최근 소재 도시 지방정부의 유제품 시장 살리기를 위한 우유 시식 행사에 신스다(新世達)로 슬그머니 이름을 바꿔 참여함으로써 중국 네티즌들이 경악했다고 한다 (www.soundofhope.or.kr). 네티즌의 폭로에 의하면 이 기업은 멜라민 파동 직후 개칭하여 고위층을 위한 특별 유제품 제공 업체인 싼위안(三元) 집단에 흡수되었다고 한다. 이러한 상황은 긴밀한 관경(官經) 유착이 아니면 설명되기 힘들 것이다.

시아 및 동구의 '혁명적' 체제 전환에 비해 상대적으로 '점진적'인 체제 보완의 성격을 띠어 왔다고 평가된다. 중국에서는 여전히 공산당의 국가권력 독점 및 이에 기초한 사회적 통제가 실현되고 있고 개혁의 과정은 사회주의 체제를 일거에 총체적으로 부정하는 것이 아니라 경제적 생산력의 획기적 제고를 위해 시장경제와 자본주의의 요소들을 부문별로 시차를 두고 확산시키는 것이었다. '사회주의 시장경제'의 발달로 칭해진 이러한 과정은 한편으로 사회주의와 자본주의(시장경제)가 상당 기간의 공존 관계를 가지며 각자가 가진 사회적 효용성을 분담 실현시키는 것이지만, 다른 한편으로 각 체제에 관련된 경제·사회적 조건과 효과가 상대 체제에 의해 복잡한 영향을 받음으로써 의도하지 않은 문제들이 발생하기도 한다. 여기에 사회주의와 자본주의(시장경제)가 본원적으로 가진 문제들이 아울러 발생함으로써 점진주의 개혁 하의 중국은 체제론적 차원에서 미증유의 복잡성을 보여 주고 있다. 이러한 복잡성은 사회적 위험 구조에 직결되어 중국은 한국보다 훨씬 복합적인 복합위험사회가 되어 가고 있다.

우선 중국의 탈사회주의 개혁이 시장경제적 발전 잠재력을 가진 산업·지역별로 차등 실현되어 온 사실은 산업 및 지역에 따라 여전히 사회주의적 제도와 관행이 잔존해 있으며, 이에 수반된 다양한 위험 요소들도 함께 인민들의 삶을 지배하고 있음을 의미한다. 경제개혁의 최대 난제인 내륙 중공업 지대의 현실은 조직적 효율성도 시장 경쟁력도 뒤떨어지는 여러 국영기업들을 국가 재정이라는 인공호흡기에 의존시켜 인위적으로 생명 연장을 해 온 것이었다. 이처럼 불리한 상황에서 사회주의 중공업들에 고질적으로 배태된 작업환경 위해성, 생태 환경 파괴 등 위험 요소들이 개선이나 예방의 계기를 찾기가 원천적으로 불가능하다(Vermeer 1998, 952-985). 또한 과도한 도시 팽창 및 농지전용에 따라 농지 부족 사태가 심각해지자 국가가 일부 지역 농민들과 이주민들을 동원해 과거의 사회주의 방식으로 농지 개간에 나서면서 생태 환경이 치명적으로 교란되고 광범위한 사막화와 같은 재앙이 닥치게 되었다(이강원 2007). 아울러 농지 공유제 하의 개별 경작이라는 독특한 농업 체계도 농민들로 하여금 토질의 보존과 개선보다는 과도한 착취에 나서게 함으로써 생태적 위해 요소가 된다는 주장도 있다(Putterman 1995).

전국에 걸친 시장경제의 확대 및 여러 산업에서의 자본제 원리 확산으로 이제 중국은 사회주의 경제라기보다는 자본주의 시장경제로서의 성격이 훨씬 강하다. 그런데 자본주의 시장경제는 근원적으로 시민의 안전을 보장하는 기능이 취약하고 나아가 다양한 위해 요소들을 외부 효과(externalities)나 심지어 상품으로서 생성시키는 성격을 갖고 있다. 이에 따라 대다수 선진 시장경제 사회들에서는 산업 활동 관련 위험의 예방과 관리 그리고 위해 상품의 감시와 규제를 국가의 핵심적 공공사업(public work)으로 설정하여 꾸준히 실행해 왔다. 중국 정부의 경우도 시장경제의 이러한 구조적 문제점 및 관련한 체계적 대응의 필요성을 인식하고 있는 것처럼 보이지만, 현실적으로는 시장경제의 미성숙성 이상으로 공적 위험관리의 미성숙성이 심각하게 드러나고 있다. 여기에 비민주적 국가권력(간부)의 고질적 부패 성향이 결합되어 위험 구조를 악화시키고 있다. 그런데 모택동 사후 실용주의 개혁을 위해 사회주의적 제도·정책의 부적합성과 비효율성에 대한 포괄적인 비판을 제기해 온 등소평계 공산당 정권으로서는 그동안 서구 좌파 정권들이 수행해 온 것과 같은 자본주의 시장경제의 구조적 모순과 위험에 대한 체계적 인식과 보완에 적극적으로 나서기가 오히려 어려울 수도 있다. 좌익의 간판을 걸고 좌익의 정책을 전면에 내세우기 힘든 중국 지도부로서는 시장경제에 수반된 다양한 위험 요소들에 대해서도 (자본주의 시장경제에 대한) 체제 비판적인 접근보다는 국부적 미봉책들에 의존하고 있는 것이 현실이며, 후진타오 시대의 화해(和諧) 정책 역시 이러한 한계가 분명해 보인다.

시장경제는 본원적 위험 요소들을 안고 있지만 자율적 조정 기능에 의해 위험 요소들을 걸러 내는 잠재력도 갖고 있다. 상품의 위험성이 알려지면 소비가 중단될 것이고, 작업장에서 노동자의 위해가 드러나면 고급 노동 인력을 공급받을 수 없을 것이고, 기업 활동이 생태·사회 환경에 악영향을 미치면 다양한 관련 집단들로부터 기피 대상이 되거나 피해 보상을 요구받을 것이다. 그런데 중국의 시장경제는 초기 발전 단계부터 중앙과 지방 차원에서 이른바 '개발국가'(developmental state)의 강력한 개입과 후원을 받고 있다. 만일 개발국가의 지상 목표인 전국 및 지방 차원의 고도 경제성장을 위해 위험 요소들을 심각하게 안고 있는 기업 활동이 인위적으로 은닉되거나 비호되어 시장의 위험 조절 기능이 마비된다면 중국은 위험사회로서의 성격이 걷잡을 수 없이 심화될 것이다.[16] 개발국가 현상과 별도로, 사실 중국의 무수한 기업들은 개혁 이전의 국유·집체 단위에서 민영기업으로 간판만 바꿔 달았으며 주주·경영진 구성에서 생산·판매 활동에 이르기까지 국가의 간섭이나 당·정 간부의 이해관계로부터 별로 자유롭지 못하기 때문에, 이러한 기업들의 위험 유발 행태가 국가에 의해 적절히 감시·통제될 것이라고 기대하기가 어렵다. 이처럼 다양한 이유들로 인해, 사회적 위해를 일으켜 처벌받게 되는 기업들의 상당수는 시장에서의 기업 활동 저변에 국가권력(간부)과의 유착 관계를 갖고 있었으며, 이러한 부패 고리는 지방이나 중앙 차원의 개발국가적 목적의식에 의해 일상적으로 정당화되는 것이 사실이다(Lu 2000; Unger and Chan 1999).

개발국가의 사회적 함정은 여기에서 그치지 않는다. 근대 자유주의 산업

----

16) 중국에서 개발(주의)국가의 정치적 변질에 관한 심도 있는 비판적 연구로는 Pei(2006).

사회(시장경제)의 분업 질서를 암묵적인 집단적 계약관계라는 차원에서 파악했던 프랑스의 뒤르케임(Emile Durkheim)은 "계약의 비계약적 기초"라는 개념을 통해 사회 구성원들이 법규나 사계약의 강제 없이도 자율적 규범으로 준수하는 상호 의무들이 있음을 지적한다(Durkheim [1933]1997). 이는 산업사회의 이른바 "유기적 연대"(organic solidarity)를 가능케 하는 규범적 바탕이며, 경제학에서 말하는 "거래 비용"(transaction costs)을 줄여 주는 사회적 기반 장치(social infrastructure)가 되며, 궁극적으로 자유주의 국가의 문화적 토대가 된다. 그런데 한국과 중국에서와 같이 개발국가가 정치적으로 설정된 발전 목표를 달성하기 위해 (특정 주체에 유리한 방향으로) 시장 질서에 대한 인위적 개입이나 변형을 시도할 때, 참여 주체들 사이의 자율적 상호 의무 준수가 어렵게 되고 신뢰 체계의 취약성에 따른 경제·사회적 불안정성이 구조화될 수 있다.17) 어떤 상황에서건 분명한 법적·정치적 강제가 없거나 사계약으로 일일이 규정하고 물리적 감시를 일상적으로 하지 않는 한 상대방을 속이려 드는 행태가 보편화되면, 시장경제가 현실성을 갖기 어렵다. 이에 더해서, 중국에서처럼 공산당이 현재의 정치적 간판을 유지하면서 집권을 영속화하려는 과정에서 자유주의 사회·경제 질서에 대한 적극적 인정과 심화를 막연히 미루고 있는 상황에서는 이러한 딜레마가 결코 해소될 수 없을 것이다. 이 문제는 흔히 노동자·소비자·시민 등 경제활동의 동반자·대상자·협력자에 대한 위해 요인의 은닉으로 나타나는 경우가 많으며, 이른바 기업윤리의 아킬레스건이 되곤 한다.

이처럼 시장경제의 본원적 위험 요소들과 이에 대한 관리, 그리고 계약적 경제 관계의 사회적 조건인 상호 신뢰 체계의 확립 등의 과제가 중국에게

---

17) 한국의 정치 질서와 사회적 신뢰의 관계에 대해서는 이재열(1998)을 참조.

결코 녹록치 않은 것이지만, 더욱 심각한 문제는 갑자기 대두된 시장경제 질서에 대한 여러 주체들의 생소함·부적응·거부감이 심각한 위험 요인들로 작용하는 것이다. 새로운 사회현상으로서 시장경제는 일부 기민한 주체들에게는 엄청난 경제적 기회로 작용하지만 '체제 미숙련자'인 수많은 인민에게는 사회적 혼돈과 불안의 원천일 수밖에 없다. 이 문제와 관련해서는 특히 여러 대외 개방 지역에서 무자비한 노동시장 원칙을 적용하려는 자본주의 외자 기업들에 고용된 중국 노동자들이 노사분규, 산업재해, 심신장애 등의 형태로 겪는 위험 요소들이 상징적이지만, 내국인 소유·경영 기업들의 상황도 예외는 아니다.18) 오히려 후자에서는 전자의 일부가 가질 수 있는 장기간의 노자 관계 및 안전관리 경험이 결여되어 있기 때문에 문제가 더욱 심각할 수도 있다.19)

이처럼 시장경제로의 전환 과정에서 대다수 인민이 체제 미숙련자로서의 고통을 감내해야 하지만, 이와는 별도로 시장 경쟁(market competition) 자원의 결핍에 따른 곤경을 함께 겪어야 한다. 시장 지향적 체제 개혁은 국내외 시장 상황의 요구에 부응하는 새로운 산업 및 기술의 신속하고 지속적인 도입을 관건으로 삼지만 이러한 변화의 전제로 인민들의 새로운 경제활동 자원 확보를 염두에 두지는 않는다. '알아서 좇아가야 할' 인민들의 대다수

....

18) 유감스럽게도 한국계 독자 기업들에서 이러한 문제가 특히 심각하다고 알려져 있으며, 필자는 1996년 산둥성 일대의 기업 조사를 통해 마찬가지의 관찰을 할 수 있었다(장경섭 2001). 물론 한국의 산업화 초기에 노동 집약적 제조업 분야에서 이농 노동자들이 겪었던 무자비한 착취 및 위해 경험, 그리고 최근 한국이 받아들인 대규모 외국인 노동인구가 겪고 있는 마찬가지의 경험이 같은 맥락에서 설명될 수 있지만, 이것이 결코 중국인들을 설득할 수 있는 논거는 될 수 없다. 한국에서의 (살벌한 자본주의적) 임노동 경험이 귀국 후 경제적 성공의 밑거름이 되었다고 생각하는 일부 아시아 귀국 노동자들의 태도가 역설적이다.

19) 이러한 차원에서 특히 심각한 문제는 국가(지방정부)의 용인 아래 기업들이 각종 직업병과 산업재해를 유발하는 작업환경을 근본적으로 개선하려 들지 않는 점이다. 2008년 8월에 베이징에서 열린 한 국제회의에서 중국 위생부 관계자가 현재 중국에는 "유독 유해 관련 업체가 1천6백만 개를 넘었으며, 직업병에 시달리고 있는 노동자가 2억 명을 웃돌고 있다"고 밝혀 참석자들을 놀라게 했다(http://media.daum.net, 2006/09/12).

는 사회주의적 무산계급이었으며, 그들의 생산 활동 경력은 소속 생산 단위의 국가적 용도 폐기에 따라 함께 경제적 가치를 잃게 되는 것이 다반사다.[20] 이처럼 자본주의 시장경제에서 "생산요소"로서의 경쟁력이 미약한 존재로 갑자기 재탄생한 수많은 인민들은 그 핸디캡을 극복하기 위해 다양한 위험 요인을 무릅쓴 내용이나 방식의 경제활동에 나서게 된다.[21] 이들에게는 '위험의 감수'가 중요한 시장적 경쟁력이 되는 것인데, 특히 중국 거대도시들의 무허가 이주 노동자, 즉 맹류(盲流)의 상황이 대표적이다. 이들에 대해 중국 정부가 사회적 차원의 위험 인자로 인식하는 태도가 역설적이다.

4. 중국의 정치·사회질서와 위험의 분배 구조

이상에서 살펴본 것처럼 복합위험사회로서의 중국은 이 글에서 비교의 준거로 삼았던 한국의 경우보다 훨씬 더 복합적인 위험사회다. 후진국형, 선진국형, 폭증 사회형, 날림 사회형, 사회주의형, 시장경제형, 체제전환형 등 충분한 분류가 힘들 정도의 다양한 위험 요소들이 공존하는 오늘날의 중국에서 일상생활의 불안과 공포는 사회 전체가 겪는 보편적 현상일 것이다. 일

....

20) 차라리 공유 농지에 대한 장기 경작권을 보장받고 과거와 크게 달라지지 않은 농산물 재배에 임하는 농민들에게 이러한 곤경이 덜하다고 볼 수 있다.

21) 탄광 사고로 매년 수천 명이 사망하고, 객관적 자료를 확보할 수 없을 정도로 성병(sexually transmitted diseases)이 성 노동 여성들에게 급속히 번져 나가는 등의 추세는 '몸으로 때워야' 생활할 수 있는 기층 인민들의 위험 노출 현실을 대변한다. 특히 탄광 사고는 2001년에 2,384건에 6,078명 사망, 2002년에 3,112건에 6,528명 사망, 2003년에 4,143건에 6,424명 사망, 2004년에 3,853건에 6,027명 사망을 기록해 비교할 나라가 없을 정도이다(www.newsis.com, 2007/08/24). 중국 탄광의 단위 생산량별 사고 사망자 수는 저개발국 평균의 10배를 웃도는 정도다. 중국 광부의 대부분은 빈곤 농촌 지역에서 쏟아져 나온 농민공들이다.

상생활이 안전한 중국 사회를 만드는 일은 외국의 침탈로부터 중국을 지키는 것에 못지않게 범국가(인민)적인 중요성을 갖는 과제일 수도 있다. 그러나 구체적으로 들여다보면, 대다수의 위험 요소들은 각 인민이 처한 경제적 여건뿐 아니라 중국의 복잡한 정치·사회적 질서 속에서 갖는 각자의 지위에 따라 차별적으로 실현된다. 탈사회주의적 경제·사회 변화가 물질적 차원의 불평등으로 빠르게 이어지는 것이 공산당 지배 하의 중국에서 핵심적 딜레마로 간주되지만, 이에 못지않게 위험사회 경험에 있어서의 불평등이 심각한 정치·사회적 문제로 대두되고 있다. 극도로 복합적인 위험사회로서의 중국은 위험 자체가 별도로 핵심적인 사회 불평등 체계를 구성하고 있으며, 이는 탈사회주의적 체제 전환과 경제 발전의 사회·정치적 아킬레스건으로 대두된다. 따라서 오늘날 중국 사회의 불평등 구조는 물질적 측면에 덧붙여 위험 경험(experience of risk)의 측면들을 반드시 함께 고려해야 한다.[22]

우선, 개혁기 들어 시장 지향적 경제활동의 확산과 사회주의적 복지 혜택의 약화로 급증하게 된 빈부 격차는 계층별로 안전에 관련해서도 뚜렷한 차별적 지위를 갖게 만들었다. 개혁 초기에는 소득 격차의 확대도 뚜렷하지 않았으며, 상대적 고소득층도 기초적인 내구소비재 등에 대해 이전 시기에 '포기했던 소비'(foregone consumption)를 만회하려 들었던 것이 물질적 불평등의 주된 내용이었다. 그러나 개혁이 심화되면서 소득 격차가 웬만한 자본주의 개발도상국들을 능가하는 수준에 이르자 '소비의 양' 못지않게 '소비의 질'이 계층 간의 차이를 규정하게 되었는데, 여기에서 일상생활의 안전에 대한 욕구가 급속하게 상품 시장에 반영되기 시작했다. 안전한 주택 및 주거 환경, 안전한 식품, 안전한 자동차 등이 순식간에 상품 시장의 화두로 떠올

---

22) 물론 정치권력 우위의 사회이자 오랜 문화 전통을 가진 사회이기 때문에 정치·사회적 지위의 측면 및 문화적 측면도 함께 고려해야 할 것이다.

랐으며, 이러한 추세는 소득 격차의 확대에 맞물려 심화 일로에 있다 (Fleischer 2007). 다른 한편으로 가짜 상품 및 위해 상품의 홍수로 소득 고저에 상관없이 상품 안전에 대한 우려가 전 사회에 확산되었는데, 자신의 경제력으로는 이를 근원적으로 피해 갈 수 없는 저소득층이 이 과정에서 엄청난 소외와 좌절을 느끼게 되었다.23) 특히 식품 등과 관련하여 당·정의 최고위층을 위해 가장 안전한 제품을 별도로 공급하는 기관이 있다는 사실이 알려지면서 이것이 일반 인민들에게 어떠한 심리적 영향을 미쳤을지 짐작하기가 어렵지 않다. 더욱 근본적으로는, 핵심 국가 엘리트의 이러한 행태를 통해 앞으로 중국에서 안전이 사회의 공공재(public good)로서보다는 시장의 상품으로서 확보되어야 할 개연성이 갈수록 커질 것임을 알 수 있다.24)

개혁기 중국의 핵심적 정치·사회질서 가운데 권위주의적 국가-시민 관계, 사회집단별 배제적 시민권과 차별적 경제활동, 개혁·개방의 공간적 차등성과 분절성 등 세 가지가 위험의 사회질서에 긴밀히 얽혀 있다고 볼 수 있다. 첫째, 권위주의적 국가-시민 관계의 문제는, 국가권력이 공산당에 의해 배타적으로 행사되고 있고 이에 따라 중앙과 지방의 각종 간부 및 이들과 유착된 세력의 배타적 이익을 위해 일반 인민의 안전이 여러 측면에서 위협받는 상황을 말하며, 주로 부정부패를 배경으로 치명적 안전사고가 발생하거나 안

....

23) 최근 멜라민 분유 사건의 와중에 일부 중국인들이 안심할 수 있는 분유를 사기 위해 홍콩으로까지 몰려든다고 하는데, 이는 여유 계층에나 가능한 대책일 수밖에 없으며 멜라민 분유 사건 자체에 못지않게 수많은 (저소득층) 인민을 좌절하게 만드는 현상이다.

24) 2004년 국가가 설립해 운영하는 특별식품제공센터(特別食品提供中心)는 "몽고의 목초지에서 사육된 호르몬 물질이 제거된 쇠고기와 티베트의 산기슭에서 재배된 유기농 차, 백두산의 눈을 녹인 물로 재배된 쌀, 생선과 쌀로 유명한 후베이 성의 생선 등"의 "귀족 음식"을 시중에는 유통시키지 않고 수백 명의 고위 관리와 가족들에게 은밀히 제공해 왔다고 한다. 이 기관의 책임자가 식품 기업 관계자들과의 면담에서 "우리는 모두 일반 식품의 생산과정에서 화학비료, 구충제, 항생물질 등이 널리 사용되고 있다는 사실을 잘 알고 있으며, 이는 말할 필요도 없이 인간에게 치명적인 결과를 유발한다"고 말한 사실이 드러나 인터넷을 통해 확산됨으로써 일반 인민들의 공분을 사게 되었다(Associate Press, 25 September 2008).

전을 위협하는 기업 비리와 횡포가 저질러지는 것이다. 여전히 국가(간부)와 실질적으로 미분화되었거나 권력 엘리트의 이해관계를 바탕으로 설립된 수많은 기업들이 알게 모르게 발생시키는 위해 요소들에 대해 독재 국가권력이 인민의 보편적 입장에서 적극적으로 감시와 통제에 나서기를 기대하기가 쉽지 않다.[25] 또한 개발주의 정치 세력으로 변신한 중앙과 지방의 당·정 엘리트가 국가 및 지역 차원의 경제성장에 대한 비중이 큰 기업들이 일상적으로 발생시키는 위해 요소들에 대해 '산업 정책'의 차원에서 묵인하는 것도 다반사다. 권력 불평등이 위험 불평등으로 이어지는 현실은 공산당의 권력 독점 체제 유지에 심각한 도덕적 장애가 된다는 것이 이미 확연하다.

둘째, 개혁기의 시장경제 체제는 이전 사회주의 시기에 존재했던 인민 내부의 차별 구조를 대체하기보다는 중첩적으로 더욱 복합적인 차별 구조를 만들어 냈는데, 이 현상은 위험사회적 측면에도 그대로 드러난다. 개혁 이전에 존재했던 농민과 도시 노동자 사이의 경직된 사회·경제적 분리·차별 구조는 개혁 이후에 농민, 농민공, 향진기업 노동자, 자영업자(個體戶), (도시) 국가기업 노동자, (도시) 민간 기업 노동자, (도시) 실업인구, (이농) 부랑 인구 등으로 훨씬 복잡해졌다(Chang 2003). 이처럼 복잡 다양한 집단들 사이에는 다층위의 배제적 시민권과 차별적 경제활동이 적용되는데, 위험과 관련해서도 중요한 차이가 발생한다(Solinger 1999). 즉 이들 사이에 존재하는 사회보장, 공공서비스, 고용, 사업 기회 등에 대한 차별적 접근성이 결과적으로 다양한 위험에 대한 노출 및 위험으로부터의 보호에 있어 중요한 차이를 낳는 것이다. 이러한 차원에서 특히 문제가 되는 집단이 농민공, (이농) 부랑

....

25) 이런 권력 불평등 구조에 대응하는 방안으로 소비자 운동이 중요한 역할을 할 수 있지만, 아직 이런 방향으로 중국 내 시민사회의 자율적인 움직임이 뚜렷하다고 보기는 어렵다. 이에 관한 이중희 교수의 지적에 감사드린다.

인구, (도시) 실업인구인데, 이들은 생존을 위해 다른 사람들이 회피하는 저임금·고위험 일자리를 받아들여야 할 뿐 아니라 심각한 위험에 노출되어 긴급한 구조나 장기적 치료가 필요할 때에도 제도적인 지원을 받기 불가능한 경우가 허다하다.[26] 그리고 농민, 자영업자 등도 (도시 노동자에 비해) 국가적 사회보장 체계의 미비로 일상의 다양한 위험 요소로부터 충분히 보호받기가 힘들다.

마지막으로, 중국의 개혁·개방은 거대한 영토, 인구, 경제 규모 및 경제·사회체제의 복잡성을 반영해 뚜렷한 공간적 차등성과 분절성을 보이며 전개되었는데, 여기에 맞물려 위험의 종류와 분포에 있어 중요한 공간적 차이가 나타났다. 도시-농촌, 연안-내륙 등 공간적 기준에 따라 개혁·개방이 분절적으로 추진되고 그 경제·사회적 결과가 차등적으로 나타났는데, 다양한 위해 요인들의 발생과 피해도 공간적으로 분절적이었다. 도시와 농촌 사이에는 각각에 일반적인 산업·생태·생활 재해들이 차별적으로 나타났으며, 아울러 도시화의 급진전에 따라 도시 팽창 지역 인근의 생태 환경 파괴와 산업적 오염이 심각해졌고, 동시에 농지 부족에 따른 경작지 및 목축지의 무리한 개발에 따라 범국가적 차원의 위기의식을 초래한 전국적 사막화 현상까지 대두되었다(이강원 2007).[27] 연안과 내륙 사이의 차이는 개혁기 들어 도시화의 진전이 연안 지역에 집중되었기 때문에 상당 부분 도시와 농촌 사이의 차이에 겹친다. 아울러, 서부 및 동북 내륙지역의 구조적 경제 침체와 험난한 자연환경

....

26) 이는 한국의 불법 이주 노동자들이 산업재해를 입었을 때, 불법 체류에 대한 처벌과 추방을 두려워해 병원에도 제대로 가지 못하는 현상과 맥이 닿아 있다.

27) 국가임업국(國家林業局)의 발표에 의하면, 2006년 현재 중국의 사막 및 사막화 진행 면적은 173.97만 평방킬로미터로 국토 면적의 18.12퍼센트를 차지했다(www.china.com.cn./chinese/huanjing/1245632.htm). 1995~99년 사이의 연평균 사막 증가폭은 3,439평방킬로미터였으나 2000년 이후 속도가 줄어 연평균 1,283평방킬로미터가 증가하고 있다.

은 그 자체가 다양한 위험 요소들을 발생시키지만, 이러한 어려움을 극복하려는 해당 지역의 노력과 이들 지역을 중국 전체의 필요에 따라 개발하려는 중앙의 욕구에 수반되어 또 다른 위험 요소들이 축적되고 있다.[28]

5. 결론과 전망

이상에서 개혁기 중국의 복잡다기한 위험사회 증후군을 이론적으로 분류해 보고 이의 구성과 분포를 경제·정치·사회적 질서에 연결시켜 살펴본 바에 따르면, 중국은 한국보다 훨씬 더 복합적인 복합위험사회라는 잠정적 결론을 내릴 수 있다. 그런데 이러한 위험사회로서 중국의 극단적 복합성은 무엇보다 공산당의 지속적 독재 하에서 사회주의 체제로부터 시장경제 체제로 점진적으로 전환해 나가는 특수한 역사적 과정 자체에 내재된 면이 강하다. 그리고 이러한 체제 전환은 정치권력의 특수성뿐 아니라 중국의 거대한 인구, 영토, 경제 및 현재의 (전국적으로 보아) 낮은 경제 발전 수준을 감안할 때 매우 장구한 과정이 될 수밖에 없고, 따라서 복합위험사회로서 중국이 직면한 심각한 사회·정치·생태적 난제들은 국가와 인민이 혼연일체가 되더라도 오랜 기간 투쟁적으로 대처해야 할 사안이다. 사실 중국처럼 체제 전환의 복잡한 과정 없이 자본주의적 발전에만 몰입한 수많은 개발도상국들이 여전히 기초적 시장경제 질서의 확립에도 고전을 하고 있는 현실을 살펴보면, 위험 문제를 위시하여 중국의 앞날이 얼마나 험난할지를 추측하기란

....

28) 충분한 위험관리가 수반되지 않은 광산의 급증, 환경 영향(environmental impact)이 적절히 분석되지 않은 댐 건설 급증 등이 실례다.

어렵지 않다.

끝으로, 본 연구자는 한국의 복합위험사회로서의 성격을 '압축적 근대성'(compressed modernity)의 한 표현으로서 상정하여 설명했는데, 중국 역시 마찬가지의 압축적 근대성을 구성해 가고 있다고 볼 수 있다(Chang 1999). 그런데 중국이 한국보다 훨씬 더 복합적인 복합위험사회인 것처럼, 한국보다 훨씬 더 압축적인 압축적 근대성을 구성해 가고 있는 것 같다. 여기에는 물론 사회주의 체제에서 시장경제 체제로 점진적 전환을 하고 있는 역사적 특수성이 반영된 것이다. 사실, 사회주의는 종주국인 러시아로부터 중국에 이르기까지 그 자체가 근대성의 한 패러다임(paradigm)으로서 설정되고 추구된 것이며, 개혁기 중국은 사회주의의 경쟁적 근대성 패러다임인 (자본주의적) 시장경제로 전환하려는 것이다. 그러나 작금의 중국이 역사적 실제로서 체현하고 있는 것은 사회주의와 자본주의의 체제 요소가 복잡하게 혼재하고, 사회의 제도·이념·관계·조직들이 종류와 상황에 따라 선진성과 후진성 혹은 격변과 온존을 대조적으로 보이는 극단적으로 압축적인 압축적 근대성이다. 홍콩의 한 언론은 최근 "오염 분유 파동이 중국의 역사적인 우주 유영 위업을 반감시켰다"며 중국이 선저우(神舟) 7호의 세계 세 번째 우주 유영과, 세계로 팔려 나간 멜라민 첨가 분유 사건을 통해 극단적으로 대조되는 방식으로 세계인의 이목을 동시에 집중시킨 역설을 지적했다(South China Morning Post 2008/09/28). 이러한 역설은 바로 압축적 근대성의 표현이며, 복합위험사회로서 중국의 본질을 여과 없이 드러낸다.

참고문헌

김화순·신재영. 2005. "북한 이탈 주민의 취업 눈높이 유형에 관한 사례연구 : 고용지원제도 와의 관계를 중심으로." 『통일문제연구』 17권 1호, pp. 191-212.

이강원. 2007. 『사막중국 : 중국의 토지이용 변화와 사막화』. 폴리테이아.

이재열. 1998. "민주주의, 사회적 신뢰, 사회적 자본." 『계간 사상』(여름), pp. 65-93.

_____. 2005. "한국 사회의 위험 구조 변화." 정보통신정책연구원.

장경섭. 1998. "압축적 근대성과 복합위험사회." 한국비교사회연구회 편, 『동아시아의 성공 과 좌절』(『비교사회』 2호), pp. 373-414.

_____. 2001. "중국의 '역(逆)노동자화': 정책·제도적 환경과 산둥 노동자의 경험." 『국제·지 역연구』 10권 4호, pp. 23-56.

楊雪冬等. 2006. 『風險社會與秩序重建』. 北京: 社會科學文獻出版社.

袁鐵成. 2004. "中國進入'風險社會'危機處理系統落後嚴重." www.xici.net/b6891/d21097600.htm.

Beck, Ulrich. 1992. *Risk Society: Towards a New Modernity*. London: Sage.

_____. 1999. *World Risk Society*. Cambridge: Polity Press.

Chang Kyung-Sup. 1999. "Compressed Modernity and Its Discontents: South Korean Society in Transition." *Economy and Society* vol. 28, no. 1, pp. 30-55.

_____. 2003. "Politics of Partial Marketization: State and Class Relations in Post-Mao China." Alvin Y. ed. *China's Developmental Miracle: Origins, Transformations, and Challenges*. Armonk: M. E. Sharpe, pp. 265-288.

Durkheim, Emile. [1933]1997. *The Division of Labor in Society*. New York: Free Press.

Fleischer, Friederike. 2007. "'To Choose a House Means to Choose a Lifestyle' The Consumption of Housing and Class-Structuration in Urban China." *City and Society* vol. 19, no. 2, pp. 287-311.

Goonatilake, Susantha. 1984. *Aborted Discovery: Science and Creativity in the Third World*. London: Zed Books.

Lu, Xiabo. 2000. "Booty Socialism, Bureau-preneurs, and the State in Transition : Organizational Corruption in China." *Comparative Politics* vol. 32, no. 3, pp. 273-294.

Pei, Minxin. 2006. *China's Trapped Transition: The Limits of Developmental Autocracy*.

Cambridge: Harvard University Press.

Putterman, Louis. 1995. "The Role of Ownership and Property Rights in China's Economic Transition." *China Quarterly* no. 144, pp. 1047-1064.

Rueschemeyer, Dietrich, Evelyne Huber Stephens, and John D. Stephens 1992. *Capitalist Development and Democracy.* Chicago: University of Chicago Press.

Solinger, Dorothy J. 1999. *Contesting Citizenship in Urban China: Peasant Migrants, the State, and the Logic of the Market.* Berkeley: University of California Press.

Thiers, Paul. 2003. "Risk Society Comes to China: Sars, Transparency and Public Accountability." *Asian Perspective* vol. 27, no. 2, pp. 241-251.

Unger, Jonathan and Anita Chan. 1999. "Inheritors of the Boom: Private Enterprise and the Role of Local Government in a Rural South China Township." *China Journal* no. 42, pp. 45-74.

Vermeer, Eduard B. 1998. "Industrial Pollution in China and Remedial Policies." *China Quarterly* no. 156, pp. 952-985.

Wishnick, Elizabeth. 2005. "China as A Risk Society." East-West Center Working Papers: Politics, Governance, and Security Series no. 12 (September).

Zhao, Jennifer H. and Peter Ho. 2005. "A Developmental Risk Society? The Politics of Genetically Modified Organisms(GMO) in China." *International Journal of Environmental and Sustainable Development* vol. 4, no. 4, pp. 370-394.

제3부

한·중 관계 및 비교 이슈

한·중 FTA의 쟁점과 추진 방향

양평섭

1. 서론

한·중 FTA 논의는 2004년 11월에 타당성에 대한 민간 공동 연구를 실시하기로 합의한 후 이미 4년의 시간이 지나갔다. 2004년 칠레에서 개최된 APEC 정상회담에서 중국의 후진타오 주석과 한국의 노무현 대통령이 한·중 FTA 타당성에 대한 민간 공동 연구를 실시하기로 합의했다. 이에 따라 2005년 3월 중국의 국무원발전연구중심(DRC)과 한국의 대외경제정책연구원(KIEP)이 주관이 되어 공동 연구를 시작해 2005년과 2006년 두 차례에 걸쳐 공동 연구 보고서를 발표했다. 또한 2006년 11월에 개최된 한·중 통상장관 회담 시 산관학 공동 연구를 출범시키기로 합의했고, 이러한 합의에 따라 2007년 3월부터 2008년 6월까지 다섯 차례에 걸쳐 공동 연구를 추진했다. 당초 산관학 공동 연구는 4차를 마지막으로 종료할 예정이었으나, 민감 분야에 대한 의견 차이로 인해 다소 시간이 지연되고 있다. 그러나 2008년 8월 후진타오 주석의 방한 시 양국 정상이 한·중 FTA를 적극 검토하기로 합의함으로써 진행 속도가 다소 빨라질 것으로 보인다.

현재까지 농림수산업, 결론 및 권고 문안을 제외한 대부분의 분야에서 보고서 초안에 합의했다. 이후 산관학 공동 연구를 통해 향후 한·중 FTA 추진 방향 등에 대한 권고안이 작성될 것이다. 산관학 공동 연구가 종료되면 국내의 여론 수렴 과정이 필요하며, 그 결과에 따라 한·중 FTA 협상 개시 여부도 결정될 것이다. 본고에서는 한·중 FTA에 대한 한국과 중국의 국내의 기본 입장, 주요 현안에 대한 입장을 먼저 검토하고, 한·중 FTA의 효과에 대한 기존 연구 결과 및 한·중 간 경제협력 구조의 특수성 등을 검토했다. 이에 근거하여 한국의 입장에서 한·중 FTA의 추진 방향과 주요 현안에 대한 접근 방향을 모색해 보고자 한다.

2. 한·중 FTA에 대한 한국과 중국의 입장

1) 한·중 FTA에 대한 기본 시각

(1) 한·중 FTA에 대한 한국의 기본 시각

한국은 70%를 넘어서는 대외 의존도를 가지고 있는 통상 국가로서 대내외 환경의 변화로부터 초래되는 새로운 도전과 기회에 효과적으로 대응하기 위해 1990년대 말부터 FTA 정책을 적극적으로 추진해 왔다. 이러한 배경 아래 2004년 4월 칠레와의 FTA를 발효시킨 것을 시효로 싱가포르(2006년 3월 발효) 및 EFTA(2006년 9월 발효) 등 비교적 소규모 경제권과 FTA 협정을 체결했다. 그러나 FTA 추진의 궁극적인 목표가 우리 경제의 선진화와 국제화, 경제적 이익의 극대화에 있다는 점을 감안하여 거대 경제권과의 동시다발적인 FTA를 추진한다는 기본 입장을 유지하고 있다. 이러한 원칙에 따라 한·미 FTA를 타결(2007년 4월)했으며, 현재 EU와 협상을 진행하고 있다.

중국은 한국의 최대 교역 대상국이며, 최대 무역 흑자 대상국으로서 중국에 대한 한국의 무역의존도가 높아지면서 통상 마찰에 따른 리스크가 동시에 증가하고 있는 한국으로서는 한·중 FTA를 통해 중국과의 경제적 동맹 관계를 한 단계 격상시킬 수 있다는 점에서 매우 유효한 수단이 될 것이라는 인식이 있다. 이외에도 한·중 FTA는 양국 간 경제적·정치적 긴밀화 효과 외에도 궁극적으로 동북아시아 경제협력과 통합을 위한 디딤돌 역할을 담당하게 될 것이라는 기대도 가지고 있다.

그러나 다른 한편에서는 한·중 FTA가 우리 경제에 미치는 큰 위협 및 우려 요인으로 작용할 것이라는 인식도 증대되고 있다. 중국으로부터의 농산물 및 저가 공산품이 급격하게 유입되어 한국의 관련 산업에 치명적인 타격을 주는 동시에 경제의 양극화 현상을 심화시키는 기폭제가 될 것이라는 우려다. 또한 중국의 경제구조 및 정책·제도의 투명성이 확보되지 않는 상황에서 한·중 FTA를 추진할 경우 한국이 기대하는 FTA 효과를 얻어낼 수 없을 것이라는 지적이 있다. 이외에도 한·중 FTA 추진 환경이 급변하고 있으며, 한·중 간의 교역 특성을 감안할 때, 여타 국가와의 FTA와는 전혀 다른 접근이 필요하다는 주장도 만만치 않다. 한국이 거대 경제권과 체결한 FTA의 효과가 어떠한 방향으로 전개될 것인지에 대한 예측이 불명확하고, 한·중 간의 무역 및 투자 관계의 특수성과 최근 중국과의 경제 교류 환경의 불확실성 증대로 인해 한·중 FTA의 경제적 효과가 크지 않을 것이며, 따라서 한·중 FTA는 한·중 간 경제협력 구조의 특수성을 감안하여 신중하게 추진되어야 한다는 것이다.

(2) 중국의 한·중 FTA에 대한 기본 시각

중국은 2001년 WTO에 가입한 이후 FTA 친화적인 정책을 적극 추진하고 있다. 특히 중국은 경제적인 목적 이외에 외교·안보적인 목적에서 FTA를 적극 활용하고 있다고 할 수 있다. 먼저 경제적으로는 양자 간의 FTA를 통해 상대국의 관세 인하 및 비관세장벽 완화 등 시장 접근성 향상과 무역마찰의 완화, 중국에 대한 시장경제 지위(MES) 인정, 서부 대개발 및 동북 진흥의 촉진, 원자재와 자원의 확보에 중점을 두고 있다고 할 수 있다. 이외에 외교적인 측면에서는 동북아 내지는 동아시아 지역에서의 리더십 강화, 대미 견제와 차별화 등을 들 수 있다. 이와 관련하여 중국의 국무원발전연구중심(DRC)의 관련 문헌에서는 중국의 FTA 추진 우선순위를 다음과 같이 밝힌 바 있다.[1] 국가별로는 인접 지역과 개도국이 우선이고, 동기에 있어서는 에너지 및 자원의 확보, 지국 중심의 지역주의 형성과 같은 전략적 동기가 우선하고, 이외에 해외시장 진출, 국내 지역개발 촉진, 산업 경쟁력 제고 등과 같은 경제적 동기를 강조하고 있다.

중국의 FTA 추진에 있어 한·중 FTA는 에너지·자원 확보, 시장 확대, 대선진국 우회 수출 등의 경제적인 측면보다는 자국 중심의 지역주의 형성을 촉진하려는 전략적 목표를 중시하고 있다고 할 수 있다. 또한 주변국과 우선적으로 FTA를 추진한다는 기본 원칙, 그리고 중국과의 상호 보완적인 협력 구조를 가지고 있는 국가와의 FTA 추진 원칙과도 매우 부합한다고 할 수 있다. 특히 중국은 FTA 협상의 용이성을 강조하고 있는 중국의 FTA 전략으로

....

[1] 중국의 FTA 대상국 선정의 우선순위는 다음과 같다. ① 중국은 주변국 또는 지역과의 FTA를 우선한다, ② 무역과 경제구조의 보완성을 중시한다, ③ 협상의 용이성(the ease of negotiation) 또는 중국과의 FTA에 대한 욕구(desire)가 FTA 대상 선정에 영향을 미친다. ④ 중국의 FTA 정책은 중장기적으로 글로벌화를 지향하여 주변국뿐만 아니라 무역 및 경제협력 관계를 발전시키기 위해 세계 각국 및 지역과 FTA를 추진한다(Jin 2008).

표 1	한국과 중국의 FTA 추진 현황		

추진 단계	중국	한국
협상 완료 및 발효	홍콩(2004.1 발효), 마카오(2004. 1발효), ASEAN(2005.7 발효), 파키스탄(2006.10 타결), 칠레(2006.11 발효), 뉴질랜드(2008.10 발효)	칠레(2004.4 발효), 싱가포르(2006. 3 발효), EFTA(2006.7 발효), ASEAN(2007.6발효), 미국(2007.4완료)
협상 중	ASEAN(투자), GCC, 호주, 싱가포르, 아이슬란드, 페루, 노르웨이	ASEAN(투자), EU, 인도, 일본, 멕시코, GCC
공동 연구 완료	인도, 코스타리카	
공동 연구(산관학)	한국	중국, MERCOSUR, 호주, 뉴질랜드
학술 연구(민간)	CJKFTA, EAFTA	CJKFTA, EAFTA

자료 : Fang Jin(2008) 및 Hungdo Ahn 외(2008)에서 정리.

미루어 중국의 4대 교역 국가(또는 지역)인 미국, 일본, EU, 한국 중에서 한국이 가장 협상 추진이 용이하기 때문에 한국과의 FTA 추진에 적극적인 입장을 보이고 있다고 할 수 있다.

2) 주요 쟁점

한·중 간에는 농업 및 제조업 등 상품 분야의 민감 분야, 서비스 시장 개방, 기타 이슈에 있어 의견 차이가 크다.

(1) 농업 분야

한·중 FTA 추진에 있어 양국 간에 가장 큰 이견을 보이는 분야가 바로 농수산물 분야다. 중국 농산물의 높은 가격 경쟁력, 한국산의 상대적 고관세

등을 감안할 때, 한·중 FTA 체결 시 중국 농수산물의 대한국 수출이 증가할 것이라는 점에는 양측이 모두 인정하고 있다. 그러나 한국에 대한 중국 농수산물의 수출 증가폭과 관련하여 양측의 견해에 차이가 존재한다.

한국의 경우 양국의 지리적 인접성, 양국 농수산업 생산구조 및 소비자 기호의 유사성으로 인해 한·중 FTA 추진 시 수입 증대와 그에 따른 생산 감소의 영향이 매우 클 것으로 주장하고 있다. 이와 관련하여 한·중 간 민간 공동 연구 보고서에서는 한국의 농산물 생산비는 중국에 비해 평균 9.7배에 달하며, 농산물 도매가격에 있어서도 한국은 중국에 비해 평균 6.4배의 높은 수준을 유지하고 있는 것으로 분석되었다. 특히 중국의 쌀, 대두, 차이니스 양배추, 생후추, 마늘, 포도, 쇠고기, 돼지고기 등의 도매가격은 한국의 1/6 수준으로 절대적인 가격 경쟁력 우위를 유지하고 있다. 반면 품질 경쟁력에 있어서는 한국 농수산물이 중국산에 비해 우위를 유지하고 있으며, 한국의 소비자들은 중국산 농수산물의 안정성에 의문을 제기하고 있다. 이러한 상황을 종합적으로 판단할 때 한·중 FTA가 추진될 경우2) 2020년 한국의 전체 농업 생산액은 2005년에 비해 약 20% 감소할 것으로 추정되었다. 특히 마늘, 붉은 후추 등 채소류와 포도와 감귤 등 과일류 생산 감소가 클 것으로 예상되었다. 그러나 한·중 FTA가 체결될 경우 농산물의 소비자 가격 지수는 약 30% 정도 하락함으로써 생산자 잉여가 소비자 잉여로 이전되는 결과가 나타날 것으로 예측되었다.

이러한 주장에 대해 중국은 중국 내 수요 증가, 생산비용 상승, 한국의 여타국과의 FTA 체결로 한·중 FTA 체결 시 한국에 대한 중국산 농수산물의 수출 증가 효과는 제한적이라고 주장하고 있다. 특히 한국 측의 농업 분야에

....

2) 쌀의 관세율은 2015년부터 양허 수준의 15%까지 감축하고, 기타 농수산물은 10년 동안 완전히 철폐하는 것으로 전제 조건으로 하고 있음. 『한·중 FTA 민간 공동 연구 2차년도 보고서』에서 정리.

표 2 | 제조업 분야의 한·중 FTA가 수출에 미치는 영향

업 종	한국 수출에의 영향	중국 수출에의 영향
석유화학	한국의 대중 수출 증가	정밀 화학 분야 대한국 수출 증가
섬유 및 의류	고부가가치 소재 대중 수출 증가	대한국 수출 증가
철 강	대중국 수출 증대 예상 중국 기업에 대한 M&A 환경 개선	중국의 대한 수출 과다로 추가적 대중 수출 증대 효과 미미
기 계	대중 수출 증대 예상	-
전 자	고부가가치 제품(PDPs, LCDs) 대중 수출 증대 예상	중국 내 외자 기업 고부가가치 제품의 대한국 수출 증가 중국 기업의 기술개발 촉진
자동차	대중 수출 증가 한국 기업의 대중 투자 지속 증가	-
비철금속	-	대한국 수출 증가 중국의 비철금속 수출규제로 대폭 증가 없을 것임.
고 무	한국산의 대중 경쟁력 제고	고무 제품(타이어 등)의 대한국 수출 증가
화장품	중급 브랜드의 대중국 수출 증가	-
종 이	고부가가치 제품 대중 수출 증가	종이 제품의 대한국 수출 증가

자료 : 한중 FTA 산관학 공동 연구 결과를 참고로 필자 작성.

서의 피해 규모 추정이 과다하다는 입장을 견지하고 있으며, 한국 내 소비자의 후생이 증대한다는 점을 강조하고 있다. 특히 중국 측은 산관학 공동 연구 과정에서 한·중 FTA의 부정적인 측면만 지나치게 부각되어서는 안 된다는 입장에서 농업 분야 피해에 대한 한국 측의 분석 결과를 포함시키지 않을 것을 요구하고 있는 것으로 알려지고 있다.

(2) 제조업 분야

제조업 분야의 민감 품목에 있어서 중국 측은 자동차·석유화학·기계 업종의 경우 중국의 경쟁력이 낮아 보호가 필요하다는 입장인 반면, 한국은 노동 집약적인 제품에서 피해가 클 것으로 예상하고 있다.

제조업 분야에서는 중국의 관세율이 한국보다 높아 석유화학·철강·기계·자동차 및 부품 등 대부분의 업종에서 한국의 대중국 수출이 증가할 것으로 예상되는 반면, 의류·비철금속·제지 등의 분야에서는 중국산 제품의 대한국 수출이 증가할 것으로 분석되었다. 다만 중국의 기술력 향상, 중국에 투자한 한국 기업의 대한국 수출이 증가할 가능성 등을 감안할 때 중국의 대한국 수출 확대 가능성도 큰 것으로 분석되었다.

이처럼 제조업에서 업종별로 한·중 FTA에 따른 수지표가 다르게 나타나고 있으며, 이익이 되는 부분에서는 이익의 규모를 축소하려 하고, 부정적 영향에 대해서는 확대시키려는 경향을 유지하고 있다. 이러한 현상은 제조업 분야의 민감 품목 조정 과정에서 양국 간에 치열한 논의가 불가피함을 시사하고 있다.

(3) 서비스 분야 개방 문제

FTA를 통한 서비스 부문의 개방에 있어 한국은 서비스 시장 개방을 적극 포함하고 있는 반면, 중국은 서비스 시장의 개방에 상대적으로 민감한 반응을 보이고 있다. 그러나 중국은 ASEAN과는 상품과 서비스를 분류하여 협상을 진행했으며, 홍콩과는 서비스 시장 개방을 포함한 협정을 체결했다. 뉴질랜드와 타결한 FTA에서는 처음으로 서비스 분야를 포함한 포괄적인 FTA를 추진했으며, 이러한 변화를 반영하여 한·중 FTA에서도 서비스 분야 개방 문제가 다루어지고 있다.

한·중 FTA의 서비스 분야에 있어서는 전문 서비스(법률·회계·건축설계·엔지니어링·의료·건강 등), 통신 서비스(통신·음향), 건축 및 관련 엔지니어링·유통·교육·환경·금융(은행·보험·증권), 관광(호텔·여행), 여가·문화·스포츠 서비스, 운송(해상운송·항공운송·철도운송·도로운송)으로 구분하여 협의가 이루어지고 있다. 2006년에 작성된 민간 합동 연구 보고서에서는 양국 간에는 지리적·문화적 인접성과 유사한 소비 특성으로 인해 서비스 분야의 교역 자유화가 용이할 것으로 평가하고 있으며, 양국 간 서비스 교역에서 상호 보완성으로 인해 서비스 교역 분야의 자유화의 이익이 클 것이라는 공동 인식이 형성된 것으로 보인다. 지금까지 산관학 공동 연구 과정에서 논의된 결과에 따르면 서비스 분야에서 한·중 양국은 구체적인 개방의 내용을 확정하기보다는 양국의 서비스 시장 상황과 개방정책을 설명하는 데 중점을 두고 있다.

3. 한·중 FTA 추진 시 고려 사항

1) 가공무역과 실질 관세 비교

⑴ 가공무역 중심의 한·중 교역

한국의 대중국 수출은 중국의 내수 시장에 판매하기 위한 것이라기보다는 중국 내에서 임가공 후 재수출을 목적으로 하는 중국 내 가공무역용 수출이 매우 큰 비중을 차지하고 있다. 한국의 대중국 수출은 가공무역과 보세 무역을 중심으로 이루어지고 있다. 2007년을 기준으로 한국의 대중국 수출에서 중국 내 가공무역을 위한 수출이 54.4%(중국의 대한국 수입 중 비중)를 차지하고 있으며, 보세가공무역을 위한 수출이 14.3%를 차지하고 있다.[3] 따라서

표 3 | 한국의 대중국 수출입 구조 (단위 : %)

무역 방식 구분	대중국 수출				대중국 수입			
	2001	2005	2006	2007	2001	2005	2006	2007
총계	100.0	100.0	100.0	100.0	100.0	100.0	100.0	100.0
일반무역	37.8	29.1	29.1	29.0	52.5	50.8	52.1	52.8
가공무역	53.7	56.8	54.6	54.4	46.1	46.6	45.1	43.8
* 來料加工	17.9	17.6	16.3	17.4	13.7	13.1	13.6	12.7
* 進料加工	35.6	39.1	38.2	36.8	32.4	33.5	31.5	31.0
* 가공무역수입설비	0.2	0.1	0.2	0.2	-	-	-	-
투자용 설비 및 물품	4.3	3.4	2.4	2.2	-	-	-	-
보세가공무역	4.1	10.6	13.8	14.3	1.3	2.5	2.8	3.6
* 보세창고 입출경화물	2.2	3.9	5.7	6.2	0.7	1.5	1.5	1.5
* 보세창고 중개무역	1.9	6.5	7.5	7.5	0.6	1.0	1.3	2.2
* 수출가공구수입설비	0.0	0.2	0.5	0.6	-	-	-	0.0

자료 : 중국해관통계.

중국에 수출할 때 중국의 내수 시장을 타깃으로 하는 수출은 전체 대중국 수출의 29.0%(일반 무역)에 불과한 것으로 판단된다.

이러한 특수성으로 인해 한국이 중국에 수출하는 제품을 가공 단계별[4]로 구분하여 살펴보면 소재·부품·부분품 등의 중간재가 대부분을 차지하고 있으며, 중국이 높은 관세율을 유지하고 있는 소비재가 차지하는 비중은

----

3) 한국의 대중국 수출 중 중국 세관을 통관하면서 관세를 납부하는 대중 수출액 비중은 67.3%(일반 무역과 진료 가공 포함)이며, 이중 38.2%(進料加工)는 중국에서 가공한 후 수출하는 경우 관세와 부가가치세를 환급받는다. 대중국 수출의 31.4%(來料加工 17.6%, 보세가공무역 13.8% 포함)는 통상 보세통관을 실시하고 있으며, 또한 투자용 설비와 물품의 경우에도 관세가 면제된다.

4) UN의 BEC(Broad of Economic Categories) 분류는 HS 6단위(또는 SITC 3단위)의 제품을 가공 단계별로 재분류할 수 있는 기준으로 국제무역 데이터를 일차상품, 중간재(반제품, 부품 및 부분품), 최종재(자본재, 소비재)로 분류하고 있다. 본 논문에서는 HS 상품 분류 코드에서 국제적으로 통일된 HS 6단위를 사용하여 BEC 분류를 시도했다.

표 4 | 한국의 가공 단계별 대중국 수출입 구성 (단위 : %)

구분			1992	1997	2000	2005	2006	2007
대중수출	일차상품		0.5	0.3	0.4	0.6	0.1	0.8
	중간재	소 계	88.8	82.6	84.9	82.0	79.9	76.8
		반제품	84.0	72.3	65.2	42.0	44.0	41.3
		부품 및 부분품	4.8	10.3	19.7	40.0	35.9	35.6
	최종재	소 계	10.7	17.1	14.7	17.3	20.0	22.3
		자본재	7.3	11.2	9.9	14.0	16.7	19.4
		소비재	3.5	5.9	4.8	3.3	3.3	2.9
대중수입	일차상품		37.1	20.6	16.1	9.4	5.9	6.3
	중간재	소 계	50.3	53.2	50.3	54.7	57.9	59.8
		반제품	48.6	44.4	34.4	35.3	36.9	38.4
		부품 및 부분품	1.6	8.9	16.0	19.4	20.9	21.5
	최종재	소 계	12.6	26.2	33.6	35.8	36.2	33.9
		자본재	2.6	6.6	13.7	18.5	18.7	18.7
		소비재	10.0	19.5	19.8	17.3	17.5	15.2

자료 : 한국무역협회 DB(www.kita.net)를 이용하여 분석.

3.3%에 불과하다.

대중국 수입에 있어서도 중간재 비중은 상승세를, 소비재와 일차상품 비중은 하락세를 유지하고 있다. 2007년 한국의 대중국 수입 가운데 중간재가 차지하는 비중은 59.8%로 2000년에 비해 9.5%p 높아졌으며, 최종재 비중은 33.9%를 차지했다. 중국의 자원 수출 규제와 대중국 의류 수입 증가율 둔화로 일차상품과 소비재 비중이 지속적인 하락세를 유지하고 있는 반면, 전자·통신 분야의 산업 내 분업 확대, 중국 소재 한국 기업의 역수입 등으로 전기전자 제품 및 부품의 대중국 수입 비중은 지속적인 상승세를 유지하고 있다.

표 5 | 한국과 중국의 관세 Matrix 1 (명목관세)

		한국 관세[2]		
		10% 이상	5% 이상 10% 미만	5% 미만
중국 관세[1]	10% 이상	편직물, 의류, 기타 섬유 제품	완성차, 자동차 부품, 가죽 및 모피, 비금속광물, 화장품 고무, 가전기기 기타 공산품 기타 전기기기 및 부품	철강 제품
	5% 이상 10% 미만	-	섬유 직물, 화학섬유 농약 및 비료 유기화학, 플라스틱 제품, 합성수지, 기타 화학 제품 일반 기계, 정밀 광학 계측 기기	석유제품 및 코크스 무기화학 스테인레스강 철강 및 비합금강 기타 전자 제품
	5% 미만	-	의약품	목재 및 종이 컴퓨터, 통신기기, 전자 부품 철강 일차 재료, 기타 합금강 및 봉

주 : 1) 중국의 단순평균 관세율, 2) 한국의 단순평균 관세율 3) 음영 부분은 중국이 한국에 비해 관세율이 상대적으로 높은 업종임.

(2) 한·중 간 관세 구조 비교

이러한 교역 특성이 중국의 한국산 상품에 대한 실질 관세에 영향을 미치고 있다. 한·중 간 관세율을 비교하면 다음과 같은 몇 가지 특징을 발견할 수 있다.

첫째, 제조업의 단순 평균 관세율에 있어서는 중국(9%)이 한국(6.8%)에 비해 높은 수준을 유지하고 있다고 평가할 수 있다. 특히 의약품·화학섬유·철강 및 1차 재료, 통신기기, 기타 전자 제품 업종에서만 한국이 중국에 비해 약간 높은 수준을 유지하고 있으며, 이외 업종에서는 중국이 한국에 비해 높은 수준을 유지하고 있다. 특히 완성차 업종에서는 중국의 관세율은 한국

표 6 | 중국의 대한국 실질 관세를 감안한 한국과 중국의 관세 Matrix

		한국의 관세		
		10% 이상	5% 이상 10% 미만	5% 미만
중국의 관세	10% 이상	-	완성차	-
	5% 이상 10% 미만	의류	자동차 부품, 고무 플라스틱 제품, 가전기기	-
	5% 미만	편직물	섬유 직물, 화학섬유, 기타 섬유제품 가죽 및 모피, 비금속광물 정밀 광학 계측 기기, 일반 기계, 화장품 합성수지, 농약 및 비료 무기화학, 유기화학 의약품, 기타 화학 제품 기타 공산품	목재 및 종이, 철강 제품 철강 일차 재료, 스테인레스강 철강 및 비합금강, 기타 합금강 및 봉 석유제품 및 코크스 전자 부품, 통신기기, 컴퓨터, 기타 전자 제품 기타 전기기기 및 부품

주 : 1) 중국의 대한국 실질 관세율, 2) 한국의 대중국 가중평균 관세율, 3) 음영 부분은 한국이 중국에 비해 상대적으로 관세가 높은 업종임.

의 두 배를 넘어서고 있다.

양국의 대세계 수입액을 기준으로 한 명목 가중 평균 관세율에 있어서는 전체 제조업 관세율에 있어 한국은 6.06%로 중국의 4.62%보다 높은 수준을 유지하고 있으며, 섬유 및 의류 산업에서 한국이 중국에 비해 높은 것으로 나타났다. 구체적으로 살펴보면 석유제품 및 코크스·유기화학·의약품·화학섬유·비철금속 업종에서는 한국이 중국에 비해 높은 수준을 유지하고 있다.

둘째, 한·중 간의 교역 특성(가공무역 중심의 교역 구조)을 감안한 중국의 대한국 실질 관세율을 기준으로 양국 간 관세율을 비교하면 한국이 중국보다 상당히 높은 관세율을 유지하고 있는 것으로 나타났다. 이러한 결과는 한국의 대중국 수출에 있어 관세 혜택을 받고 있는 가공무역용 수출이 많기 때문이라고 할 수 있다. 특히 중국의 한국에 대한 실질 관세율을 기준으로 보면

중국이 한국에 비해 상대적으로 높은 관세를 유지하고 있는 품목은 완성차
한 품목에 불과한 것으로 나타났다. 반면 한국이 중국에 비해 높은 관세를
유지하고 있는 품목이 훨씬 더 많은 것으로 분석되었다. 특히 섬유, 의류, 가
죽 및 모피 제품은 물론 일반 기계, 합성수지, 화장품, 정밀 계측 기기의 경우
에도 한국이 중국에 비해 상대적으로 높은 관세를 유지하고 있는 것으로 분
석되었다.

2) 중국 내 한국계 기업 중심의 대중국 수출 구조

한국이 중국으로 수출하는 제품에 대한 중국 내 수요자(buyer)의 특수
성5)이 존재한다. 한·중 간 교역은 중국에 진출해 있는 외국인 투자 기업에
의해 주도되고 있다. 중국 해관 통계에 따르면 2006년 현재 한·중 간 교역의
69.2%가 중국 내 외국인 투자 기업에 의해 이루어지고 있으며, 중국이 한국
으로부터 수입하는 제품의 75.3%가 중국에 진출해 있는 외국인 투자 기업
에 의해 수입되고 있으며, 중국이 한국으로 수출하는 금액의 56.8%가 외국
인 투자 기업에 의해 이루어진 것으로 나타났다.

이러한 결과는 중국에 진출한 외국인 투자 기업의 매입과 매출 특성에
기인한 것으로 보인다. 중국에 진출한 외국인 투자 기업들이 중국 내 생산에
필요한 중간재의 상당 부분을 한국·일본·대만 등 중국의 주변국으로부터
수입하여 중국 내에서 가공 또는 조립한 후 모국 또는 제3국으로 수출하는

···················

5) 한국무역협회와 대외경제정책연구원이 중국에 수출하는 359개 기업을 대상으로 중국 내의 거래 대상 기
업을 조사한 바에 따르면 응답 기업(복수 응답 허용 응답 수 439개)의 45.6%가 중국에 진출한 자회사 또는
한국계 기업이 주 고객이며, 42.8%는 중국계 기업이, 11.6%는 중국 내 제3국의 외자 기업이 주 고객인 것
으로 나타났다.

표 7 | 중국의 대한국 수출입 중 외국인 투자 기업이 차지하는 비중 (단위 : 억 달러, %)

	중국의 對韓 수출입		외국인 투자 기업의 對韓 수출입		비중(%)	
	수출(A)	수입(B)	수출(C)	수입(D)	수출(C/A)	수입(D/B)
1995	66.9	102.9	16.5	61.6	24.7	59.8
2000	112.9	232.1	51.0	137.2	45.2	59.1
2001	125.4	234.0	61.5	139.6	49.0	59.7
2002	155.1	285.8	75.4	180.9	48.6	63.3
2003	201.0	431.6	102.3	291.8	50.9	67.6
2004	278.1	621.7	154.4	452.3	55.5	72.8
2005	351.2	768.7	194.4	587.0	55.4	76.4
2006	445.6	898.2	253.0	676.7	56.8	75.3

자료 : 『中國外商投資報告 2007』, 중국 상무부 사이트.

매입·매출 특성을 가지고 있기 때문이라고 할 수 있다.[6] 이러한 결과는 한국의 대중국 수출과 수입에 있어 중국의 외국인 투자가 중요한 역할을 담당하고 있음을 보여 주고 있다.

특히 중국에 진출한 한국계 기업의 경우 중국을 임가공 기지로 활용하는 기업이 많고, 이러한 기업들은 한국에서 원부자재를 수입하여 중국 내에서 가공한 후 생산한 제품을 한국으로 역수입(buy-back)하거나 제3국으로 수출하는 비중이 높다. 이러한 매입과 매출 구조의 특수성으로 인해 한국의 대중국 투자에 따른 수출 유발 효과가 크게 나타나고 있으며, 그 결과 한국의 대중국 수출의 48.9%가 중국 내 한국계 기업으로 수출되고 있는 것으로 추정되었다.[7]

····················

6) 2005년을 기준으로 중국의 주요 교역 대상국으로부터의 수입 중에서 중국 내 외국인 투자 기업이 수입하는 비중을 살펴보면, 한국은 76.4%, 일본 72.9%, 대만 78.6%, 미국 53.1%, EU 49.6%를 차지하고 있어, 한국·일본·대만 등 주변국으로부터의 수입 중 중국 내 외국인 투자 기업이 차지하는 비중 매우 높게 나타나고 있다.
7) 한국의 대중국 투자에 따른 순무역수지 효과를 측정하기 위해 조사 대상 기업의 대한국 수입액과 대한국

3) 한·중 간 경쟁 및 보완 관계

한·중 간 교역 특수성이 한·중 간 분업과 경쟁 관계에도 영향을 미치고 있다. 일반 무역에서는 일방적 무역 관계가 강한 반면, 가공무역에서 산업 내 무역이 활성화되어 있는 것으로 나타났다. 또한 부품 산업과 자본재 산업에서 한·중 간 산업 내 무역 지수가 큰 것으로 나타났다. 이러한 결과는 중간재 업종에 대한 한국 기업의 투자가 많고, 특히 중간재 업종 기업의 경우 한국으로부터 중간재를 조달하는 비중이 최종재에 비해 높은 수준을 유지하고 있기 때문이다.

한·중 양국 간의 보완 및 경합 관련 지표를 이용하여 특정 업종에서 한·중 간에 상호 보완적인지 경쟁적인지를 기준으로 하여 양국의 민감 품목, 일반 인하 품목, 우선 인하 품목 등으로 구분하는 것이 가능할 것이다.

해당 업종에서 한·중 간에 경합적인지, 비경합적인지를 구분하는 지표로서 양국 간의 수출경합도지수(ESI)를 기준으로 구분했다. ESI가 0.5 이상인 경우 경합적인 업종으로 구분하고, 0.5 이하인 경우 비경합적인 업종으로 구분했다. 해당 업종에서 한·중 간에 보완적인지 여부를 판단하기 위해 산업 내 무역 지수(IIT)를 이용하여 IIT가 0.3 이상(한·중 간의 제조업 평균치인)인 경우 산업 내 무역으로, 0.3 미만인 경우 일방적 무역(one way trade)으로 구분했다. 또한 양국 간의 경쟁 관계에 있어 RCA지수를 이용하여 각국이 비교 우위인 업종과 비교 열위인 업종으로 구분했다. 2005년을 기준으로 RCA

....

수출액을 해당 기업의 투자 잔액으로 나누어 투자 단위당 수출 및 수입 유발 계수를 추정하고, 무역수지 개선 효과는 수출 유발 계수에서 수입 유발 계수를 차감하여 계산했다. 2007년 대외경제정책연구원이 중국에 진출한 288개 한국 기업을 대상으로 조사한 결과에 따르면, 대중국 투자의 단위 투자당 대중국 수출 유발효과는 0.92, 대중국 수입 유발 효과는 0.56으로 낮은 수준으로 나타났다. 대중국 투자의 대중국 수출 유발액은 2006년을 기준으로 340억 달러 정도로 추산되며, 이것은 한국의 대중국 수출액(695억 달러)의 48.9%에 해당한다. 또한 투자에 의한 대중국 수입 유발액은 196억 달러로 추산되며, 이것은 한국의 대중국 수입액(486억 달러)의 40.3%에 해당하는 것이다(양평섭 외 2007).

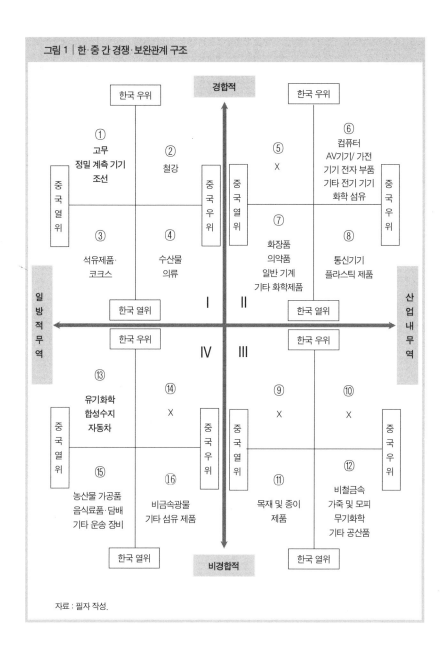

그림 1 | 한·중 간 경쟁·보완관계 구조

경합적

한국 우위

① 고무 정밀 계측 기기 조선

② 철강

⑤ X

⑥ 컴퓨터 AV기기/ 가전 기기 전자 부품 기타 전기 기기 화학 섬유

한국 우위

중국 열위

중국 우위

중국 열위

중국 우위

③ 석유제품· 코크스

④ 수산물 의류

⑦ 화장품 의약품 일반 기계 기타 화학제품

⑧ 통신기기 플라스틱 제품

한국 열위

I

II

한국 열위

일방적 무역

산업 내 무역

한국 우위

IV

III

한국 우위

⑬ 유기화학 합성수지 자동차

⑭ X

⑨ X

⑩ X

중국 열위

중국 우위

중국 열위

중국 우위

⑮ 농산물 가공품 음식료품· 담배 기타 운송 장비

⑯ 비금속광물 기타 섬유 제품

⑪ 목재 및 종이 제품

⑫ 비철금속 가죽 및 모피 무기화학 기타 공산품

한국 열위

한국 열위

비경합적

자료 : 필자 작성.

지수가 1 이상인 경우 비교 우위 업종으로, 1 미만인 경우 비교 열위 업종으로 구분했다.

보완 및 경합 관련 지표를 이용하여 특정 업종에서 한·중 간에 상호 보완적인지 경쟁적인지를 분석한 결과는 〈그림 1〉과 같다. 그림에 나타난 바와 같이 경쟁과 보완관계를 기준으로 총 16개 영역으로 구분하여 살펴볼 수 있을 것이다. 각 유형에 따라 한·중 FTA 추진 시 시장 보호 요구도 다르게 나타날 것으로 예상된다.

첫째, 양국 간의 산업 내 무역이 활성화되어 있는 업종(II사 분면, III사 분면)에서는 경쟁 관계에 관계없이 시장 보호 요구가 상대적으로 작을 것으로 예상된다.

둘째, 보완적·비경쟁적 품목(III사 분면) 중에서 양국이 모두 비교 우위를 유지하고 있거나 양국 모두 비교 열위에 있는 품목의 경우 시장 보호 요구가 작을 것으로 예상된다. 그러나 양국 중 일방이 비교 우위를 유지하고 있는 업종의 경우에는 비교 열위에 있는 국가로부터의 시장 보호 요구가 보다 거세질 것으로 예상된다. 따라서 상호 보완적 분업 관계를 지속적으로 유지하기 위해서는 상호 보완적인 무역 관계가 강하고, 양국 간 경쟁 관계가 상대적으로 작은 품목에 대해서 우선 관세 인하를 추진할 경우 FTA에 따른 무역 증대 효과도 클 것으로 기대된다. 그러나 해당 업종의 경우 경쟁 관계에 있어서 한국은 모두 비교 열위에 있으나, 중국은 비교 우위에 있어, FTA로 무관세가 이루어질 경우 중국에서 한국으로의 수출이 크게 증가할 가능성이 있다는 문제점을 가지고 있다.

셋째, 양국 간 무역이 일방적 무역 패턴을 유지하고 있는 업종의 경우 시장 보호 요구가 경쟁 관계에 따라 큰 차이가 나타날 것으로 예상된다. 일방적 무역 관계를 유지하고 있으나 양국이 모두 비교 우위를 유지하고 있는 경

표 8 | FTA 시 경쟁·보안 패턴과 시장 보호 요구 예상 강도

기준			비교 우위	보호 요구 예상 강도	해당 업종
분업 관계	경쟁 관계	우위 관계			
산업 내 무역	비경쟁적	양국 모두 비교 우위		소	없음
		양국 모두 비교 열위		소	목재 및 종이 제품
		일방이 비교 우위	한국	중	없음
			중국	중	비철금속, 가죽 및 모피, 무기화학, 기타 공산품
	경쟁적	양국 모두 비교 우위		소	컴퓨터, AV기기, 가전기기, 전자 부품, 기타 전기기기, 화학섬유
		양국 모두 비교 열위		소	화장품, 의약품, 일반 기계, 기타 화학제품
		일방이 비교 우위	한국	중	없음
			중국	중	통신기기, 플라스틱 제품
일방적 무역	비경쟁적	양국 모두 비교 우위		소	철강
		양국 모두 비교 열위		소	석유제품 및 코크스
		일방이 비교 우위	한국	대	고무, 정밀 계측기기, 조선
			중국	대	수산물, 의류
	경쟁적	양국 모두 비교 우위		소	없음
		양국 모두 비교 열위		소	농산물 가공품, 음식료품·담배, 기타 운송 장비
		일방이 비교 우위	한국	대	유기화학, 합성수지, 자동차
			중국	대	비금속광물, 기타 섬유제품

주 : ( ) 안의 국가는 비교 우위 유지 국가.
자료 : 필자 작성.

우 쌍무적 FTA에 있어 시장 보호 요구가 낮을 것으로 예상되나, 일방적 무역·경쟁적 품목(I 사 분면) 중에서 양국이 모두 비교 열위인 품목과 일방이 비교 열위인 품목, 일방적 무역·비경쟁적 품목(IV사 분면) 중에서 양국이 모두 비교 열위인 품목과 일방이 비교 열위인 품목에 대해서도 시장 보호 요구 강도가 매우 강할 것으로 예상된다. 이러한 기준으로 한·중 FTA 추진 시, 시장 보호 예상 강도를 정리하면 〈표 8〉과 같다. 한국의 입장에서는 의류, 비

금속광물, 기타 섬유제품에서 국내시장의 보호 요구 강도가 강한 것으로 예상되며, 중국의 입장에서는 고무 제품, 정밀 계측기기, 조선, 유기화학, 합성수지, 자동차 업종에서 보호 요구 강도가 클 것으로 예상된다.

4. 한·중 FTA 추진 방향

1) 한·중 FTA 추진 원칙

한·중 FTA 추진의 기본 원칙은 포괄성(comprehensiveness), 실질적 자유화(substantial liberalization), 민감 부분의 고려(consideration of sensitive sectors) 등 3대 기본 원칙이 준수되어야 한다.

첫째, 포괄성 원칙에 준하여 한·중 FTA 추진은 단순한 관세 인하를 넘어서 서비스, 투자, 경제협력 등 보다 포괄적인 내용을 포함하는 FTA가 되어야 한다는 것이다. 포괄적 FTA를 추진해야 하는 이유는 앞서 살펴본 바와 같이 한·중 간 교역의 특수성으로 인해 한·중 FTA로 무관세화가 이루어질 경우 관세 인하에 따른 효과는 한국보다는 중국에 유리하게 작용할 것이다. 따라서 상호 윈-윈하는 FTA가 되기 위해서는 관세 인하 이외 분야에서도 협력이 확대되는 것이 바람직하기 때문이다.

둘째, 실질적인 자유화라는 측면에서 양국은 단순한 명목 관세의 인하가 아니라 실질 관세가 높은 분야의 관세 인하가 이루어져야 하며, 관세 이외의 무역 장벽, 즉 비관세 장벽을 대폭 완화하는 FTA가 추진되어야 한다. 가공 무역 중심의 한·중 간 교역 구조로 인해 양국이 모두 명목 관세만을 기준으로 관세 인하를 양허하거나, 과다한 민감 품목을 설정하는 경우 상품 분야의 실질적인 개방 효과는 크지 않을 것으로 예상된다. 따라서 관세 인하에 있어서는 실질 관세가 높은 품목에 대한 상호 개방과 함께 관세 이외의 실질적 교역의 장애가 되고 있는 비관세 조치를 적극적으로 해소함으로써 실질적인 무역자유화가 이루어지도록 해야 할 것이다.

셋째, 민감 부분의 고려라는 차원에서 관세 인하에 있어 양국의 민감 부분에 대해서는 서로 이해하고 개방의 요구 수준을 조정하는 FTA가 되어야 한다. 민감 부분에 대한 상호 양보가 이루어지지 못하는 경우 국내의 의견 수렴 또는 동의를 얻어낼 수 없기 때문이다. 다만 민감 부분의 예외 품목을 최소화함으로써 FTA의 근본적 목적을 달성하려는 노력도 병행되어야 한다.

2) 한·중 FTA 추진 시나리오

한·중 FTA 추진 시나리오는 관세 인하의 폭과 포괄하는 범위를 기준으로 크게 네 가지 시나리오로 구성할 수 있다. 첫 번째 시나리오는 상품 분야의 대폭적인 관세 인하와 관세 인하 이외에 FTA 다루는 범위를 매우 포괄적으로 다루는 방안이다. 한국이 FTA 추진 전략은 이 시나리오를 근거로 추진되어 왔다고 할 수 있다. 그러나 이러한 방식으로 한·중 FTA를 추진할 경우 협상이 장기화하고, 협상 타결 자체도 쉽지 않을 것으로 보인다.

두 번째 시나리오는 상품 분야의 관세 인하는 대폭 이루어지지만, 관세 이외 분야의 의제는 단순화하는 방안이다. 이러한 방안의 경우, 관세 이외 분야의 경우 타결이 매우 용이하게 진행될 것이나, 이슈 간의 교환이 불가능하여 상품 분야의 관세 인하 협상이 난항을 겪을 수 있을 것이다.

세 번째 시나리오는 상품 분야의 관세 인하 폭은 작은 반면, 관세 인하 이

표 9 | 한·중 FTA 추진 시나리오

		협상 범위	
		포괄적(More Comprehensive)	부분적(Less Comprehensive)
관세 인하	Higher Level	한국의 기존 전략 효과(이익과 충격) 극대화 실질 관세율 인하 효과 미미(한국 입장) 협상의 장기화/결렬화 비용 고려	실질 관세율 효과 미미(한국 입장) 치열한 상품 분야 협상 기타 협상 의제의 단순화 Give & Take 공간 협소
	Lower Level	제도 개선에 주력 맞춤형 협상 가능 투자 기업의 경영 환경 개선 구조 조정 효과는 작음 중국 측의 반발	체결 자체에 의미 단기간 내 협상 가능 경제적 실익 미미(한국 측 입장) 동북아 경제통합의 상징성 중국이 가장 선호

외의 다양한 이슈를 포함하는 방식이다. 상대적으로 상품 분야의 민간 품목
이 많은 경우 채택 가능성이 높으며, 이 경우 FTA를 통해 협상 당사국 간의
제도 개선이 이루어질 수 있다는 장점이 있다. 이 경우 한·중 FTA와 같이 상
호 민감 품목이 많고, 제조 및 정책적인 요인에 의해 무역자유화가 이루어지
지 못하는 경우에 매우 유용한 방안의 하나가 될 수 있다.

네 번째 시나리오는 상품 분야의 관세 인하 폭도 작고, 관세 인하 이외의
의제는 최대한 단순화하는 방안이다. 이 경우 상호 민감 품목과 민감한 이슈
를 모두 제외할 수 있어 협상의 타결이 매우 용이할 것이며, 따라서 단기간
내에 협상을 마무리할 수 있다는 장점이 있다. 지금까지 중국이 추진해 온
FTA는 바로 이러한 시나리오에 매우 근접해 있다고 할 수 있다. 이 경우
FTA 체결 자체에 의미를 두는 경우 매우 유용한 방식이지만, FTA에 따른 경
제적 실익은 기대하기 어렵다.

3) 포괄적 FTA의 추진

중국은 뉴질랜드와의 FTA를 제외하고 FTA 추진에 있어 상품 분야의 협상을 먼저 체결하고, 서비스 분야의 협상을 나중에 체결하는 방식을 취하고 있다. 이는 포괄적인 FTA를 체결할 경우 협상에 소요되는 시간이 지나치게 길어질 것에 대한 우려와 관세 이외의 분야에서는 개방에 민감한 자국 산업의 보호를 목적으로 한다고 할 수 있다.

한·중 간 교역의 특성을 감안할 경우 한·중 간 FTA로 상호 관세 인하가 이루어진다고 하더라도 공산품 분야에서 한국의 대중국 수출을 증대시키는 효과는 기존의 한·중 FTA 관련 연구 결과와 다르게 나타날 가능성이 큰 것으로 판단된다. 반면 한국에 대한 중국산 제품 또는 중국 내 제3국계 외자계 기업의 수출이 늘어날 가능성은 큰 것으로 보인다. 따라서 한·중 FTA에 따른 대중국 수출 증대 효과를 극대화하기 위해서는 관세 철폐와 더불어 비관세 조치의 완화, 지적재산권 보호, 중국 내 투자 기업의 비즈니스 환경 개선, 서비스 시장 개방 등을 포함하는 포괄적인 FTA를 추진하는 것이 바람직하다고 할 수 있다.

또한 포괄적 FTA가 협상의 타결 가능성을 높이는 데도 도움이 될 것이다. 한·중 FTA 협상 과정에서 한국의 농업 시장 개방, 민감 품목의 선정 등 이해관계의 조정이 쉽지 않은 이슈들이 등장할 것이다. 협상의 범위가 넓어질수록 이슈 간의 교환(trade-off)이 가능해질 것이며, 따라서 협상 타결의 여지도 넓힐 수 있을 것이다. 최근 중국이 뉴질랜드·호주 등과 추진하고 있는 FTA에서 나타난 바와 같이 중국 역시 이전과 달리 현재는 포괄적인 FTA를 추진하는 경향이 강해졌다는 점에서 포괄적 FTA를 추진하는 데 있어 어려움은 크지 않을 것으로 예상된다.

참고문헌

남영숙 외. 2004.『한·중 FTA의 경제적 파급효과와 주요 쟁점』. 대외경제정책연구원.

대외경제정책연구원. 2007.『한·중 FTA 종합보고서 : 한·중 FTA의 경제적 효과와 주요 이슈』.

신태용·이문형·이진면·변창욱. 2005.『한·중 FTA 체결이 한·중 분업구조에 미치는 영향』.
　　산업연구원.

양평섭. 2007.『중국의 대한국 공산품 수입결정요인에 관한 연구』. 한국외국어대학교.

양평섭 외. 2007.『한·중 교역의 특성과 한·중 FTA에 대한 시사점』. 대외경제정책연구원.

이장규 외. 2007.『중국의 FTA 추진전략과 정책적 시사점』. 대외경제정책연구원.

임윤상. 2002. "주요국과 자유무역협정(FTA) 체결의 경제적 효과와 향후 추진방향."『한은
　　조사연구』 2002-8. 한국은행 조사국.

정인교. 2006. "한·중 FTA의 경제효과 추정."『국제경제연구』 제12권 제1호, pp. 111-138.

채 욱 외. 2005.『제조업 분야 한-중 FTA 종합 검토 연구』. 대외경제정책연구원.

한국무역협회. 2003.『대중국 투자 기업에 대한 경영 실태 조사 : 수출입 및 고용 현황을 중심
　　으로』. 한국무역협회.

한국수출입은행. 2006.『우리나라의 중국 및 미국투자 현지법인 경영현황 비교 분석』. 한국
　　수출입은행.

_____. 2007.『2006 회계연도 해외직접투자 경영분석』. 한국수출입은행.

KOTRA. 2006.『주요국의 비관세장벽(NTBs) 현황 분석』.

_____. 2006.『무역에 있어 세계 기술 장벽(TBT) 동향과 피해 사례』 기획 조사 06-051.

國務院發展研究中心課題組. 2005. "'十一五'規劃期間我國發展的外部環境與對外開放的戰略任
　　務."『經濟要參』. 北京, 第26期, pp. 2- 9.

劉翔峰, 中韓自貿區敏感産業安排的試分析. 2007. 2007年 AMR-KIEP 共同研討會 會議文集.

於培偉. 2005. "我國參與區域經濟合作的原則和策略."『經濟要參』. 北京, 第37期, pp. 2-8.

張琦 외. 2007. '如何對待敏感産業 : 中國已簽署自貿區協議對中日韓FTA的啟示', 國研報告, 國
　　務院發展研究中心.

中華人民共和國海關進出口稅則 編纂委. 2007.『中華人民共和國海關進出口稅則』. 經濟日報出
　　版社.

中國商務部. 2007a.『中國外商投資報告 2007』. 중국 상무부 사이트.

_____. 2007b.『國別貿易投資環境報告 2007』.

(http://gpj.mofcom.gov.cn/aarticle/d/cw/200704/20070404566319.html).

Ahn, Hyungdo, Yoocheul Song, Hokyung Bang. 2008. "The FTA Policy of Korea," presented paper on *International Symposium on Possible Roadmaps to a CJK FTA: Obstacles and Expectations*, August.

Jin, Fang. 2008. "China's FTA Policy," presented paper on *International Symposium on Possible Roadmaps to a CJK FTA: Obstacles and Expectations* (August).

한·중 매체 댓글을 통해 본
한·중 언론 정책과 네티즌의 속성[*]

김진호

1. 서론 : 한·중 언론 충돌, 댓글!

한국과 중국의 관계는, 1992년 수교 이후 서로 '괄목'할 만큼 '양적'으로 발전했다고 양국의 정부 보도 및 매체가 서로 자평하면서 오랜 기간을 지냈다. 이것은 아직도 정치인들의 상호 상견례 때 인사 혹은 연설문 그리고 정부 기관이나 매체에서 수시로 보도하며 소개되는 상투적인 한·중 관계의 '양적' 표현이다. 양국의 정상들은 항상 역사적·지정학적인 문제와 경제적 협력을 강조하며 외형적인 발전을 강조해 오고 있다. 그러나 그 이면에는 양국이 서로 하고 싶은 다른 이야기들이 더 많이 있을 것으로 추측된다. 때론, 이 상투적인 인사말들은 전통적인 중국과, 대한제국 이전 한반도에 존재했던 국가 간에 오갔던 외교적 수사(修辭)와 비슷한 점이 많다고 볼 수 있다. 즉,

....

[*] 본 논문은 현대중국학회 2008년 추계국제학술대회에서 발표된 중국어 논문을 일부 수정 보완한 한국어판 이다.

예의 바르게 보이는 중국인들의 표현의 이면에는 서로의 관계를 더욱 긍정적으로 발전시키고 중국을 좀 더 중시해 달라는 뜻이 포함되어 있을 수도 있으며, 한국의 입장에서는 한·중 관계를 포함하여 한반도 평화 문제에 더욱 신경을 써달라는 외교적 표현과 중국 내 한국 기업과 거주민에 대한 중국의 정책과 사회 안전에 대한 관심의 표명일 수도 있다. 그러나 현재 한·중 관계는 과거 봉건시대에 한반도 왕조 국가가 천하(天下)의 중심(中心) 중국(中國)에 조공하는 고대, 중세 동아시아 국가의 관계가 아닌 21세기 지구화 시대의 현대 국제 정치 관계로 봐야 할 것이다. 이러한 의미에서 중국과 한반도의 관계는 동북아시아에서의 지역 레짐(Regional Regime)이자 세계 정치 구도 안에서의 국제 관계(international relations)로 보아야 하며, 중국과 주변국이라는 전통적 '천하'(天下)와 '주변'(周邊)의 관계로 보아서는 안 된다. 이를 국제정치의 지역 안전 개념으로 본다면 최근에 나타난 한국과 중국의 언론 매체의 일부인 댓글의 충돌은 충분히 지역 안전과 협력의 장애 요소가 된다.

사실, 중국의 국력이 더 강해지더라도 동북아시아에서의 국제 관계는 국력의 크기와 관계없이 국제 관계의 기본 틀이 지켜져야 한다. 이러한 틀이란, 현대 국제 관계에서 나타나는 대외관계의 '주권 평등'이나 혹은 중국 외교에서 주장하는 '내정 불간섭 원칙'(互不幹涉內政)으로 보아도 동북아 지역에서의 국제 관계가 중국의 부상으로 지역 역학 구조의 '세력 전이'(Power shift)가 아닌 중국의 주장대로 '화평굴기'의 화평에 초점이 맞춰져야 한다는 것이다. 중국 정치에서 주장하는 '목린 외교'(睦隣外交)적 측면에서 보아도 이 지역 국가 간의 관계는 서로 평화와 안정에 그 기조를 두어야 한다. 특히, 근대사에서 청·일 전쟁과 러·일 전쟁 이후 한국전쟁에 이르는 기간 동안, 동북아 국제 관계의 지각변동으로 인해 서로 잊을 수 없는 역사적 혈흔이 남은 상태지만 동북아시아에 있는 국가들 간의 지역 협력과 안보는 기타 세계 어느 지역보다 중요하다. 이에 동북아 국가들의 대외관계도 과거 역사를 거울로 삼아 절대 패권을 강조하거나 과다한 민족주의 정서가 대외로 표출되어서는 안 되고, 국가 간의 이해와 협력이 발전의 주제나 방법이 되어야 한다.

달라이 라마를 사이에 두고 최근 중국과 프랑스 간에 일어났던 외교적 마찰을 보면, 중국이 과거와는 다른 외교적 성향을 보여 주고 있음을 알 수 있다. 즉, 현재 중국 정부의 외교적 반응과 언론 매체의 표현 등에서, 과거 '도광양회'나 '화평굴기' 때와는 달리 중국 정부의 목소리가 강하게 드러나고 있는 것이다. 이는 중국의 경제 발전을 통한 국제경쟁력 상승과 국력의 신장이 중국의 대외관계에서 드러난 중국의 새로운 변화라고 할 수 있다.

이런 측면에서, 한국과 중국의 외형적인 양(量)적 교류의 증가와 이를 통한 양국 국민 간의 이해의 증대가 정말 긍정적이고 미래지향적인 한·중 관계를 만들어 내며 '질적'으로 성장하고 있는지를 생각해 보면, 그 이면에는 아직 해결되지 않은 혹은 앞으로 계속 해결해야 할 요소들이 여전히 많다는 것을 알 수 있다. 우리가 인식해야 할 것은 현재의 중국은 과거 19세기의 중국이 아니라는 것이다. 한국이 홍콩이나 기타 간접적인 통로를 통해 거대한 인구와 국토를 가진 사회주의 국가 중국에 보낸 열정이, 국제적 '탈냉전'[1]이라는 도미노 현상에서 북방외교의 성과로 이루어지면 성사된 한·중 수교는 서로에 대한 충분한 이해를 바탕으로 진행된 것이라기보다는 열정과 필요가 세계 정치의 조류에 맞아 이루어진 측면이 크다. 이는 한·중 수교 초기의 두 국가 간에 오간 외교적 연설문이나 교류의 문장들에 자주 나타난다(中華人民共和國 外交部 亞細亞局 編輯 2007). 그러나 우리가 중국을 제대로 이해하지 못한 것과 마찬가지로 중국도 우리나라를 충분히 객관적으로 이해하지 못

....

1) 기존의 저서나 발표문에서 소련의 붕괴를 탈냉전이라고 표현하고 있으나, 북한의 핵 개발과 중국과 북한, 러시아, 한국, 미국, 일본의 관계를 보면 한반도 주변에는 아직 냉전이 잔존하고 있다고 볼 수 있다.

한 상태였고, 양국 간 교류에서 '열정'이 '이성'보다 앞서는, 혹은 '기대와 희망'이 '현실적 수치'보다 앞섰던 상태에서, 한·중 수교 이후 중국 경제가 꾸준히 성장하고 국제무대에서 중국의 영향력이 커짐에 따라 '발전을 위한 진통'이라는 문제들이 속출하고 있다. 중국이 자국의 영토라고 주장하는 대만이나 이미 중국으로 반환된 홍콩 지역을 통해 오랜 기간 중국을 지켜보던 지식인들은, 1989년 베이징 톈안먼 사태와 그 이후의 진보-보수 간의 사상투쟁 그리고 '남순강화'를 통해 중국이 다시 개혁·개방에 박차를 가하며 어떻게 발전을 거듭하고 있는지를 잘 이해하고 있다. 한국인들은, '남순강화'가 있었던 해 8월 24일 한·중 수교로부터 그 이후 중국 내에서 한국인의 입지 변화와 외부에 대한 중국인들의 자신감 회복, 그동안 억눌러 왔던 중화사상과 민족의식의 회복을 어느 정도 목도하고 체험했으리라고 생각한다. 간단히 말하자면, 우리가 현재 보고 있는 중국인과 중국은 1992년 한·중 수교 당시 인민해방군 옷을 입고 여러 해 겨울을 넘기던 중국인이 아니며, 거리에 가로등이 거의 없던 어두침침한 중국이 더 이상 아니다.[2]

1992년 8월 24일 한국과 중국이 수교한 이후 양국 간의 경제적 교류는 상당히 긍정적인 방향으로 발전했다. 그리고 '한류'(韓流)와 '한풍'(漢風)이 한참 동안이나 한국과 중국에서 선풍을 일으켜 양국의 젊은이들이 상대방을 흠모하는 마음을 갖게 되었으며 교류도 좀 더 활발해졌다. 그러나 최근 한국과 중국의 역사 인식에 이견이 발생하면서 인터넷 댓글 상에서 새로운 마찰의 양상이 드러나고 있다. 이런 마찰은 현재는 조금 잠잠해진 듯하나, 불씨의 발생 원인이 무엇이고, 그 불씨를 지폈던 네티즌들에게 있어 한국과 중국은 어떤 나라로 인식되고 있는지를 알아보면 앞으로 이런 불씨가 화재로 이어

··················

2) 대만과 중국에서 1980년대와 1990년대에 유학 및 일을 해온 남종호 박사, 변형우 교수, 소은희 교수, 유동원 교수들과의 대화를 통한 추론.

지지 않게 할 수 있지 않을까라는 발상에서 이 글을 집필하게 되었다. 현재 한·중 관계의 이면에는 교류를 통해 긍정적으로 발전하는 측면도 있지만, 교류를 하면 할수록 표면으로 떠올라 해결해야 하거나 상대를 인정하여 더 이상 문제로 발전되지 않게 해야 할 문제들이 무척 많다. 검증되지 않은 내용들이 인터넷 공간을 통해 인터넷 '바이러스'처럼 인터넷이나 매체를 즐기는 사람들의 마음을 감염시킨다면, 이 '바이러스'는 '방역' 소프트웨어를 통해 검역되어야 한다. 사실, 악성 댓글이 발생하는 대략적인 원인은 네티즌 간의 감정적인 싸움인 경우가 많다.

한국과 중국에서 인터넷이 보급되기 시작하면서 많은 젊은이들이 인터넷을 통해 세상을 이해하게 되었고, 자신을 외부로 표현하는 틀로 인터넷을 상용하고 있다. 이러한 네티즌들이 인터넷을 통해 자신의 감정을 발출하는 것의 파급 효과는 과연 얼마나 클까? 현재 한국인들은 한국 내에서 생기는 인터넷 폭력의 위력을 잘 이해하고 있다(정동훈 2008). 그럼, 이러한 악성 댓글이 국제 관계에서는 어떤 영향을 미칠까 라는 문제의식에서, 한·중 관계라는 틀 안에서 네티즌들의 속성과 댓글의 발생 원인과 그 과정을 이해해 보려는 글을 올해 초부터 구상했다. 그리고 2008년 9월 열린 베이징 대학 '한·중 세미나'에서("한·중 관계와 명과 암," 2008년 9월 28일 베이징 대학교 국제관계학원) 논문을 내놓았고, 10월에 현대중국학회 추계국제학술대회("韓中青年反中·反韓情緖的原因及解決途徑," 2008년 10월 23~26일, 北京珀麗酒店)에서 중국어로 발표했다.[3]

이 글은 이러한 연구 진행 과정을 바탕으로 하고 있으며, 한국외국어대학교 중국연구소 학술대회에서 중국어 논문을 기초로 한국어로 발표했던 것을

....

3) 중국어 논문은 수정되어 베이징 대학 한국학연구중심의 『韓國學論文集』 제17집(2008년)에 "韓中某些網民相互厭惡現象的分析"라는 제목으로 등재되었다. 중국에 논문을 등재한 이유는 네티즌 간의 마찰 원인과 배경 및 그 활용 방안을 중국 측 지성인들이 이해하게 하기 위해서다.

수정·정리한 것으로 중국의 언론 정책, 댓글의 진원과 그 처리 방안 등을 좀 더 구체적으로 언급한 것이다. 한국과 중국에서 서로에게 억한 감정으로 표현되는 댓글을 중국의 언론 정책, 댓글의 언론학적 분석 그리고 한·중 관계의 국제정치적 입장에서 그 원인, 파급효과 및 해결 방안에 대해 알아보려고 시도했다. 유사한 논문을 근 반년 동안 작성하는 외중에 중국의 학자, 언론인, 조선족 교포, 중국의 네티즌 및 국내에 거주하는 중국 학생들과 관련 문제에 대해 꾸준히 토론을 나누었고, 이 글의 내용은 그들과 토론한 내용을 기초로 만들어졌다. 취재에 응한 중국인들의 신상은 공개하지 않았지만 이 지면을 빌려 연구에 도움을 준 중국의 기업인, 공무원, 언론인들에게 감사를 표한다.

논문을 집필한 목적은, 네티즌들의 악성 댓글의 실체에 대해 우리가 정확하게 그 이유를 찾아 그 방지책이 무엇인지 알아내는 단계로 발전시키는 것이었으나, 언론 자유의 특성과 양국 언론 정책의 차이로 인해 완전한 해결점을 찾지 못한 것이 아쉬움으로 남는다. 여하튼, 좀 더 긍정적인 한·중 관계의 발전을 위해 많은 학자, 언론인, 정부 책임자 및 네티즌들의 지도 편달을 바란다.

2. 한·중 수교와 한·중 관계의 변화

한·중 수교 후 한국과 중국의 관계는 꾸준히 양적 성장을 해왔다고 볼 수 있다. 양국 관계는 정치·경제·사회·문화 각 분야에서 괄목할 양적 발전을 이룩했지만, 그 이면에는 여러 가지 이견과 각자의 주장이 생겨났다. 중국은 한국과 수교한 이후에도 한국과 중국의 관계를 입술과 이의 관계(순치, 脣齒)에 있다고 주장하며 중국과 한반도의 관계를 강조해 왔는데, 이것은 전통적인 중국과 한반도 지역의 관계를 묘사한 것이라고 볼 수 있다. 이에 대해 지난 베이징 대학 동북아연구소 학회에서 어느 한국 학자가 "누가 입술(순, 脣)이고 누가 이(치, 齒)냐"라는 얘기로 중국의 입장을 다시 한 번 돌아보게 하는 일도 있었다. 이러한 사고와 발상은 기존 중국의 표현에 내포된 그 의미를 묻는 것인데, 인터넷의 댓글에는 이러한 정서적이면서도 감정적인 대립이 자주 등장한다. 이런 측면으로 보면 한국에 대한 중국인들의 사고에는 전통적인 동아시아의 '종주국과 조공국의 관계'로 보려는 잠재의식이 내제되어 있다고 보이며, 우리나라는 과거 조공국의 입장이 아닌 국제 관계에서 동등한 관계로서 한·중 관계를 보려는 노력이 보인다(한나라당 2007, 192-206). 특히, 이명박 정부의 한·중 관계는 4강 외교를 통한 균형 있는 외교정책을 강조하는데, 이는 최근 15년간 한·중 관계의 비중이 커지는 것에 대한 반향이 아니라 전통적 한·미 동맹을 강조하며, 중국 및 러시아와의 경제적 협력 및 기타 동반자적 협력을 강화하려는 의도로 보인다. 그러나 이런 정책은 한·중 관계의 중요성을 강조하며 동북아에서 자국의 역량을 강조하려던 중국에게는 잠재적 위협으로 보일 것이다(한나라당 2007, 192-206). 그러나 북한 문제를 염두에 둔 한국 정부가 어떤 방법으로 외교정책을 실행하고 그 결과가 어떻게 될지에 대해서는 예측하기 힘들다. 즉, 외교정책은 지도부의 성향과 대외 인식을 반영한다고 해서 현 지도부의 정책을 단순히 반중국적이라거나 친미국적이라고 단정하는 것은 옳지 않다. 외교는 거시적인 정책이지 단순한 현상에 대한 대외적 발현이라고 볼 수는 없기 때문이다. 반대로, 이와 같은 정책에 민감하게 반응하는 중국의 상황을 보면, 중국은 주변국들에 대한 미국의 영향력에 많은 신경을 쓰는 것으로 보이며, 그 중 한 부분이 한반도를 둘러싼 지역이라고 볼 수도 있다. 언론은 이러한 현상에 대해 반응한다고 볼 수 있다. 그리고 네티즌들의 댓글은 언론 보도에 대한 국민적 반응이라고 볼 수 있다. 즉, 정치, 언론 그리고 국민들의 반응인 댓글에는 적지 않은 상관관계가 있다고 보아야 할 것이다.

중국은 지정학적·역사공동체적·이데올로기적인 입장에서, 한·중 수교를 맺은 뒤부터도 지금까지, 한반도에서 정통성을 놓고 한국과 경쟁 상태인 북한과의 관계를 전통적인 관계로 매우 중요하게 생각하는데, 이는 중국 변경의 안전을 위한 전략으로 보인다. 즉, 중국은 한반도에서 전통적 혈맹과 경제 및 안정을 위한 협력자를 동시에 얻으려는 정책을 구사하며, 한국이 중국 외에 대만이라는 지역과 그런 관계를 형성하는 것에 대해서는 패권적인 대외 봉쇄정책을 행사하고 있다. 이런 중국의 외교정책은 강대국들이 실천하는 보이지 않는 강압이나 조약('하나의 중국 정책'에 대한 동의) 등에 의존하는 외교 봉쇄정책으로 볼 수 있다.

이러한 상황에도 불구하고 한국과 중국의 관계는 비교적 원만하게 긍정적으로 발전했다고 할 수 있는데, 중국 정부의 외교정책에 대해 대만 정부가 한국 및 기타 국가들에서 그리 커다란 힘을 발휘할 수 없기 때문이다. 즉, 한국은 대만과의 단교 이후 중국과의 관계를 통해 한국과 중국의 관계를 긍정적으로 유지하는 동시에 대만과는 경제·문화적 관계를 유지할 수 있었다. 그러나 현재 중국의 개혁·개방이 확대되고 한국에 민주주의가 정착되면서 양국의 외교 당국은 점점 더 자국의 국내 여론과 국가정책을 외면할 수 없게 되었으며, 이런 상황에서 양국의 매체는 서로를 더욱 가깝게 느끼게 할 뿐만 아니라, 때로는 마찰의 '전쟁터'가 되기도 했다.

인터넷 댓글에 나타난 한국에 대한 중국인들의 이해는 '중화사상'의 사고를 기반으로 하는 내용이 많다. 중국은 영토는 청(淸)나라 건륭(乾隆)시대의 영토를, 문화는 수(隋), 당(唐), 송(宋), 명(明), 청(淸) 시대의 문화 부흥기를 기본으로 매체와 교육을 통해 중국인들을 선도하거나 교육시켜 그들의 생각이나 감정이 한국 네티즌과의 댓글로 표현되고 있는데, 이것은 중국의 국민 의식이 아직도 근대 이후의 역사적·문화적 피해 의식에서 벗어나지 못했다는 것을 반증한다. 2008년 베이징 올림픽에서 중국이 이러한 문제를 극복하기 위해 상당히 노력했음에도 불구하고 네티즌들의 댓글에서 나타나는 것은 여전히 '중화사상'에 의존하는 민족주의 의식과 '반식민'(反植民)을 외치는 사회주의 독립, 건국 의식으로 보인다. 중국이 더욱 성숙한 사해동포주의를 바탕으로 하는 국제사회의 강국이 되기 위한 과정에서 공산당 주도의 사상 교육 및 통제는 중국의 선진화를 가로막고 있다고도 볼 수 있다. 이러한 의미에서 중국의 국제정치를 이해하기 위해서는 신현실주의나 신자유주의의 틀보다는 사회구성주의, 역사사회학 및 마르크스주의의 틀이 좀 더 편할 것으로 보인다. 이 논문은 역사학적 입장에 기초하고 사회과학으로서의 국제정치학과 언론학을 넘나들며 논술을 시도한, 역사사회학과 사회구성주의에 근거해 논문을 쓰려고 노력했기에 일부 통일성이 결여된 부분도 있지만, 중국 연구에서 역사와 그 사회상에 대한 이해는 국제정치를 이해하는 데 적게나마 도움이 될 것이라는 생각에서 글을 완성했다.

현재 중국 정부는 한국과 관련된 사안에 대해 비교적 외교적인 수사에만 집중하며, 때로는 현실주의적 입장에서 국가이익에 중점을 두고 국제 관계적 입장을 견지하는 경우가 많다. 그래서 중국 정부의 입장에서 보면 한·중 관계는 아주 양호하며 '상호 의존'(相互依存)의 관계라고 표현한다. 이러한 '상호 의존'의 관계는 여러 학자들의 논문에도 자주 등장하던 표어다. 정말, 한·중 관계가 상호 의존의 관계이며, 이에 따른 협력이 중요한가, 또한 협력은 어떻게 해야 하는가의 문제에 대해서 우리는 좀 더 깊이 생각할 필요가 있다. 이명박 대통령이 중국을 방문하고 한국과 중국의 관계는 '전략적 동반자 관계'로 격상(?)되었다.[4] 그러나 이러한 '전략적 동반자 관계'가 앞으로 그렇게 하자는 것인지, 아니면 중국의 외교 관계상 최근 여러 나라에 나누어주고 있는 훈장과 같은 것인지는 깊이 생각해 볼 문제다. 일부 외교정책을 전공하는 저명한 중국학자의 의견으로는 한국과 중국의 '전략적 동반자 관계'는 경제협력에 비중을 둔다는 의미라고 한다. 즉, '전략적 동반자 관계'에도 여러 유형이 있다는 것이다. 즉, 중국 내부는 동일한 '전략적 동반자 관계'라는 술어(術語)에도 여러 함의로 그 내용과 외교 단계를 규정하고 있다. 즉, 중국은 사회주의 외교정책과 동시에 사회주의 시장경제 및 사회주의 언론 정책을 실행하고 있다. 이러한 측면에서 본다면 중국의 모든 국내외적 표현은 중국의 사회주의 정책에 그 기반을 두고 있다고 보아야 한다는 것이다. 여기에 중국식으로 유연하게 변환한다는 것이 '중국식'(有中國特色的)이라는 수식어다. 즉, 한·중 관계에서도 우리는 중국이라는 나라의 특색에 대한 이해를 기초로 중국의 정책과 언론을 제대로 이해하는 것이 올바른 한·중 관계의 설정에 도움이 된다고 본다. 중국을 이론적으로만 분석하다 보면 중국의 '경직성(사회주의)'과 '유연성(중국식)', 전통과 역사 및 문화 풍습이 큰 걸림돌로 작용할 수 있다는 것을 알게 된다.

중국과 한국의 관계에서 앞으로도 크게 걸림돌이 될 수 있는 것은 동북아 역사 인식 문제와 북한과 관련된 제반의 문제, 한·중 무역수지 문제, 관세를 포함한 FTA 체결 문제, 교육적 입장에서 본 청소년들의 의식 문제, 동북아 변경 및 서해안의 영토 문제, 조업 수역 문제, 불법 체류 문제, 범죄 문제, 기업의 안전과 발전 문제 등 이루 헤아릴 수 없이 많을 것이다. 그러나 이러한 문제들을 단기적인 문제와 장기적인 문제로 분류해 본다면, 단기적인 문제는 그 해결이 간단하지만 장기적인 문제인 역사의식과 영토에 대한 문제는

....

4) "한·중 '전략적 동반자 관계'로 격상 추진"(『한겨레』 2008/11/25), http://www.hani.co.kr/arti/politics/ diplomacy/288711.html.

그 해결이 쉽지 않을 것이다. 사실 인터넷 댓글에 나타난 내용들의 근저는 이러한 장기적인 문제들이다. 이러한 문제의 해결을 위해서는 결국 동북아 지역에 대한 합리적인(?) 청소년 교육 문제, 영토 문제에 대한 역사적인 연구 및 교류, 현실적인 외교적 교류 및 인식이 중요하다고 본다. 인터넷 댓글의 문제를 단순히 청소년들의 감정적 발상으로 볼 수만도 없는 이유는 그들의 의식에 있는 민족 사상과 애국 사상이 그들의 감정 발설의 기초가 된다는 데 그 원인이 있기 때문이다. 반대로 우리의 입장에서는 이제 중국을 이해하며 중국에 접근하는 단계이므로, 과거 전통 중국에 대한 사고에서 현재 중국에 대한 사고로 전환이 필요한 시기다. 그러나 모든 한국인들이 중국을 이해하고 있는 것도 아니고, 중국과의 관계를 한국의 국제 관계에서 제일 중요한 축으로 둘 수도 없는 것이다.

2004년에 발생한 한·중의 역사 분쟁은 국교 정상화 이래 봉착한 가장 큰 시험이었다고 볼 수 있다. 이 사건을 통해 한국과 중국은 한반도의 북서부 지역(중국 동북부 지역)의 역사에 대해 서로 견해가 다르다는 것을 확인하게 되었다. 한국인들은 오래전부터 고조선·고구려·발해 등의 고대 국가가 한국인들의 조상이 건국한 한국 고대사의 일부임을 믿어 의심치 않았다. 개혁·개방으로 바쁜 시기에 중국은 이 문제에 대한 자국의 입장을 표명하지 않았으나, 1993년부터 중국학자들은 이들 고대국가가 중국 민족의 왕조이며 이 왕조들의 역사는 중국의 역사에 속한다고 주장하기 시작했다. 또한 2002년 2월에 5년 기간의 동북공정이 중국 정부 산하 기관에서 시작되었음이 알려지게 되었는데(이장원·홍우택 2008), 이것이 한국 역사에 대한 왜곡으로 인식되면서 한국인들의 거센 반발을 불러일으켰다. 이는 중국과 한국 두 나라가 동북 지역의 역사를 보는 시각을 달리하고 있다는 역사적 자존심의 대립이었으며, 확대해 보자면 고대 국가 영토에 대한 민족적·국민적 충돌이었다(鄭千九 2005). 이와 비슷한 사건들로는 '마늘 파동', '김치 파동', '멜라민 우유 파동', '종이 만두 파동', '단오절 민속 풍속 분쟁', '무역수지 불균형 문제', '사천 대지진에 대한 한국 네티즌의 댓글 사건', '서울 올림픽성화 봉송 학생들 소동', '중국 베이징 올림픽 보도 파동', '산동 지역 한국 기업 도주 파문' 등여러 문제가 있었지만, 결국 가장 중요한 문제는 역시 '한국과 중국 간의 역사 인식 문제'로 보인다. 이러한 한국과 중국의 분쟁은 결국 인터넷을 통한네티즌들과의 싸움으로 번져, 한국과 중국인들 사이에 보이지 않은 앙금으로 남게 되었다. 즉, 한국과 중국의 교류는 양적 증가에 더불어 본질적 모순이 드러나고 있다고 볼 수 있다. 우리나라 정부의 대외 정책에 대해 중국이보이는 신경질적인 반응5)이라든지, 지연적 관계에서 경제적·역사적인 문제 외에 북한을 둘러싼 대외 정책의 문제와 북한과의 외교 문제에서도 양국간에 보이지 않은 불협화음이 일어나고 있는데(김소중 2008), 자세히 확인해보면 이러한 정부 간의 마찰 혹은 운동경기에서의 민족 대결 의식 및 정책이나 언론에 보도된 역사의식이 언론 매체나 인터넷 댓글로 나타나고 있음을알 수 있다.

특히, 고구려 영토 문제와 관련된 동북공정에 관련된 책으로 서길수 교수

....

5) "[김상온 칼럼 독립문을 다시 바라보며," 『국민일보』(2008/10/16), http://www.kukinews.com/special/article/opinion_view.asp?page=1&gCode=opi&arcid=0921066281&sec=1339(검색 : 2008/11/23). 1887년 청나라가 조선의 대외 사절단 파견을 허락하면서 조건으로 내건 세 원칙은 다음과 같다. 첫째, 조선 공사는 외국에 도착하면 먼저 청국 공사관에 보고하고 청국 공사와 함께 주재국 외무부로 갈 것. 둘째, 조회나 연회 자리에서 조선 공사는 청국 공사보다 낮은 자리에 앉을 것. 셋째, 교섭에 관한 중요한 일은 반드시 먼저 청국 공사와 협의한 후 지시에 따를 것 …… 가장 최근에만 해도 이명박 대통령의 5월 방중 때 중국 외교부 대변인은 한·미 동맹을 '지나간 역사의 유물'이라며 내놓고 폄하하는 결례를 저질렀다. 또 그보다 앞서 우다웨이 외교부 부부장은 주한대사 시절 '한국·대만 간 직항로 개설 문제는 중국과 사전 협의해야 한다'는 등 여러 부적절한 발언으로 '총독이냐'는 비난까지 받았다. …… 선린 우호 관계를 쌓아 가되 저자세에서 탈피해 당당하게 대중 외교를 펼치는 노력이 절실하다는 얘기다. 아울러 중국의 중화 민족주의가 엉뚱한 방향으로 튀지 않을지 경계심을 가질 필요도 있다. 그런 의미에서 때로 독립문을 찾아보는 건 어떨지.

가 번역·편집한 『동북공정고구려사』의 원 저자에 중국 동북사범대학 조선족 교수가 포함되어 있는 것은, 이런 프로젝트를 통해 중국 내 소수민족인 조선족으로 스스로 정체성을 확정하게 하려는 것으로 보인다. 중국 사회의 일원으로 자리 잡고 있는 조선족 학자가 참여한 것은 중국 사회에서의 사회생활과 학문이라는 개인적 욕구와 현실성이 중국 정부의 의도와 맞아떨어지는 현실적 문제다. 한·중 관계에서의 미묘한 역사적·문화적 그리고 현존이라는 문제에서 중국 정부의 입장을 받아들여야 하는 중국 내 한국 민족의 현실과 정체성이라는 측면을 생각하면 중국 내 한국 동포(조선족) 문제도 한·중 관계의 중요한 변수라고 생각한다.[6]

3. 한·중 매체 정책의 차이와 정치적 요소

1) 중국과 한국의 언론

우리들은 흔히 중국 언론이 정부의 통제를 받고 있다고 생각한다. 중국의 언론이 사회주의 언론이라는 성격을 갖기 때문이기도 하지만, 국민당과 공산당이 내전을 치르는 동안 언론을 무기로 사용했으며, 중국은 사회주의 중국의 건설과 더불어 공산당의 정책을 정치적으로 '선양'(宣揚)하는 도구로 사용하고 있어 언론학에서 이야기하는 언론 본연의 역할을 제대로 수행하

---

6) 학회를 통해 만난 조선족 교수와 주고받은 많은 이야기를 통해 본 조선족 학자의 정체성과, 그들의 중국 그리고 한국의 역사, 현실적 문제에 대한 이야기에 기초함.

지 못하고 있다고 할 수 있다. 그러나 중국 특색을 강조하는 중국 정부의 입장은 중국이라는 거대한 영토와 많은 인구를 통치하려면 중국의 언론은 중앙(정부 혹은 공산당)의 통제를 받아야 한다고 주장한다. 특히, 소수민족들이 중국의 중요 지역에 대거 분포하고 있는 상황에서 언론은 군대와 경찰만큼이나 중요한 통치 수단이다. 이런 중국의 언론 정책이 중국의 대외 문제에서 어떻게 드러나는지를 생각해 보면, 대외 정책에도 유사하게 작용하리라고 추측하는 것도 무리가 아니라고 본다. 최근, 중국이 홍콩의 언론 매체를 경제적으로 장악하고 또 이를 기반으로 대만에도 진출한 것을 보면 중국 언론은 중국의 통치 수단의 하나로 보아야 할 것이다.

사실, 긍정적으로 본다면 방송 언론 역시 중국의 개혁·개방 시기에 가장 눈부시게 발전했다. 중국 방송국은 중앙 방송국과 지방 방송국으로 구성되어 있는데, 중앙과 지방 방송 모두 개혁·개방 시기에 맞추어 광고가 많아졌고, 자본주의 상업 광고가 크게 늘었다. 그러나 현재 중국의 여러 방송 시스템이나 보급률은 선진국과 비교해도 큰 차이가 없을 정도로 발전했으나, 질적인 수준에서는 차이가 있다. 중국 방송의 언론 활동은 중국의 정책을 가장 효과적으로 선전하기 위한 중요한 수단으로 사용된다. 이것은 중국의 인공위성 발사 장면이나 올림픽 등의 행사와 같은 사례를 보면 쉽게 이해할 수 있다. 중국 방송 체제는 중앙정부로부터 수직적 통제를 받고 있으며, 방송은 '공산당 중앙위원회 선전과'에서 내려 주는 모든 지침을 따른다. 중국의 방송은 정부에 의해 운영되고 있기 때문에 당의 지침이나 정책을 충실히 실행하고 당의 선전이나 결정을 따르도록 엄격하게 규제받고 있다고 볼 수 있다. 언론의 중요 사설이나 뉴스 등은 모두 당위원회의 사전 동의를 받아야 방송이 가능하다고 한다. 현재 개방정책과 더불어 중국의 언론이 빠르게 변화하고 있기는 하지만, 막힌 언론에 대한 언론인들과 지성인들의 비판의 목소리는 점점 커져 가고 있는 실정이다. 중국 유학생들이나 외국의 상황을 잘 이해하고 있는 중국인들이 이와 비슷한 생각을 갖고 있다.[7]

중국의 언론은 1896년 『시보』(時報) 창간을 시작으로, 1921년 7월 중국공산당이 설립된 이후 공산당과 국민당의 혼전 시기를 거쳐, 중국 내에서 중국 공산당 정부의 가장 중요한 혁명과 선전의 도구로 자리매김되어 왔다. 난징(南京) 중화민국 시대의 혼란, 공산당 정권의 수립, 문화대혁명, 4인방의 문화 말살 등 여러 가지 혼란 속에서 중국의 언론이 더욱 더 강력한 통일성을 요구받았던 것은 중국 언론의 정치성 상황 때문이라고 볼 수 있다. 그러나 중국의 언론도 개혁·개방 정책의 영향을 받아 점차 변화하기 시작했다.

개혁·개방 이후 중국 언론 매체의 변화 양상은 한마디로 보도가 신속해지고 다채로워졌다는 것과, 새로운 내용이 풍부해졌다는 것이다. 대표적인 사례로는 광고의 삽입과 확대라고 할 수 있다. 최근 들어 지면의 제한과 방송 내용의 확대에 반해 광고 요청도 쇄도하고 있어 양자를 조화하는 데 난맥상을 보이고 있다. 이러한 특징은 정부의 통제가 상대적으로 약화되었기 때문이라고 할 수도 있고, 상업주의가 중국 매체에 깊이 잠식해 있음을 보여주고 있는 사례라고 볼 수도 있다. 예를 들어 이전에 중요한 정치 회의의 경우 회의 기간 공개 문건만 짤막하게 개막·개회·폐막 등의 사진과 함께 보도되던 것이, 이제는 회의를 일부 중계하는 정도로까지 발전했다. 또 하나의 특징은 사회적인 내용, 즉 이른바 사회면의 내용이 폭넓어졌다는 점이다. 과거에는 기자들이 사회적인 사건을 취재하려고도 하지 않았는데, 최근에는

....

7) 2005년부터 한국·홍콩·중국에서 만난 언론인들과의 사담을 통해 중국 언론에 대한 중국 언론인들의 개인적 희망을 들었고 이를 기초로 작성했으나, 당성이 충분한 언론인들과 민주화에 대한 관심이 많은 언론인들은 서로 의견이 달랐다. 그러나 중국 언론이 긍정적으로 발전했다고 생각하는 일부 관방 언론인들과, 중국 언론이 더욱 민주적으로 발전해야 한다고 생각하는 언론인들 사이에서 느껴지는 중국 언론의 상황은 민주적 발전을 위한 발전 단계에 있다고 보는 것이 좋을 것 같다.

사회적인 미담은 물론 사건 사고도 적극 다루고 있다. 최근 들어 두드러진 특징은 경제 발전과 관련된 정부 정책의 홍보와 효율 제고가 두드러지고 있다는 사실이다.

과거 중국의 중요 뉴스는『인민일보』(人民日報),『신화사』(新華社) 등 중앙 기관지가 독점하고 이를 기타 신문들이 되받아 보도하는 이원 체제였는데, 최근 이런 틀이 무너졌다. 신문도 독자 경영 체제가 강조되면서 경쟁 개념이 도입되었고, 특히 광고는 신문의 수익과 직결되어 '질적 개혁', '흥미도 제고' 등 경쟁이 불붙기 시작했다. 특히 재미있는 사항은 중앙정부의 통제와 언론사들의 경쟁이 정치면을 제외하고는 비교적 유연하게 변화하고 있다는 점이다. 지금 중국에서 일어나고 있는 신문·방송·유선 네트워크 간의 치열한 경쟁은 과거라면 상상도 할 수 없는 것이다. 이러한 경쟁 체제 도입에 대한 이해는 중국 정부의 언론 매체를 통한 홍보에서도 중요한 고려 사항이 된 것으로 추측된다.

신문의 경우에도, 1980년대 개방 정책 이후에 발행이 금지되었던 신문들이 발행을 재개하면서 많은 발전을 이루었다. 중국 신문의 특징은 독자층이 매우 광범위하다는 점이다. 한국의 경우 대개 독자층의 직업이나 연령대가 정해져 있지만, 중국은 독자층의 직업이나 나이의 폭이 상당히 넓다고 한다. 또한 한국은『조선일보』,『중앙일보』,『동아일보』등 서울을 근거지로 해 전국에 배포되는 중앙 일간지가 가장 많은 독자층을 형성하고 있지만, 중국은 베이징을 중심으로 하는 신문보다는 각 지역이나 지방을 근거지로 삼고 있는 지방지가 독자층이 가장 많다고 한다. 또한 중국에서는 많은 종류의 전문지가 발간된다. 예컨대,『과학신문』,『건강신문』,『농업기계화신문』,『식품신문』등이다. 즉 중국의 신문은 지역적·분야별로 특화되어 있다. 한국의 신문은 주로 일간지 속에 스포츠·문화·경제면 정도가 작게 따로 발간되어 포함되어 오는 정도라고 볼 수 있지만, 중국 신문은 지역이 넓고 독자층이 많다는 장점이 있다. 그러나 중국 내에서도 인터넷 사용자가 증가하고, 더 나아가 무가지(無價紙)까지 등장하게 된다면 중국 시장에서 신문의 상황은 바뀔 것으로 보인다. 중국의 신문 구독 방식도 한국과는 많은 차이가 있다. 우리나라는 신문 보급소에서 신문을 신청해 구독할 수 있으나, 중국은 우체국에서 여러 지방지나 전국지, 주요 일간지를 구독 신청할 수 있으며, 신문 가판대에서는 여러 종류의 신문이 동시에 팔려 나가고 있다.

그러나 중국의 방송 체제는 중앙정부의 수직적 통제를 받고 있으며, 일부의 책임이 여러 행정 기구로 분산되는 형태를 띠고 있다. 방송부는 중국의 모든 방송망을 규제하는 최고의 기관이며 방송뿐만 아니라 통신·음반·영상 녹음 등의 분야까지도 관할하고 있다. 이 방송부는 방송의 정책 방향과 기술, 경제 등의 문제에 관해 국가 위원회에 보고하도록 되어 있으며, 공산당 중앙위원회의 선전과(宣傳課)에서 내려 주는 지침을 따른다. 지방 라디오와 텔레비전 방송사는 각 현, 자치구 및 시도의 각종 정부에 의한 직할 부서로 편성되어 있으며, 제반 기술과 경제 사항에 대해 지방 정부의 통제를 받도록 되어 있다. 지방 방송은 기술과 재원의 문제 이외의 편성에 관해서는 중앙의 공산당의 지침을 준수해야 한다.

중국의 방송은 정부가 운영하고 있는 국영사업이라고 보면 된다. 각급 정부 조직은 방송 프로그램이 정부의 시각에서 벗어나지 않도록 감시할 의무가 있으며 중요한 사항을 다루는 프로그램은 공산당 중앙위원회의 선전과나 해당 장관에게 보고하여 그들의 지시에 따르도록 되어 있다. 중국은 1986년까지 특별한 방송법이 없었고 중국 전국인민대표대회의 교육·과학·문화 및 보건 위원회가 공동으로 만든 신문법이 방송에도 적용되고 있었다. 결론적으로 중국의 라디오와 텔레비전 방송사들은 아직도 공산당 중앙위원회가 내린 지침이나 정책을 충실히 실행하고 당의 선전과나 지방 정부 혹은 중앙 방송부의 지시, 결정 혹은 훈령을 착오 없이 이행하도록 엄격히 규제되고 있다(허진 2002).

언론 검열은 각 행정 단위의 당위원회에 의해 이루어지고 있다. 2개 행정 단위의 당위원회가 언론을 감시하는 일에 관계하는데, 그 중 하나는 신문이 소재하고 있는 도시의 당위원회이고, 다른 하나는 그 소재지에 대한 직접적인 사법권을 가지고 있는 당위원회가 그것이다. 그리하여 『베이징일보』는 시 당위원회 및 공산당 중앙 위원회의 감시를 받게 된다. 또 광둥 지역의 『양성만보』(羊城晚報)는 광둥시의원회와 광둥성위원회의 감시를 받으며, 해당 행정단위 당위원회의 선전국을 대표하는 관리가 언론통제의 책임을 진다. 중국의 언론은 자체 검열을 수행하며, 그것도 아주 교묘하게 이루어지고 있다.

이와 같이 중국의 방송은 사회주의 국가로서의 관심사를 대변한다. 그리고 한편으로 당과 정부를 연결하고 다른 한편으로는 정부와 인민을 연결한다. 그래서 라디오와 텔레비전 프로그램은 인민의 욕구나 희망 사항을 반영해야 하고, 방송 편성의 원칙은 사회주의의 정치적 이념을 받아들여 인민으로 하여금 국가와 당에 충성심을 갖도록 하며, 문화적·이념적·물리적인 면에서 훌륭한 사회주의 국가 건설에 이바지하도록 교육시킨다.

개혁·개방 30년이 넘은 중국의 변화 속도는 갈수록 빨라지고 있다. 특히 경제 방면에서 개방정책으로 인해 사회 전반에 급속한 변화가 일어났는데, 정치적 이념을 전달하기 위해 존재했던 언론은 그 변화를 온몸으로 받아들였을 것이다. 이런 상황에 언론계에는 변하지 않으면 살아남을 수 없다는 인식이 팽배해 있다. 각 언론사들이 이전의 당이나 중앙 정부에 의존하던 비율이 점차 낮아지고, 언론인과 언론을 배우는 학생들이 더 이상 언론이 대변인 역할을 하는 것으로 보지 않게 되고 있으나 갈 길은 아직 멀다(강현두·주봉의 1995).

한국의 경우, 중국에 비해서는 방송이 훨씬 자유롭다고 볼 수 있지만, 방송계와 정치의 밀착, 방송의 상업화와 과다 경쟁, 언론 독점과 저질 문화 양산 등이 해결해야 할 시급한 문제라고 할 수 있다. 한국의 언론은 주로 일제강점기를 전후로 발전했다고 한다. 한국에서는 정권 교체를 기점으로 언론 정책과 동향이 달라져 왔다. 일제강점기에는 친일 언론을 통해 언론통제와 탄압이 철저하게 이루어졌으며, 미군 군정 시대, 자유당 정권을 거쳐 박정희 정권 시대부터 언론을 정치적인 도구로 이용하기 시작했다. 그중 가장 대표적인 사례는 언론이 유신 과업의 선도 역할을 하게 된 점이다. 전두환 정권 시절에는 언론기본법을 통해 역대 어느 정권보다 언론을 탄압했으며 제압했다. 정권이 언론인들의 해직 압력을 가하면서 많은 언론인들이 해직되기도 했다. 노태우 정권 시절부터 비로소 언론기본법이 폐지되었으며, 신문사 설립이 자유화되면서 언론의 자유를 억압하던 여러 규제가 철폐되었고, 이와 동시에 방송사와 신문사의 수가 빠르게 증가했다. 김영삼 정권 이후로는 언론의 자유가 점차 확대되었으며, 언론과 정치의 결탁이 빈번하게 이루어지고, 언론을 정권에 이용하는 등 언론의 힘이 비정상적으로 비대해지면서 정치와 연결되어 보수와 진보 세력으로 나누어지는 변화가 일어나기도 했다.

한국의 언론은 정치발전에 큰 역할을 했다. 정부에 대한 언론의 견제가 항상 두려운 정부는 어떻게 하던지 언론과 우호 관계를 형성하거나 합법적(?) 견제를 통해 언론이 정부에 방해가 되지 않도록 최대한 노력을 기울인다. 특히, 선거를 기반으로 하는 한국의 정권은, 언론을 통해 국민들이 정부와 국내외 상황을 인식한다는 데에 때로는 민감하게 반응하기도 한다. 언론의 자유가 보장되고 있는 한국에서도 정부와 언론의 관계는 '불가근, 불가원'(不可近, 不可遠)의 관계로 대립과 협력이 보이지 않게 이루어지고 있다고 볼 수 있다. 그러나 한국 및 아시아 정치에서 민주적 선거의 발전, 변화 및 국민 의식의 제고에 한국의 언론이 공헌한 바는 매우 크다고 할 수 있다.

즉, 중국의 언론은 한국에 비해 정부의 통제를 많이 받고 있어 언론의 사회적 책임이 정부의 정책과 합일되는 방향으로 움직이고 있다고 볼 수 있다. 예컨대, 올림픽 이전에 발생한 '종이 속 만두'와 올림픽 이후 보도한 '멜라민 우유' 사건을 보면, '종이 속 만두'는 정부에 의해 왜곡 보도(?)임이 판명되었고, '멜라민 우유'는 결국 정부가 인정했지만, 그 보도 시점을 지연한 것이라든지 인터넷상의 모든 기사를 삭제한 것을 보면, 중국 정부의 언론통제는 확실히 이루어지고 있다고 볼 수 있다. 그러나 현재 중국의 언론은 사회 문제를 보도함으로써 사회 발전에 도움이 될 정도로 발전했다(박용수 1995).

중국의 기자들은 '언론 정치'(言論政治)라는 말을 자주 쓰는데, 이는 언론과 정치의 합일점이자 언론이 정치를 위해 존재하고, 정치는 언론을 통해 인민을 계도(啓導)한다는 뜻이며, 언론의 자유가 보장되는 사회에서 언론이 수행하는 역할과는 다른, 사회주의국가에서의 언론의 기능과 공헌을 의미한다. 그러나 거꾸로 보면, 중국에서는 언론의 자유와 독립이 공산당과 정부에 의해 제어되고 있다는 것을 알 수 있다. 중국의 언론은 사전 통제가 가능한 경우가 대부분이지만, 이미 게재된 뒤에나 통제할 수 있는 인터넷 댓글과 같은 것들이 있는데, 인터넷 댓글의 경우 '속지주의'(屬地主義, 각 지역에서 지역의 인터넷을 관리하고, 지역 관리 기관들의 연락으로 각각 그 지역 인터넷 언론을 제어하는 제도) 원칙에 의해 정부 기구의 제제를 받고 있다고 볼 수 있다.

2) 인터넷 댓글

IT 기술의 발전은 사회관계를 예측할 수 없을 정도로 변화시키고 있다. 인터넷의 발전은 우리들의 생활양식을 급속히 변화시켜 인터넷에 접속하지 않고는 사회생활에 적응하기 어려운 지경에 이르렀다. 전통적 매체인 방송이나 신문과는 달리 쌍방향성을 특징으로 하는 인터넷은 어느 누구에도 방해받지 않고 자신의 의사를 표명할 수 있는 공간을 제공해 자유롭게 정보의 바다를 항해하고 있다. 그런데 인터넷이 여러 지역을 하나의 통신망으로 엮어 인종이나 문화 간 이질감을 해소함으로써 인류의 이해와 동질감을 증대시켜 주리라는 기대가 무색할 정도로, 사이버공간에서는 언어의 횡포가 이루어지고 있으며, 이로 인해 국가와 국가 간의 분쟁이 되고 있다. 최근 한국과 중국의 인터넷 댓글도 인터넷이라는 편리한 도구가 우리에게 갖고 온 부정적인 현상이라고 할 수 있다.

이러한 면에서 한국에서는 인터넷 실명제에 대해 오랜 기간 공론이 이루어지고 있으나 그 실현 여부는 아직도 불투명한 상태다. 사실, 인터넷 실명제를 주장하는 정부는 문제의 원인을 익명성 때문이라고 판단하고 있으나, 그동안 벌어졌던 많은 사건들, 특히 심각한 사건들은 완전한 실명으로 이루어지는 곳에서 발생했다. 인터넷의 역기능은 인터넷 실명제로 해결될 수 있는 일이 아니라는 사실을 인터넷 사용자는 모두 경험적으로 알고 있다. 또한, 최근 지식인들을 주축으로 인터넷 실명제에 대한 반대 여론이 높아지자 한국 정부는 제한적 실명제를 시행하고 사이버 폭력 죄를 신설하겠다고 하나, 제한적 실명제는 현재 대부분의 포털사이트에서 이미 실시되고 있어 실효성이 없을 뿐만 아니라, 사이버 폭력 죄라는 것은 국민들을 과도하게 규제하는 도구가 될 수 있으며, 공공 기관의 법 집행이 현재와 같이 매우 느린 것을 감안하면 실질적으로 문제를 해결하는 데 도움이 되기는 어렵다. 게다가, 인터넷에서 실명을 사용할 것인지를 선택할 권리는 인터넷 이용자에게 있으며, 서비스를 제공하는 데 필요한 경우 인터넷 서비스 업체가 실명 인증을 선택할 권리가 있는데, 국가가 이런 권리를 침해해서는 안 된다. 물론, 국가는 인터넷 사회의 범죄행위를 예방하고 질서를 유지할 의무와 책임이 있으며, 피해자를 구조할 책임도 있기는 하지만 개인의 권리를 제한하기는 힘든 상황이다.

이러한 인터넷의 언론 보도, 이에 따른 쌍방향성 각종 댓글이 언론에 미치는 영향에 대해서는 '공론권'(公論權)의 확장과 시민의 자유로운 참여를 확대한다는 여론 자유의 입장에서 긍정적으로 받아들여지고 있지만, 성숙한 민주주의의 여론으로 발전하지 못하고 있다는 문제점이 있다. 댓글이 이러한 문제점을 안고 있는 첫째 이유는 댓글이 온라인 매체에서 비교적 자유롭게 이야기할 수 있는 인프라를 구성하지 못했다는 문제가 있다. 또한, 댓글이 합리성을 근거로 표현되기보다는, 사회적 억압 때문에 억눌려 있었던 개인적 혹은 집단적 의견이 무분별하게 분출되고 있다는 사실이다. 셋째로는 반대 의견을 제시하는 사람에게 신뢰나 존경심을 갖고 자신의 논지를 설명하는 것이 아니라 내부 불만이 감정적으로 표출된다는 단점이 있다(정일권·김영석 2006).

중국의 입장에서도 인터넷이 보급된 이후, 시간과 공간을 뛰어넘는 인터넷은 많은 부분을 정부가 제어하기 힘든 상태다. 중국 정부도 '시민 카드'를 이용하거나 신분증을 이용한 PC방 사용 허가제 및 인터넷 지역 통제 등 정책적으로 인터넷 사용자들의 신분을 확인하기 위해 노력을 기울였지만, 인터넷은 시·공간을 넘나드는 특성이 있어 통제가 제대로 이루어질 수 없기 때문에 일부 자유로운 통제 방법을 쓰고 있다. 즉, 언론의 보도는 '보도 지침'에 따르게 하나 인터넷상에 올라오는 기사나 댓글은 '속지주의'(屬地主義)를 사용하고 있다고 한다. 이러한 면에서 인터넷에 올라오는 기사나 댓글도 국무원 신문 판공실 산하 인터넷 관리 조직과 공안국의 인터넷 관리 조직에서, 이미 보도된 내용에 대해 삭제를 제시하는 경우 가장 빠른 시간 안에 삭제되고 있다는 것이다. 중국에서 올라오는 '반한'(反韓), '혐한'(嫌韓) 인터넷 댓글은 어떻게 삭제되지 않고 오랜 기간 남아 있었는지를 생각해 보면, 중국의 의도적인 정책(?)이었을 수 있다고 본다. 혹은 담당 부서가 과다한 업무로 이런 일에 신경을 쓰지 못했을 수도 있다.

그러나 이러한 개인적 사고나 착상이 전체 사회에 악영향을 미치는 경우 우리는 언론 윤리적 측면에서 반성해야 한다고 본다. 더구나 국경이 없는 인터넷의 특성을 고려하여 국제 관계에서 인터넷 댓글이 총성 없는 무기로 돌변하게 해서는 안 된다.

4. 한·중 매체 댓글에 나타난 한·중 젊은이들의 사고

1) 한·중 매체 댓글 충돌의 배경과 원인은?

한국과 중국의 댓글 마찰 문제는 한국과 중국이 교류를 하면서 그 성과와는 대조적으로, 불씨가 형성되어 왔다고 볼 수 있다. 중국이 경제적으로 부강한 나라가 되기 위해 노력하는 기간에는 한국을 이해할 시간도 없었고, 성공을 위해 인내하면서 그 마찰이 표출하지 않았던 점도 있다. 그 기간 동안 서로에 대한 감정은 그저 이해하기 위한 초기 단계였다. 그러나 중국의 경제개발과 개방정책이 성공을 거두고 중국인들이 외부 세계를 이해하게 되면서, 민족 자존심을 회복한 중국인들의 눈에 한국, 한국인이 그리 대단해 보이지 않았던 것이다. 국토의 면적이나 인구, 분단된 한반도의 현실이 과거 아시아를 문화·정치적으로 통치하던 중국인들의 마음속에는 그리 대단하지 않다는 생각이 다시 자라나게 되었는지도 모른다. 특히, 중국 내 소수민족의 하나인 조선족을 통해, 그리고 북한을 통해 한반도를 이해하던 중국인들이 한국을 이해하고 세계를 접하면서 새롭게 혹은 과거 '중화' 시대의 사고로 한반도를 보게 된 것이다. 또한, 국제정치적 입장에서 항상 미국과 대화하며, 앞으로 미국 다음으로 세계를 이끌 나라가 중국이라고 스스로 암시하며 중화 민족의 단결을 호소하는 중국 정부의 정책과 언론 보도는 한국이라는 존재도 과거의 '조선왕조'로 생각하게 되었을 수 있다.

일반적으로 네티즌들은 언론에 보도된 내용을 통해 사건과 현상을 인식하고, 그것에 대한 자신의 생각을 덧붙여 댓글을 만들어 낸다. 그러한 현상이 만들어지는 과정에서 한국 정부, 한류 그리고 한국인들은 중국인들에게 어떻게 보였는가를 생각해 보면, 한국인들은 민족의식이 강하고 잘 단결하는 모습으로 비쳐졌을 것이다. 1988년 서울 올림픽과 2002년 월드컵 경기는 한국의 민족의식을 언론 매체를 통해 세계에 전달했다. 또한, 중국의 베이징 올림픽은 그동안 쌓여 있던 세계에 대한 중국인들의 염원을 마음껏 표현한 것이다. 이러한 모든 행사는 언론 매체를 통해 나라 밖의 세계로 알려진다. 이러한 국제적 운동경기나 국제적 행사를 외부로 알리는 매체의 역할은 동북아 국가 민족끼리 서로 경쟁을 하기도 하고 시기도 하는 행위로 나타난다.

한국과 중국 네티즌 사이에서 벌어지는 댓글의 중요한 문제는, 그것이 역사·영토 문제에 대한 인식과 민족 문화에 대한 민족·국가적 사랑으로 뭉친 네티즌들의, 서로 절대 양보할 수 없는 자신의 정체성과 그 신념에 대한 표현이라는 것이다.

2) 한·중 댓글의 충돌 사례

한국과 중국의 네티즌들이 인터넷이라는 공간을 통해 남긴 대화 내용을 보면 너무나 감정적이고 비이성적인 사람들이 도청도설(道聽塗說)하는 것도 있고, 일부는 상대방의 마음에 비수를 찌르는 것들도 있다.

예를 들어 중국의 '동북공정'이 한국인들에게 가져다준 충격과, 한국인들이 세계 문화유산으로 등록한 '단오절'이 중국인의 자존심을 훼손한 사건이라는 보도와 댓글만을 보아도 그 심각성을 잘 알 수 있다. 한국에 대한 중국인들의 존경과 부러움은 다른 한편 반한류(反韓流)와 혐한(嫌韓) 기류로 발전하고 있다. 또한, 한국에서는 중국인들이 어떤 말에 민감하게 반응하는지 생각하지 않고, 과거 '중화 민족의 야욕'을 함께 싸잡아 중국을 욕하고 있다. 이러한 한국과 중국 네티즌들의 논쟁에는 그 시발보다는 발전 과정이 더 무섭다. 이제는 억지에 가까운 말이 나오기도 하고, 없는 얘기도 만들어 삼인성호(三人成虎)하는 경우도 있다.

2008년 10월부터 네티즌 간의 결과 없는 경쟁의 댓글은 서서히 삭제되거나 줄고 있다. 그러나 내용을 삭제한다고 해서 한국과 중국 네티즌들의 근본적 문제를 해결할 수는 없다. 즉, 모호하게 얘기하다가 갑자기 강조하는 중국의 성동격서(聲東擊西)식 행동이나 한국을 비하하는 언론의 보도를 한국인들은 적개심을 갖고 보고 있다. 사실, 중국 정치인도 모든 것이 중국의 영토에 들어가면 중국 것이라는 중화사상을 벗어나, 현대 국제정치 이론에 입각하여 대외관계를 처리할 수 있는 강대국의 자세를 배워야 한다.

중국은 중국 자체로도 해결해야 할 일이 많은 것이 사실인데, 주변의 나라들과 조그마한 일로 자꾸 문제를 만들어 가는 경우, 중국이 이끄는 세계의 질서에 대해 누가 의심을 품지 않을 수 있겠는가? 문제는 이러한 댓글이 민간의 자유로운 의사 표현이라면 민간인들과의 적절한 토론을 통해 어느 정도 옳고 그름이 판가름될 수도 있고, 때로는 인터넷 댓글의 특성상 그 내용을 신뢰하지 않도록 사회 여론을 형성함으로써 한·중 관계의 악영향을 축소시킬 수 있다. 그러나 정부의 의도적인 외교적 발설이나 댓글을 전략적이고 정치적으로 이용될 경우 국가와 국가 간의 건전한 관계에는 상당한 악영향을 끼칠 것이다.

즉, 중국을 잘 이해하지 못하는 한국인들과 한국을 잘 이해하지 못하는 중국인들 사이의 댓글 경합은 정부의 주도 아래, 인터넷 언론의 보호와 긍정적인 발전이라는 구조 안에서 양국이 서로 협조해야 하는 부분이다. 댓글에 대한 한국 정부의 적절한 홍보와 중국 정부의 긍정적인 협력이 중요하다.

아래는 한국과 중국의 네티즌들이 서로 반응한 댓글의 일부를 정리한 것이다. 이를 보면 한국과 중국의 네티즌들이 무슨 문제로 서로 어떻게 충돌하고 있는지를 알 수 있다.

中 쓰촨성 대지진 사망자 1만명 육박

연합뉴스 | 기사입력 2008.05.13 08:28

韩国 daum网 2008年5月13日 国际新闻
《中国四川省发生强烈地震 死亡者近万》

💬 1만명이 뭐냐 1만명이..　　　　　　　　　　　쥬얼리드님

10만명은 가야 "아 좀 죽었네" 라고 생각할걸? 중국애들은..
길거리에 시체가 방치되도 "나몰라" 하는 오랑캐 뙤놈들인데..
인종차별적 발언이지만 동양인으로 부끄러워 종족이 뙤놈들이다.
이 그지근성에 추잡한 놈들 "뙤놈" 그러니 옛날부터 오랑캐라 불렸지. ↳답글쓰기

才死了1万算什么 要死10万！
死10万也不过是 "死了一点点嘛"。。中国狗杂种
在街上到处都是中国狗杂种的尸体阿
虽然是种族歧视的言论 不过中国人就是东亚的劣等动物
。。。。

💬 짱골라들 다 죽어라~!   짤성님 09:52 🔒

계속 지진나서 나라에 망조가 들어서 다른 소수민족들이 하루 빨리 독립해야 한다. ↳답글쓰기

추천

中国狗杂种都死去吧！↵
继续地震下去吧 其他少数民族也快些独立吧！↵

💬 도와줄 필요 없다   쌍화차프란스님   09:53

밤낮 입만열면 대국 타령인데 무시당하는 소국이 대국 도와줄 필요 있나?
어디 대국의 피해 복구 상황을 지켜보자 ↳답글쓰기

没有必要给中国援助↵
整天张口闭口就是大国的遭到其他国家无视的小国家

💬 솔직히...

기분 좋다.. ↳답글쓰기

坦率的说↵
心情太好啦！↵
↵

💬 티벳의 영령들이 화났다!!   바이칼님

종국...

매우 위험한 집단......

위조 날조 탈취는 기본.

남의 역사까지 날조하여 탈취.

그러니 죄값을 정기적으로 받지. ↳답글쓰기

西藏的英灵发怒啦！↵
中国。。↵
一个非常危险的集团↵
充斥着伪造商品↵
掠夺他国文化↵
这种代价要定期的进行才行。。。↵

5. 결론 : 긍정적인 한·중 매체의 댓글을 위해?

한·중 관계에서 언론사들이 특파원들을 파견하고 보도하는 데에는 특이한 점이 있다. 한국의 재중국 특파원들은 중국 내에서 취재의 자유와 그 범위가 한정되어 있다는 데에 불만이 많다. 즉, 중국 안에서 자유롭게 취재하기가 어렵고, 그 보도의 내용도 중국 정부의 눈치를 보아야 한다는 문제가 있다. 이런 이유로 중국에서 오랫동안 특파원 생활을 하고 한국에 돌아온 특파원들은 중국에 대해 그리 좋은 생각을 갖고 있지 않다. 그러나 더 이상한 것은 이러한 기자들이 다시 중국에서 특파원 생활을 하고 싶어 한다는 것이다. 이러한 현상에는 취재와 보도가 어려운 중국 환경이라도 한국에서 언론사 내·외부의 과다한 경쟁보다는 편할 것이라는 생각, 혹은 그나마 열려 있는 중국 전문 기자의 길을 택하려는 생각도 있을 것이다.

반대로 한국에서 근무하는 중국의 기자들은 중국의 '보도 지침'(宣揚指南)에 길들여져 한국의 눈치보다는 중국 내 조직의 눈치를 보면서 글을 써야 한다. 이들은 한국에서의 취재가 자유로운 것에도 불구하고 그 보도를 중국의 '보도 지침'에 맞추기 위해 자신에게 유리하게 얘기해 줄 대상이나 그 대상이 말하는 취재 내용의 일부만을 중국의 '국정'(國情)과 내부 지침에 맞게 글을 써보낸다. 제대로 훈련이 되지 않은 계약직 기자들의 원고는 중국 본사에서 무시되거나 삭제되는 일이 비일비재하다.

이러한 측면에서 보면 그나마 언론의 자유가 보장되고 있는 한국 언론이 정부의 정책을 통해 언론이 대부분 통제되고 있는 중국보다 그 보도가 자유롭다고 할 수 있다. 그러나 언론을 이용한 대외 정책의 국내외 선양 작업은 중국이 더 효과적으로 사용하고 있다.

10년이면 강산도 바뀐다고 하는데, 중국은 경제 개혁을 순조롭게 진행하며 세계 속의 강대국으로 발전하고 있다. 비록 지금은 전 세계가 금융 위기로 다른 나라의 어려움보다는 자국의 경제적 어려움에 우선 관심을 두고 있지만, 한국에 있어 중국의 경제 발전과 그 변화 및 경제적 전망은 지정학적·지경학적 입장에서 주요 관심 사항 가운데 하나다.

중국 정부는 2008년 베이징 올림픽 개막식을 통해, 중국 국민들과 전 세계인들에게 '중화 민족이 세계에 알리는 중화 민족 부흥의 소식'을 소개했다. 중국인들의 대축제를 통해 우리는 중국 정부와 중국인들이 바라는 중국이 어떠한 나라인지 대략 짐작할 수 있다. 아마 중국인들은 서구나 외부 세력 심지어 과거 조공 국가나 중국의 영향력이 미쳤던 지역에 대해 자신들의 새로운 변화를 알리고 스스로 체면을 유지하려는 생각이 있는지도 모르겠다.

한·중 관계에서는 언론에 보도되는 기사 외에도, 한국인들이 수시로 출장·여행·거주 등 목적으로 중국에 장단기 체류하며 중국인들에게 한국인의 문화적 특징을 보여 주고 있으며, 중국인들은 한국으로 유학·출장·파견 및 기타 목적으로의 체류하면서 한국인에게 새로운 중국인과 중국 문화를 이해할 수 있게 하고 있다. 이러한 양적인 교류의 증가는 한국과 중국이라는 지역 간의 거리를 좁혔을 뿐만 아니라 서로에 대한 이해의 폭을 넓히고 있다.

사실 언론 매체는 한국과 중국의 실제적인 '양적' 교류 외에도 두 나라 사람들이 서로를 이해하는 중요한 가교 역할을 하고 있다. 중국에 거주하는 한국인들의 모습과 한국 내 중국인들의 모습, 그리고 여러 기사화될 만한 한국과 중국의 사건들은 언론 매체를 통해 매일 보도되고, 그 보도는 인터넷이라는 정보의 바다에서 중국인들이 한국인을 이해하는 틀이 되고, 한국인들이 중국을 이해하는 틀이 된다.

그러나 양국의 정상적인 우호 관계에 도움이 되지 않는 댓글이 전체 한국인과 중국인들이 서로를 이해하는 틀이 되지는 않겠지만, 댓글은 한국과 중국의 가교로서 상대방 국가에 대해 양국 국민들이 오해를 일으킬 수 있는 소지가 있다. 즉, 인터넷 댓글은 보도된 사건들에 대한 반응을 보여 주며, 댓글은 다시 양국 네티즌들이 서로를 공격하며 자신의 상식과 감정을 표출하는 원인이 되는 것이다.

인터넷 댓글의 속성과 그 언로(言路)가 자유로운 것은 인정하지만, 현재 인터넷의 보급으로 개인의 의견이 대중에게 영향을 미친다는 점을 고려하면, 감정적인 발상과 표현으로 만들어진 댓글은 한국과 중국의 젊은이들이 상대 국가를 올바르게 이해하는 데 악영향을 미친다는 사실을 인식해야 한다. 이것은 한·중 두 나라의 관계에 악재로 작용할 수 있기에, 인접 국가일수록 서로를 좀 더 깊이 이해하고 배려해야 장기적으로 지역 국가 협의체 구성에 도움이 될 것이다.

댓글에서 상호 비방은 일방적으로 상대방을 공격하는 것이 아니라, 기존 댓글에 대한 감정적 대립이 많다. 이런 문제가 발생하지 않도록 막을 방법이 무엇인가를 생각하며 여러 층의 사람들과 대화를 나누다 보니, 사회에 대한 매체의 영향력과 매체에 대한 정부의 역할에 대해 생각할 수 있게 되었다. 언론의 제어 능력이 강한 정부나 단체가 이러한 악성 댓글을 필터링하거나 삭제하는 것은 단기적이고 일시적인 방편으로 보인다. 그러나 이런 방법은 매체 본연의 기능을 마비시킬 수 있다. 좀 더 합리적인 방법은 두 국민들 간의 좀 더 성숙한 이해와 네티즌 자신들의 개인적 소양을 함양하는 것이 더욱 중요할 것이다. 즉, 교류를 통해 서로 소통할 수 있는 인터넷 공간을 매체나 정부 혹은 단체가 주도하면 좋을 것 같다. 시간과 공간의 한계를 벗어날 수 있는 토론의 장을 구성하여 인터넷 공간에서 진행하는 것도 좋을 것 같다.

한·중 관계에서 젊은이들의 댓글은 이들의 성장 배경, 역사교육, 사회 환경, 국가정책 및 여러 기타 요소의 차이에서 비롯된 한담이라고 보기에는 도를 넘는 경우도 많다. 인터넷 댓글을 통해 그들이 발설하고자 하는 내용이 동북아시아에서 역사적 혹은 문화적 그리고 경제적 차이에 의한 앙금으로 남게 하는 것은 건설적인 한·중 관계의 현재와 미래에 도움이 되지 않는다. 게다가, 앞으로 북한에서도 인터넷이 자유스럽게 보급되는 날이 올 것을 생각하면 인터넷이라는 문명의 이기(利器)가 국가 간 외교·문화·경제적 걸림돌이 되지 않도록 예방할 필요가 있다고 본다.

개인적 생각으로 중국에 대한 한국 젊은이들의 사고도 세계관의 시각에서 중국이라는 강국을 보아야 하며, 중국인들의 세계관도 '과거 영화의 부흥'이 아닌 국제 관계 속에서의 새로운 중국인의 국제관으로 탈바꿈되어야 한다고 본다.

더 나아가, 인터넷을 통한 양국 네티즌들의 사고와 발설이 정치적 도구로 쓰여서도 안 되며, 긍정적인 교류의 장으로 발전하기 위한 인터넷 댓글의 무대가 형성되어야 한다. 중국의 입장에서 중국과 국경을 접하는 나라들의 관계가 한·중 관계처럼 미묘한 조짐을 보이면 중국은 이러한 국가들에 의해 포위되는 상황이 될 것이고, 중국과 국경을 접하고 있는 나라들의 입장에서 중국과의 관계가 악화되면 정치·경제적으로 자국의 이익에 손해가 발생할 것이다.

국제정치의 신현실주의나 신자유제도주의의 입장에서 언론은 양국의 협력 및 마찰의 가교나 혹은 지뢰밭이 될 수 있다. 국제정치에서 언론은 각 나라의 역사적·정치적 배경에 따른 사실 보도에 충실하고 정치성이 배제되어야 한다고 본다. 그리고 정부의 과다한 언론 제어는 언론 자유에 위배되는 현상으로 국가 및 국민 간 간격을 줄이는 것이 아니라 서로 오해의 소지를 만들어 오히려 지역 안정에 악영향을 미칠 수도 있다. 때론 상호 의존 관계에 있는 두 나라의 언론 매체는 진정한 국민의 알권리를 위한 보도를 기초로 하되, 그 보도가 불러올 반향에 대서도 생각하고 인기만을 고려하는 보도 방식을 벗어나야 한다. 이러한 정부와 언론 매체의 노력이 네티즌들의 소양 향상에 도움이 될 것으로 보인다. 언론 자유가 있는 나라의 댓글과 언론 자유가 어느 정도 통제되는 나라의 댓글 경쟁, 국제적 운동경기에서 나타나는 '혐'(嫌) 혹은 '반'(反)이라는 관중들의 반응과 매체의 보도, 네티즌들의 재반응은 모두 정부의 언론 정책과 대외 정책 그리고 그 국민들의 역사의식과 민족 정서와 깊은 관계가 있다. 이러한 문제에 대한 언론의 정확하면서도 유연한 보도도 국가 관계에서 매우 중요하다고 본다.

즉, 양국 정부 간 관계가 상호 의존적인 상황에서 정부 간의 관계가 원활하지 못할 경우, 양국 국민들의 정서는 언론에 반영되고, 정부 간의 관계가 좋을 때는 그 교류에 따라 네티즌들의 반응도 그 사회 정서를 반영한다. 즉, 국가 간 관계도 매체나 네티즌의 반응에 큰 영향을 미치는 것이다. 반대로, 네티즌들의 사고나 행동이 역으로 언론에 영향을 미칠 수도 있는데, 이것은 사회 현상으로 나타난 국민들의 민간적 접촉이나 간접적 접촉이 언론을 통해 나타나고, 그 현상이 일파만파로 네티즌들에 의해 크게 확대될 수 있다는 것이다. 이런 경우, 당사국 정부와 언론 매체는 우호적인 양국 관계나 다자 간 관계에서 지역 공동 의식의 발전과 협의를 위해 노력해야 한다. 국제 관계에서의 지역 다자 협력을 위한 양자, 다자 간의 교류와 협력 문제에서 언론은 국가의 정책 이상으로 중요한 역할을 하고 있는 것이 사실이다. 이런 언론의 역할에서 댓글을 통한 쌍방향적 교류가 국가 간의 관계에 어떠한 변화를 일으키는지에 대한 숙고가 필요하다고 본다.

참고문헌

강현두·주봉의. 1995. "현대 중국의 언론 정책과 중국 언론의 발전 전망에 관한 연구 : 언론 상품화 과정의 모순을 중심으로."『방송학 연구』통권 6호, 한국방송학회.

金源泰. 1989. "中國言論의 國際報道性向과 對韓觀에 관한 硏究."『新聞學報』第24號, 한국언론학회.

김소중. 2008. "이명박 정부 출범과 대중외교 전략."『통일전략』제8권 제2호, 한국통일전략학회.

로젠, 필립 지음·양기석 옮김. 1993.『세계의 방송제도』. 나남출판.

박용수. 1995. "중국의 시민사회적 특성과 언론체계의 변화."『한국언론학보』제35호, 한국언론학회.

신진호. 2005. "중국 내 韓流에 관한 고찰 : 최근의 韓中 언론 보도를 중심으로."『중국어문학논집』제34호, 중국어문학연구회.

심재주. 1998.『오늘의 중국 방송』. 나남출판.

이장원·홍우택. 2008. "중국의 문화적 팽창주의."『국제정치논총』제48집 2호, 한국국제정치학회.

정동훈. 2008. "포털뉴스 피해 사례 및 현황." 연구소통과 융합 그리고 축제(특별 세션), 한국언론학회 학술대회 발표논문집.

정일권·김영석. 2006. "온라인 매체에서의 댓글이 여론에 미치는 영향에 관한 연구." 한국언론학회 학술대회 발표논문집.

鄭千九. 2005. "한·중 관계의 쟁점 분석."『中國學』第25輯.

한나라당. 2007.『일류국가 희망공동체 대한민국』. 북마크.

허진. 2002. "중국 방송의 구조와 개혁 그리고 전망."『언론과학연구』제2권 2호, 한국지역언론학회.

『외국 방송 조사 시찰 보고서 : 서독, 인도 일본, 영국, 중국 편』. 중앙위원회, 1990.

中華人民共和國 外交部 亞細亞局 編輯, 2007, 『韓國·中國政府間的主要文獻集(1992.8.24~ 2007.8.24)』. 世界知識出版社.

한·중 행정개혁 비교 연구 :

신공공관리의 도입, 확산, 진화 과정을 중심으로[*]

정해용

1. 문제의 제기

한국의 중국 연구는 그동안 지역학적 관점에서 중국의 특수성을 규명하려는 시도에 집중되어 왔다. 그러나 오늘날 세계화 시대에 중국 연구는 더이상 중국이라는 지역적 특수성에만 천착하여 분과 학문과 고립된 논의에 그쳐서는 안 된다는 비판이 늘고 있다(김도희 2006). 즉 중국의 국내 현상을 세계사적 맥락에서 파악하지 못하면 지역연구가 추구해야 할 총체적 접근이 제약될 뿐 아니라, 한국의 다른 분과 학문과의 이질성을 키우고 연구 작업을 고립시킴으로써 학문적 소통을 어렵게 만든다. 따라서 한국과 중국의 하나의 중요한 개혁 영역에서 개혁의 배경과 진행 과정, 그 결과 등을 비교론적으로 접근하는 일은 한국의 지역연구에서 분과 학문과의 소통의 확대

....

* 이 글은 한국외국어대학교 『국제지역연구』 13권 1호에 실린 논문을 수정·보완한 것임.

라는 의의를 지닌다. 이 글은 공공 행정 영역에서 그동안 세계적 흐름이 되어 왔던 신공공관리(new public management, NPM) 개혁의 국가 간 비교 연구를 통해 지역연구의 지평을 확대하고, 나아가 분과 학문 영역에서 양국의 학문적 소통에 기여하고자 한다.

그렇다면 연구 대상인 행정개혁이 왜 필요하고, 중요한 것인가? 오늘날 세계 각국에서 행정개혁이 급속히 확산된 배경에는 세계화·분권화·정보화·노령화 등 행정 환경의 다양한 변화가 있지만, 특히 세계화가 심화됨에 따라 지구촌 대부분의 국가에서 경제 위기와 재정 적자가 일상화되자 행정국가의 재편을 통해 국가 경쟁력을 강화해야 할 필요성이 대두된 점을 들 수 있다. 이들이 재편하고자 한 이른바 행정국가는 20세기에 본격화되었던 개입주의나 팽창주의 정부를 전제하는 것으로, 주로 복지국가와 발전 국가를 통해 구현되었다. 이런 행정국가 논리는 정치와 행정의 관계에서 전통적인 베버 이론이 전제하는 것처럼 행정이 정치에 종속되는 것이 아니라 오히려 정치보다 우월한 위치에 있고, 각국의 부분적인 제도적 차이는 있지만 행정권 강화가 하나의 보편적 현상이라는 주장이다(김정렬·한인섭 2008, 12).

한국의 경우 행정국가의 제도적 특성이 행정개혁의 중요한 동인이 되었다. 즉 한국은 '제도화된 행정국가'(institutionalized administrative state, 홍준형 2000)라고 불릴 만큼 행정국가 현상이 강하게 구현되어 온 나라다. 가령 현대사회가 요구하는 기능적 필요성을 넘어 행정부가 의회를 지배하는 것이 거의 구조화되어 왔으며, 권위주의 시절 불공정한 선거제도를 통해 이를 제도적으로 보장받았고, 민주화 이후에도 다양한 방식으로 행정이 정치를 압도하는 기반을 만들어 왔다(양재진 2002). 사실 행정부의 역할 강화는 발전도상국뿐 아니라 의원내각제를 채택한 정치 선진국에서조차 보편적인 추세로 진단되었다. 그러나 의회에 대한 정부의 지배력이 강할 경우 정부 영역은 필연적으로 비대해질 수밖에 없으며, 행정은 고유한 가치인 효율성과 민주성을 모두 실현하지 못하고, 이는 궁극적으로 정책 과정에도 부정적인 영향을 미치게 되는 것이다.

중국의 경우 사회주의혁명을 통해 공산당이 정부를 지배하는 레닌주의적 당·국가 관료 체제를 유지해 왔다는 점(정인화 2000)에서 한국과는 다른 제도적 특징을 지닌다. 그러나 그동안 많은 학자들이 중국의 개혁·개방 이후의 발전 과정에 대해 동아시아 발전 모델과의 상당한 유사성을 지적해 왔듯이(Unger & Chan 1995; Baek 2005), 발전 국가의 특성인 국가의 주도적 역할이라는 특성을 공유했다. 물론 학자에 따라서는 유사성 못지않게 차이점을 강조하기도 하는데, 가령 양자가 외형상으로는 공통적인 특징이 있지만 중국에서의 국가 주도는 당의 역할 외에도 국가 통제나 권위주의 정도, 시장에 대한 국가 간섭의 형태나 구조 등에서 차이가 있음을 주장한다(전성흥 2007, 39-41). 이처럼 한·중 양국 간에는 발전 국가적 특성과 개혁의 필요성이라는 측면에서 분명한 유사점과 차이점이 존재하며, 그 외에도 다양한 차원에서 행정개혁의 논리를 비교할 의의가 있을 것이다.

이상의 인식에 기초하여 이 글은 그동안 한국의 중국 연구에서 활성화되지 않았던 행정개혁 문제에 대해 양국 간 비교 연구를 시도한다. 이를 위해 2절에서는 그동안 세계 각국에서 행정개혁의 중요한 패러다임이었던 신공공관리에 대한 간략한 이론적 검토와 이 글의 분석틀을 제시한다. 이에 근거하여 3절과 4절에서는 각각 한국과 중국의 행정개혁에서 신공공관리의 도입·확산·진화 과정을 역사 제도적으로 고찰하고, 마지막 결론에서는 비교 결과를 종합하여 그 함의를 도출해 보고자 한다.

2. 이론적 검토와 분석 방법

1) 신공공관리의 경로 의존적 진화

최근 몇 십년간 세계화의 흐름 속에서 이를 주도한 이념은 이른바 워싱턴 컨센서스에 기초한 신자유주의를 그 배경으로 했으며, 각국의 정부 개혁도 시장 논리에 의해 지배되고, 성과 지향적이며, 기업가적 정부 모형을 선호하는 신공공관리에 의존해 왔다. 신공공관리 개혁은 1970년대 후반 영국에서 출발했으며, 뉴질랜드·오스트레일리아 등의 경우 1980년대에, 그리고 다른 대부분의 국가에서도 1990년대에 이르러서는 신공공관리 개혁을 적극적으로 시행해 하나의 세계적인 조류가 되기에 이르렀다. 신공공관리가 기반하고 있는 시장 지향적 혁신은 비록 신관리주의(neo-managerialism), 정부 재창조(reinventing government), 뉴 거버넌스 개혁(new governance reforms) 등 다양한 명칭을 가졌지만, 세계 각국은 자국의 행정 체제 내에 다운사이징·아웃소싱·계약·네트워킹 등의 상호 관련된 원칙에 기초한 새로운 통치 방식과 기법을 폭넓게 실험하고 제도화했다(Terry 1998; Durant 2000).

이처럼 서구 대부분 국가들의 신공공관리에 입각한 정부 개혁은 그 나라의 경쟁력을 평가하는 중요한 척도가 되었으며, 각국의 역사 제도적 환경이 다르고 체제의 정치경제적 특수성을 가지더라도 개혁의 궁극적 목적은 세계화 경쟁 속에서 우위를 점하기 위한 국가 전략 차원에서 추진되었다. 그렇지만 각국에 적용된 신공공관리 모형은 획일적이지 않고, 그 영향력이 국가마다 달랐으며, 따라서 모형의 일체성을 찾기가 어렵다는 인식도 존재한다(Minogue et al. 1998; Ferlie et al. 1996). 무엇보다 복지국가 위기에 대한 대응으로 신공공관리 모형을 보편적으로 수용한 서구에서도 각국의 대응 방식은 나라마다 다원적인 것으로 평가된다(김정렬 외 2007). 즉 세계적으로 신공공관리의 급속한 확산에도 불구하고 유럽 대륙의 복지국가뿐 아니라 상대적으로 행정국가 기풍이 강했던 동아시아 발전 국가, 그리고 세계화의 부작용에 취약한 대다수 개발도상국에서는 신공공관리의 경로 의존적 진화가 이루어졌던 것이다.

이와 관련하여 동아시아 국가들의 행정개혁 과정에서 자신들의 역사제도적 특성에 따라 어떠한 개혁 경로를 걸었고, 신공공관리 개혁이 어떤 의미를 갖는지에 관한 일련의 연구는 시사하는 바가 있다. 청과 스콧(Cheung & Scott 2003)은 먼저 1990년대 금융 위기 이후 아시아 각국 정부의 행정개혁을 세 가지 패러다임을 통해 비교 분석한다. 첫째, 국가 능력 패러다임은 국가의 지속적인 제도 강화를 통해 특수한 이해관계에 지배되지 않는 정책의 자율성, 종합적이고 조정된 정보에 기초한 정책 결정 능력, 그리고 결정된 정책에 순응하게 만드는 효과적 집행 능력 등을 가져야 하며, 그 능력은 바로 투명성, 책임성, 예측 가능성, 참여, 효율성, 반부패 등의 개혁으로 가능하다는 관점이다. 둘째, 신공공관리 패러다임은 국가보다 시장의 중요성과 그에 대한 의존을 강조하며, 핵심적 내용은 과거 정부가 제공하던 서비스를 사적 영역이 제공하도록 하고, 정부가 공공 자산을 매각함으로써 자신의 고유하고 핵심적인 기능에서 퇴각한다는 것이다. 셋째, 새로운 거버넌스 패러다임은 사회적 관계망, 공동체, 시민사회의 재구축과 강화를 중요한 개혁 과제로 하며, 이는 기존의 전통적 정부 기능을 여전히 수행하면서도 정부로부터 자율성을 지닌 대안적 정부 형태를 추구한다는 것이다.[1] 이 가운데 동아시아 국가들은 신공공관리 패러다임에 대한

....

1) 청과 스콧(Cheung & Scott 2003, 3)에 따르면 아시아 국가들의 새로운 거버넌스 모색은 국가와의 조정 (mediation)을 통해 공동체의 가치를 강화하는 과정이며, 이는 국가 능력을 확립하는 과정의 일부로 간주

강조에도 불구하고 국가의 지위가 여전히 강력하기 때문에 공식적으로 천명된 정책 목표와는 달리 개혁 결과 오히려 국가 역량이 강화되며, 그 특성이 발전주의적이고 억압적이었다고 평가한다.

동아시아 발전 국가의 하나인 대만에 관한 탕(Tang 2004)의 연구도 국가의 특성에 따라 신공공관리가 어떻게 진화할 수 있는지를 보여 준다. 역사적으로 건국 초기 대만의 행정 체제는 국민당 정권이 공산당과의 내전에서 패퇴한 후 정권 유지를 위해 권위주의 지배 체제에서 출발했다. 이후 대만 정권은 통치의 정당성을 경제 발전을 통해 모색하면서 점차 국가 주도적 산업화 모델이라는 동아시아 발전 국가로 성장해 갔으며, 그 과정에서 행정 체제는 효율성을 지향하는 개혁을 통해 경제 발전을 지원할 수 있었다. 그러나 정치적 민주화에 대한 요구가 확대되면서 행정 체제도 효율성 중심의 개혁에서 국가권력의 수평적·수직적 분권화, 시민 참여, 책임성, 대응성, 절차적 정의 등 새로운 행정 윤리를 중시하는 민주적 행정 체제 확립을 위한 개혁을 확대했다. 대만은 이처럼 민주화 기반이 공고해지는 과정에 마침 신공공관리 개혁이 세계적으로 확산되는 추세에 편승해 이를 적극 추진하게 되었다. 그러나 대만에서 신공공관리적 개혁은 단순한 시장 논리와 효율성이라는 가치보다 기존의 민주주의적 가치와 개념적으로 공존함으로써 공공 행정의 변화에 기여할 수 있었음을 지적한다.[2]

된다. 따라서 세 번째 패러다임은 결국 국가 능력 패러다임의 하위 범주가 된다.

2) 탕(Tang 2004, 30)은 대만의 경우 민주화가 선행됨으로서 신공공관리가 적절하게 수용될 수 있었지만, 민주주의가 여전히 금기시되는 중국에서 신공공관리 개혁이 착근될 수 있을지 의문을 제기한다.

2) 연구의 분석 방법

그동안 비교 행정 영역에서는 각국 행정개혁에 대한 비교 연구가 적지 않게 이루어졌다. 그러나 모든 연구자들이 방법론적 문제로 어려움에 직면했으며, 그 이유도 이미 많은 학자들이 지적했다. 아버바흐와 로크만(Aberbach & Rockman 1987, 473-506)은 그것을 행정 체계를 구성하는 각 분석 단위 간의 연계가 곤란한 개념적·방법론적 모호성에서 찾고 있으며, 더린(Derlien 1992, 299-303)은 사후적 성격을 지닌 정부 자료에 대한 취사선택의 어려움과 결과물에 대한 맥락을 고려해야 하는 점을 들고 있다. 또한 비교 연구에는 기능적 대응성에 따른 어려움이 문제가 있는데, 연구 대상 국가들 사이에 공통적 현상이 없는 실제적 비대응성, 집단 행위의 유형 변화가 다른 집단에는 적절하지 않을 때 생기는 비대응적 이질성, 그리고 한 국가에서는 합법적이지만 다른 국가에서는 불법적인 규범적 비대응성 등의 문제가 그것이다(김태룡 2004, 99-100).

이를 반영하듯이 김태룡(2004, 100-101)은 대부분의 비교 행정 연구가 하나의 분석틀에 기초하지 못하고, 분석 단위 중심이나 비교 연구의 초점을 제시하는 수준에 머물렀음을 지적한다. 이 글도 먼저 한·중 행정개혁 사이에 기능적 대응성이 약하고, 또한 연구의 성격이 시론적이기 때문에 구체적인 분석틀을 제시하기보다 우선 연구의 편리성을 위해 비교의 분석 단위를 제시하는 수준에 그치고자 한다.

이 글은 먼저 양국에서 신공공관리 행정개혁 과정을 크게 도입·확산·진화 단계로 구분하며, 한국에서는 이를 선행 연구(김정렬 2006)에 기초하여 각각 김영삼 정부(1993~98), 김대중 정부(1998~2003), 노무현 정부(2003~2008) 시기로 나눈다. 중국의 경우 신공공관리 개혁이 시장화 개혁에 병행하여 이루어진 점에 착안하여 사회주의 시장경제 체제가 천명된 공산당 제14대

그림-1 | 연구의 분석틀

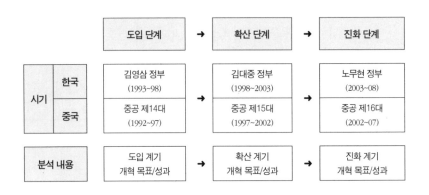

(1992~97)를 도입 단계로, 그리고 제15대(1997~2002)와 제16대(2002~07)를 각
각 확산 및 진화 단계로 설정한다. 이러한 구분을 기준으로 각 시기에 추진
된 행정개혁의 목표와 성과를 분석함으로써 신공공관리가 어떻게 도입·확
산·진화하게 되었는가를 살펴보고, 아울러 각 시기에 그러한 개혁이 추진
된 계기와 배경 등의 제도적 맥락을 분석한다.

그리고 비교 분석을 위한 신공공관리의 개혁 내용에 관해서는 크게 개혁
의 지향성을 작은 정부와 기업가적 정부의 두 영역으로 나누어 살펴본다. 그
중 작은 정부를 위한 개혁은 신자유주의적인 최소국가론에 근거하여 정부
기능을 축소하여 이를 시장 영역으로 전환하는 제반 개혁을 의미하며, 구체
적으로는 축소 지향형의 조직 개편, 공공 영역 민영화, 탈규제 개혁 등을 포
함한다. 그리고 기업가적 정부를 위한 개혁은 정부 운영에서 효율성과 시장
논리를 중시하여 기업 조직에서 비롯된 관리 방식을 도입하는 신관리주의
적 개혁을 의미하며, 이 글에서는 주로 조직 운영에서 핵심적인 인사, 재정
등의 영역을 중심으로 고찰한다.

3. 한국의 신공공관리 행정 개혁 과정 분석

1) 신공공관리 행정개혁의 도입과정

과거 한국에서 발전 국가(developmental state)의 특징은 빠른 경제성장을 가능하게 한 원동력으로 주목받았다. 발전 국가 시기 한국의 행정 영역은 무소불위의 정치권력에 예속되었지만, 그 비호 아래에서 지속적인 팽창으로 산업화 과정의 중요한 일익을 담당했다. 그러나 한국의 발전 국가는 많은 성과에도 불구하고 경제성장 이후 점차 민주화와 세계화의 확산에 따른 이론적·현실적 도전에 직면하게 되었으며, 신공공관리 행정개혁의 도입은 이러한 발전 국가의 위기에서 그 계기를 찾을 수 있다. 즉 이론적 측면에서는 정부 개입을 중시하는 발전 이론과 좌파 이론의 퇴조, 거버넌스의 다원화, 미국식 발전 행정 이론의 무비판적 수용과 모방에 대한 비판 등이 이루어졌으며, 현실적 측면에서는 국가 역할의 축소를 강조하는 신자유주의 세계화의 확산, 군사정부로 대표되는 권위주의 정권의 몰락, 발전 단계의 도약에 따른 고도성장의 둔화 등이 발전 국가를 약화시킨 주요 원인이 되었다(김정렬 2006, 103).

한국에서 발전 국가를 주도해 온 권위주의적 군사정권이 퇴진하고 민주 정부가 들어선 것은 1993년 김영삼 정부의 출범을 통해서였다. 그러나 민주화 이행 과정에서 당시의 문민정부는 권위주의 시대의 지배 엘리트와 야권 정치 엘리트 간의 보수적 정치 협약을 통해 구성되었다. 따라서 권위주의 청산이라는 맥락에서 볼 때 그 성과는 대체로 미완에 그쳤고, 그 수준은 '의사 민주주의 체제'로 평가된다. 이와 같은 민주화 초기 이행기의 특성은 한국 사회에서 신자유주의 이념을 공고하게 만드는 계기가 되었다. 특히 김영삼 정부는 WTO 체제의 출범과 OECD 가입에 따른 외부의 개혁 압력, 1990년 대 초 경기 침체에 따른 내부의 개혁 압력에 직면하면서 신자유주의 세계관에 빠르게 편승했고, 문민정부 출범에 따라 관료제를 개편해야 할 필요성 등이 작용하면서 행정개혁 측면에서는 신공공관리를 핵심적 개혁 수단으로 채택한 것이다(안병영·정무권 2007, 28).

김영삼 정부의 신자유주의적 세계관은 행정 영역에서 '작은 정부론', 또는 '작고 강한 정부'라는 영국의 대처주의식 행정개혁을 도입하는 이념적 기반이 되었다.3) 먼저 작은 정부와 관련된 조직 개편은 김영삼 정부 출범 이후 크게 네 차례 진행되었다. 1차 개편(1993)은 청소년부와 문화부의 통합, 동력자원부 폐지, 상공자원부 신설로 요약되며, 2차 개편(1994)은 28개 부처의 자율적인 기구 및 인력 감축으로 대표된다. 특히 1994년 12월에 단행된 3차 개편은 정부 조직의 주된 목표로 지속적인 경제성장과 국가 경쟁력 강화를 설정한 점과 과감한 부처 통폐합으로 공직 사회의 경쟁 분위기를 확산시킴으로써 신공공관리의 이상에 접근한 개혁으로 평가되었다.4) 한편 4차 개편(1996)은 해양수산부와 중소기업청의 발족으로 요약된다(김정렬 2006, 107). 그렇지만 이러한 개혁 결과 1992~96년간 인력과 조직 측면에서 어느 정도 정부 규모를 감축하는 효과가 있었으나, 예산과 법령이 증가해 실질적 감축 효과는 미흡했으며, 작은 정부론의 중요한 속성에 해당하는 생산기관, 규제

....

3) 한국에서 작은 정부 개념은 전두환, 노태우 정부에서도 제기되었으나, 이 시기는 여전히 전통적인 관료 집단과 군부 엘리트들이 정권을 장악한 가운데 시장에 대한 근본 원칙과 제도적 여건이 성숙하지 않은 상태였으며, 정권과 재벌 중심의 선택적 국가 개입을 지속함으로써 과거의 발전 국가의 속성이 유지되었다는 점에서 신공공 관리의 도입 시기로 간주하기는 어렵다(정정길 외 2007, 120-131).

4) 3차 개편의 주요 내용은 첫째, 경제기획원과 재무부를 축소·통합한 재정경제원 설립, 둘째, 공정거래위원회와 한국은행의 기능 강화, 셋째, 건설부와 교통부의 건설교통부로 통합, 넷째, 체신부·상공자원부·과학기술처 등으로 분산된 정보 통신 산업 정책의 효율적 추진을 위해 관련 업무를 통합한 정보통신부 설립 등을 들 수 있다.

기관, 집행기관의 감축과 중앙 관리 기관의 강화를 가져오지 못한 것으로 평가된다(김근세·권순정 1997).

둘째, 김영삼 정부의 공공 부문 민영화 개혁은 상대적으로 미약했다. 당시 한국의 경우 국가가 생산 부문에 직접적으로 참여하는 영역이 있었지만, 지배적인 개입 방식은 아니었던 것으로 인식했다. 따라서 신공공관리 개혁의 메뉴로 민영화가 항상 포함되어 있었더라도 상징적인 측면에서 그 파괴력이 약했기 때문에 중요한 정책 아이디어로 채택되지 않았고, 실질적으로도 거의 진척되지 않았다(하연섭 2006). 김영삼 정부에서는 8개 정부 투자 기관, 1개 정부 출자 기관, 그리고 52개 정부 투자 기관 자회사를 포함한 총 61개 공기업의 민영화를 계획했지만, 계획 대비 26.2%에 불과한 16개 공기업의 민영화에 그쳤을 뿐이다. 특히 정부 투자 기관이나 정부 출자 기관은 단한 곳도 민영화되지 않았다(이주선 2001, 10).

셋째, 탈규제 개혁이 당시의 신공공관리 개혁에서 가장 강조되었으며, 규제 영역에서 김영삼 정부는 '행정쇄신위원회', '경제행정규제완화위원회'(후에 경제개혁위원회, 공정거래위원회)를 양대 축으로 규제 개혁을 추진했고, 〈기업 활동 규제 완화에 관한 특별조치법〉(1993), 〈행정 규제 및 민원 사무 기본법〉(1994), 〈행정 규제 기본법〉(1997) 등을 제정했다. 이러한 제도는 회원국의 행정제도 설계에 깊이 관여해 온 OECD의 권고와 밀접한 관련이 있었으며, 1997년 〈행정 규제 기본법〉의 제정으로 신설된 규제 개혁위원회는 이후 김대중 정부의 시장 친화적 개혁에 핵심적 기반으로 작용하기도 했다(김정렬 2006, 108). 이처럼 당시의 규제 개혁은 그동안의 경제성장을 바탕으로 선진국 클럽인 OECD에 가입하고, 그 가입 조건에 따라 급격한 경제 자유화와 금융 규제 완화를 실시한 결과이며, 이는 결국 IMF 외환 위기의 제도적 토대가 되었다. 즉 외환 위기는 자율적이고 합리적인 시장의 작동 기제가 제도화되지 않은 상태에서 경제를 감독하고 규제해야 하는 국가의 역할을 급속히 무장해제시킨 데서 기인한 것이다(안병영·정무권 2007, 28).

다음으로 기업가적 정부도 영미를 중심으로 한 관리 혁명의 영향에 따라 학계와 정부에서 행정개혁의 지배적인 패러다임으로 적극 논의되기 시작했다. 당시 기업가적 패러다임이 논의된 배경은 경제 제일주의, 세계화와 개방화, 그리고 국가 경쟁력 강화라는 국정 목표 하에 정부 부문의 비효율성 내지 경쟁력 부족을 행정개혁을 통해 극복하자는 것이었다. 이에 따라 김영삼 정부는 "행정관리에서 행정 경영으로"라는 슬로건을 행정개혁의 방향으로 설정했으며, 특히 1995년 지방선거 이후 각 지방정부도 세계화에 조응하는 지방화 시대에 생존하기 위해 경쟁적으로 기업가적 패러다임을 채택하려 했다. 또한 학계에서도 이러한 정부 전략을 이론적으로 지원하기 위한 정부 생산성 제고, 민간 경영 기법의 도입, 행정의 품질 관리, 기업가적 정부 혁신, 공공서비스의 만족도 평가, 고객 지향적 행정 등의 연구가 유행처럼 확산되었다. 그렇지만 적극적인 도입 의지에도 불구하고 개혁 과정에서의 구체적 적용에는 한계가 있었다는 점에서 김영삼 정부는 도입기적 특성을 갖고 있었다.

이처럼 신공공관리의 도입 단계에 학계 일부의 문제 제기가 있었지만 사회 전체의 공론화나 담론으로 발전되지는 못했다. 이와 관련해 김태룡(2000)은 1990년대 중반 이후 학계에서 진행된 기업가적 패러다임 도입 논의를 분석하면서 적극적 수용, 중립적 소개, 비판적 수용이라는 세 가지 범주를 사용했으며, 적극적 반대는 없는 것으로 간주했다. 당시 한국 행정학에서 이러한 패러다임의 수용을 적극 주장한 사람들의 논거는 한국 행정에 대한 진단과 처방에서 비롯되었다. 즉 이 처방책은 신자유주의가 가정하는 국가 경쟁력의 회복이 모든 계층에게 혜택을 골고루 가져다줄 것이고, 무한 경쟁 시대를 성공적으로 극복해 갈 것이라는 암묵적인 가설에 의존하고 있었다.

2) 신공공관리 행정개혁의 확산 과정

한국에서 신공공관리가 본격적으로 확산된 시기는 '국민의 정부'로 출범한 김대중 정부 때였다. 한국 정치사에서 김대중 정부의 출범은 여야 간 수평적 정권 교체라는 점에서, 그리고 기존의 다른 정권과 비교해 상대적으로 진보적 성격이 강했다는 점에서 한국 민주주의의 새로운 국면을 열었다. 그러나 미증유의 경제 위기와 IMF 차관 조건에서 출범한 김대중 정부는 불가항력적으로 신자유주의적 구조 조정에 나서지 않을 수 없었으며, 이는 IMF라는 외부적 압력도 있었지만, 김대중 정부의 의도적 선택이기도 했다(안병영·정무권 2007, 29). 이러한 외부적 요인과 정권 차원의 전략적 선택에 의해 행정개혁에서도 신공공관리가 공식적인 개혁 모형으로 자리 잡게 된 것은 당연한 논리적 귀결이었다.

앞선 신공공관리 도입 단계에서 깊이 있는 논의가 미약했던 가운데 김대중 정부에서는 오히려 실무계가 신공공관리의 정체를 규명하는 총론적 논의를 통해 이를 정부 내로 확산시켰다. 가령 총무처 직무분석기획단의 『신정부 혁신론 : OECD를 중심으로』가 1997년에, 『정부 혁신의 길』이 1999년에 출간되었으며, 이들은 외국의 간행물을 그대로 소개하는 수준에 그침으로써 새로운 패러다임의 확산 과정에서 이론적 논의를 풍부하게 제공하지는 못했다. 당시 IMF 관리 체제에서 국민들에게는 어떠한 종류의 개혁도 필요했기 때문에 신공공관리 개혁은 김대중 정권이 정치적으로 주도했으며, 학계의 역할은 제한적인 수준에 머물렀다. 즉 신공공관리론이 제도화되는 과정에서 이론적 기반에 대한 논의와 한국 행정 문화에 적합한지 여부에 관한 찬반 논쟁이 활발히 이루어지지 못했고, 신공공관리의 열기가 어느 정도 식은 2000년대에 비로소 비판적인 연구가 등장했다(임도빈 2003, 3-5).

먼저, 작은 정부를 위한 김대중 정부의 조직 개편은 집권 전반기인 1998

년, 1999년, 2000년 연속 세 차례가 이어져 전반적으로 상당한 감축이 이루어졌다. 그러나 감축 효과가 실질적이지 못한 채 총량적 감축만 이루어졌고, 정치적 이해관계가 상대적으로 작은 하위직과 생산직 공무원을 대상으로 해 공무원 사회의 갈등을 초래하기도 했다. 또한 조직 및 인력의 단기적인 감소 경향 이면에 법령과 예산의 상당한 증가가 이루어진 점도 정부 기능의 실질적 감축이 실패했음을 보여 준다. 그리고 더 큰 문제는 중반기 이후에는 폐지되었던 기관 및 새로운 기관이 신설되거나 강화되는 등 거의 모든 행정 수단이 지속적인 증가 추세를 보여 정권 초기 수준으로 회귀하는 현상이 나타났다(김근세 2005). 즉 김대중 정부의 정부 규모 축소는 김영삼 정부와 마찬가지로 크게 성공적이지 못했으며, 이는 신공공관리가 추구하는 대부분의 조직 개혁이 실질적 효과보다는 단순히 수사에 그칠 수 있음을 드러낸다.

둘째, 김대중 정부의 민영화 개혁을 보면, 먼저 그 계획이 정부 출범 연도인 1998년 7월과 8월 두 차례에 걸쳐 발표되었다. "제1차 공기업 민영화와 경영 혁신 계획"에서는 5개 정부 출자 기관과 이들의 21개 출자 회사의 완전 민영화, 정부 투자 기관인 한국전력공사와 다른 5개 정부 출자 기관의 단계적 민영화가 계획되었고, "제2차 공기업 민영화와 경영 혁신 계획"에서는 2002년까지 한국전력공사 등 6개 정부 투자 기관의 22개 출자 회사와 한국전기통신공사 등 5개 정부 출자 기관의 18개 출자 회사에 대한 민영화, 다른 6개 출자 회사의 통폐합, 8개 출자 회사의 구조 조정 계획을 포함했다. 이를 추진한 결과 완전 민영화 대상 공기업은 대규모 공기업이라 할 수 있는 포항제철, 한국중공업을 포함하여 총 6개 공기업의 민영화를 완료하여 목표 대비 120%의 진척을 보였고, 정부투자 및 출자 기관 자회사들에 대한 민영화도 계획인 40개 대비 80%에 달하는 32개의 완전한 민영화가 이루어졌다. 이 같은 민영화 규모는 역대 정부들의 실적과 비교할 경우 양적으로나 질적으로 괄목할 만한 것이었다(이주선 2001).

셋째, 규제 개혁과 관련해서는 먼저 규제개혁위원회를 주축으로 전면적인 규제 정비를 추진해 1998년 1만1,125건이었던 규제 사무를 1998년 5,430건, 1999년 503건 폐지했고, 2002년 잔존 규제 사무가 약 6천 건으로 줄었다. 이러한 실적은 어떤 OECD 국가와 비교해도 탁월한 실적으로 평가받았으며, 규제의 양적 측면뿐 아니라 주요 규제 개혁 대상 정책을 핵심 과제로 선정하여 규제의 질적 수준을 높이기도 했다. 이러한 규제 정비 외에도 규제 개혁 관련 제도 및 절차의 도입에 있어 행정 규제 기본법이 요구하는 규제 영향 분석 제도, 규제 등록 및 전산화, 규제 법정주의, 규제 일몰제 등을 시행했으며, 규제 신고 센터 및 국민 제안 제도도 채택했다. 김대중 정부의 규제 개혁에 대한 전반적인 평가는, 국가별 규제 개혁 심사를 수행한 OECD에 따르면, 한국의 개혁 프로그램이 국제적으로 모범적이며, 강력한 대통령의 지원, 행정 규제 기본법의 유효성, 규제 일몰제, 규제 영향 분석 제도 등의 도입 및 운영 등을 들어 대단히 높게 평가되었다(OECD 2000; 김태윤 2003).

다음으로 김대중 정부에서는 기업가적 정부를 위한 개혁도 본격 확산되었으며, 그 예로 인사행정 분야에서는 목표 관리제(MBO), 성과급, 연봉제, 개방형 임용제 등을, 재무행정 분야에서는 복식 부기 회계, 성과주의 예산 제도, 발생주의회계 등 기존에 기업 관리에서 적용되던 재무회계 기법들을, 기타 행정 서비스 헌장과 고객 만족도 조사 등도 적극 도입되었다. 그 중 몇 가지 사례를 보면 개방형 임용 제도의 시행은 한국의 관료 임용 형태가 과거 폐쇄형에서 개방형으로 진화하는 중대한 전환점이었으며, 기존의 계급제 기반의 한국 공직 구조가 행정의 전문성과 책임성, 관료제의 신진대사 측면에서 제도적 임계점에 도달했기 때문에 이를 통해 행정의 유연성과 경쟁력을 강화할 수 있을 것으로 기대되었다.[5] 그리고 행정 서비스 헌장제의 경우는 1998년 중앙정부의 10개 부처에서 시범적으로 시행된 이래 2000년부터는 기관별 모든 부서와 업무로 확대되었으며(주재현·정윤수 2000), 이는 사기업의 고객 지상 목표를 행정에 도입하여 정부의 행정 서비스에 대한 책임성과 대응성을 높이려는 시도였다.

이상과 같이 김대중 정부에서 본격 확산된 신공공관리 개혁이 그 취지와 방법, 전제 조건 등을 잘 감안하여 도입된다면 한국 행정의 고질적인 문제를 해결할 수 있는 좋은 방법이 될 수 있다. 그러나 영미 국가에서 발전된 신공공관리가 당시 한국의 행정 토양을 고려하지 않고 무비판적이고 급진적으로 도입됨으로써 한국 사회에 제대로 착근하지 못한 채 많은 부분이 실패로 귀결되었다. 주민이 주인이라는 의식이 형성되어 있고, 공무원이 이들에게 민감하게 반응하는 영미 사회에서는 신공공관리의 발전 토양이 잘 갖추어져 있다. 그러나 한국에서는 행정 체제의 전통적인 특성으로 말미암아 소수의 엘리트가 신공공관리 개혁 프로그램을 결정하고, 이를 하향적으로 강제하는 특성을 띰으로써 오히려 역효과를 초래하고 제대로 성공하지 못했다(임도빈 2003).

3) 신공공관리 행정개혁의 진화 과정

IMF 경제 위기 이후 한국의 공공 영역은 시장 이데올로기가 지배하고 신공공관리가 급속하게 확산되었지만, 이러한 위기가 극복된 후 등장한 노무현 정부는 과거의 시장 편향적이고 보수적인 이념 지형을 탈피하기 위해 중

5) 이를 위해 한국은 1995년부터 2002년까지 136개 직위를 개방형 직위로 확정했으나, 순수한 민간인의 충원이 16개 직위에 그치는 등 그다지 성공적이지 못한 것으로 평가된다(주경일·김미나 2006, 176-181).

도 혁신 노선을 표방했다. 이러한 정책 기조는 새로운 국정 원리로 제시된 원칙과 신뢰, 공정과 투명, 대화와 타협, 분권과 자율 등을 통해 잘 나타나고 있다. 이러한 점에서 노무현 정부의 국정 운영 방식은 제3의 길 노선을 표방하면서 등장한 영국의 신노동당이나 독일 슈뢰더 정부의 신중도 노선과 유사하며, 구체적인 행정개혁에서도 유럽 복지국가들과 마찬가지로 신공공관리의 경로 의존적 진화가 이루어졌다(김정렬 2006; 김정렬 외 2007).

노무현 정부의 행정개혁은 과거 정부의 '작고 효율적인 정부'에서 '일 잘하고 봉사하는 정부'로 전환되었다. 이를 위한 개혁 목표로는 효율적인 행정, 봉사하는 행정, 투명한 행정, 함께하는 행정, 깨끗한 행정 등 5대 분야가 제시되고, 이를 구현하는 핵심적 수단으로는 성과 중심의 행정 시스템 구축, 정부 기능과 조직의 설계, 행정 서비스 전달 체계 개선, 고객 지향적 민원 제도 개선, 행정의 개방성 강화, 행정행위의 투명성 제고, 시민사회와 협치 강화, 공익 활동 적극 지원, 공직 부패에 대한 체계적 대응, 공직 윤리 의식 함양 등 10대 아젠다가 제시되었다. 이러한 개혁 목표에 있어 노무현 정부는 우선 과거 정부에 비해 목표의 범위가 광범위해 구체성의 정도가 상대적으로 낮으며, 개혁의 대상과 연계성이라는 측면에서 단순히 행정기관 내부의 관리 혁신에 그치지 않고, 전반적인 공공 부문 개혁, 부정부패와 노사관계, 국민 통합과 거버넌스 구축 등으로 과제의 성격이 확장되었다. 따라서 노무현 정부 행정개혁의 본질적인 목표는 성과와 투명성, 참여 거버넌스 등을 통해 행정 서비스 전달의 수준을 전반적으로 높이는 데 있었다(김태룡 2004, 106-111).

이러한 행정개혁 목표에 따라 신공공관리의 축소 지향적 작은 정부가 노무현 정부에서는 거의 고려되지 않았다. 먼저 정부 조직 측면에서는 '규모 감축'(downsizing) 대신 '적정한 규모'(right sizing)라는 캐치프레이즈를 내걸었고, 그 결과 부처의 승격 및 고위 공무원의 승진 인사가 지속적으로 이루어져 급속하게 큰 정부로 나아갔다는 평가도 받는다(정정길 외 2007, 184-185). 둘째, 공공 영역 민영화는 노무현 정부 출범 이후 헐값 매각 논란, 대기업 집중, 노동계의 반대 등의 이유로 지속되지 못했을 뿐 아니라, 외환 위기 이후 공기업 민영화가 외형 개편에 초점이 맞추어져 본질적인 혁신이 이루어지지 못했다고 파악하여 기업 경영 혁신을 통한 민간 기업과의 경쟁을 중시했다.6) 셋째, 규제 개혁에 대해서도 노무현 정부는 과거 정부가 대폭적인 규제 감축을 추진했지만, 기업 활동, 금융, 건축 등 다수 부처가 관련되고 파급효과가 큰 핵심 규제에 대한 개혁이 미흡하고 규제를 집행하는 공무원의 의식과 행태가 바뀌지 않고 있다고 보고, 이전과 같은 양 위주의 규제 개혁이 아닌 질 위주의 규제 개혁을 추진했다(정정길 외 2007, 139-141).

그러나 작은 정부 영역과는 달리 기업가적 정부와 관련된 개혁에서 노무현 정부는 개혁 의제의 수가 많고 개혁이 연계된 범위도 상당히 넓어졌다. 즉 인사 개혁에서는 크게 11대 아젠다를, 재정 개혁에서는 5대 전략목표와 15대 아젠다를 제시했는데, 이처럼 의제의 범위가 넓어진 것은 먼저 신공공관리의 영향력이 지속되어 개혁의 지향성을 성과 향상에 두었기 때문이다. 가령 인사 개혁에서는 직무 분석과 성과 지표 개발, 다면 평가 제도, 성과 계약제 등 기업형 인사관리 기법들을 계속하여 도입·시행했고, 재정 개혁에서도 성과 중심의 재정 시스템 구축을 위한 개혁에 노력했다. 이처럼 성과 향상이나 관리 개선과 관련된 개혁 이외에 노무현 정부는 참여 확대를 위한 수단의 개발은 물론 정부 조직 내부나 정부 간 권력 분배 문제까지 개혁 의제 속에 포괄했다. 따라서 인사 개혁에서는 인사 권한의 분권화와 하부 기관

....

6) 또한 철도와 전력, 가스 등 공공성이 높은 국가 기간산업이 민영화될 경우 공공성의 저하, 민간 독점의 폐해, 요금 인상 등과 문제가 발생할 수 있으므로 이러한 분야는 민영화의 속도와 폭에 대한 전반적인 재검토가 필요하다고 생각했다.

의 자율성을 제고시키는 개혁을, 재정 개혁에서는 중앙과 지방의 기능 조정과 재원 이양, 재정 운영의 자율성 및 재정 과정의 참여를 확대하는 개혁을 진행했다(김태룡 2004, 116-117).

전반적으로 노무현 정부의 행정개혁은 작은 정부의 구현과 직결된 인위적인 정부 감축 노력은 지양되었지만, 기업가적 정부와 관련된 개혁은 과거 정부에서부터 도입된 제도들을 무위로 돌리지 않고 지속했다는 점에서 신공공관리를 일정 정도 계승했으며, 여기에 뉴 거버넌스 간의 절충을 추구하는 방식으로 신공공관리가 진화했다. 이러한 뉴 거버넌스의 강화는 비단 인사나 재정 영역뿐 아니라 분권화 개혁이나 전자 정부 개혁에서 특히 두드러지게 나타났는데, 이러한 영역에서도 노무현 정부는 많은 개혁 아젠다를 제시했다. 결국 노무현 정부는 개혁 과제의 수와 적용 범위가 지나치게 포괄적이라는 점에서 개혁 초기부터 성공 가능성에 의문이 제기되었으며(김판석 2002), 이러한 문제로 말미암아 결국 무능력한 민주 정부라는 비판을 초래하기도 했다.

4. 중국의 신공공관리 행정개혁 분석

1) 신공공관리 행정개혁의 도입 과정

전통적인 사회주의 체제의 폐해를 경험한 중국은 1978년을 기점으로 개혁·개방과 시장체제로의 전환에 들어섰다. 주지하듯이 중국의 개혁·개방은 농촌에서 시작하여 도시지역으로 확대되고, 경제특구의 설립을 통해 대외 개방을 확대하는 등 경제 영역에서 좀 더 빠르게 진행되었다. 그 과정에서 행정 영역도 1980년대부터 적지 않은 개혁이 추진되었지만 충분한 주목을 받지는 못했다. 1987년 개최된 공산당 제13대의 "정치보고"에서 자오쯔양(趙紫陽 1987) 총서기는 지속적인 경제개혁과 동시에 정치개혁을 새로운 개혁 의제로 삼았으며, 구체적인 개혁 과제로 당정 분리, 권력 이양, 정부 기구 개혁, 간부 인사 제도 개혁, 군중 관계, 법제 건설 등을 제시했다. 즉 1980년대의 행정개혁은 정치개혁의 일환으로 추진될 뿐이었으며, 1989년 톈안먼 사태로 정치체제 전반의 개혁이 좌절된 이후 공산당 제14대에 비로소 새로운 개혁 의제로 주목받게 되었다. 중국의 공산당 제14대는 본격적인 '사회주의 시장경제 체제'를 천명한 시기였으며, 이는 지난 10여 년의 개혁·개방을 거치면서 계획에 의한 자원 배분이 현저하게 축소되고 시장이 본격적인 자원 배분의 주체가 되었음을 의미한다(江澤民 1992).

시장 체제의 형성은 단순히 경제체제에 대한 전반적인 개혁을 수반했을 뿐 아니라, 토대에 상응하는 상부구조의 개혁도 동시에 요구했다. 당시 정치개혁이 진퇴양난에 직면한 반면, 정치체제와 경제체제의 모순이 날로 확대되는 상황은 행정개혁을 의사일정에 포함시키도록 만들었다. 이에 대해 학계에서는 행정개혁이 경제개혁을 더욱 심화·발전시키는 동시에 정치개혁을 선도하는 위치에 있으며, 따라서 중국 체제 개혁의 논리적 발전 과정에서 행정개혁이 하나의 연결고리(結合部)가 되어야 한다는 관점이 주류를 이루었다. 그리고 기존에는 행정개혁이 정치개혁의 일환으로 간주되었으나 14대에 이르러 양자가 대등한 지위를 갖게 된 것은 중국이 현대화 과정의 후발주자에 속한다는 역사적 조건에서도 기인했다. 즉 행정개혁 우선 모델이 개발도상국의 체제 개혁에 좀 더 적합하며, 정치개혁의 우선은 대다수 개발도상국의 현실과 맞지 않다는 인식이 지배적이었다(胡偉·王世雄 1999).[7]

이러한 행정개혁에 대한 인식 전환은 신공공관리 도입의 토대를 제공했다. 먼저 공산당 제14대가 제기한 사회주의 시장경제 체제는 시장 기능과 정부 기능의 명확한 구분과 현대적인 공공 행정 체제의 확립을 개혁 방향으로 삼았다. 이에 따라 중국은 계획경제 체제에서 형성된 집권적 통제와 강제적 복종을 특징으로 하는 기존 행정 체제를 개혁하고, 시장이 자신의 내적인 동력과 우월한 정보 메커니즘, 잠재적인 혁신 능력을 충분히 발휘할 수 있도록 유인했다. 그리고 공공 행정 영역에서 국제적인 관리 경험을 도입하려는 노력이 이어졌으며, 이는 당시 개혁 지도부의 적극적인 의지의 반영이기도 했다. 덩샤오핑은 특히 사회주의 시장 체제 전환을 촉발한 남순강화(南巡講話) 과정에서 여러 차례 자본주의 선진국의 과학기술, 경영 관리 기법, 그리고 중국에게 유익한 일체의 지식과 문화를 학습해야 하며, 관문을 닫고 스스로를 봉쇄하는 것은 우매한 일임을 역설했고(鄧小平 2004, 44, 267, 373), 그의 이러한 의지는 서구 행정 체제의 학습과 제도 도입에 긍정적으로 작용했다.

공산당 제14대에서 천명한 행정개혁의 목표는 다음과 같이 요약할 수 있다(張德新 等 2003, 94). 첫째, 사회주의 시장경제의 발전 요구에 따라 1994년 이후 전통적인 계획, 재정, 금융, 유통 체제 등을 개혁하여 시장 체제에 부합하는 정부의 거시 조절 기능의 확립을 모색하고, 둘째, 시장 체제에 부합하는 정부 기능 전환에 따라 대폭적인 기구 개혁을 추진하고, 셋째, 기구 개혁에 따라 행정 관료들을 대폭 감원하는 이른바 '3정'(三定)[8] 개혁을 추진하고, 넷째 1993년부터 국가 공무원 제도를 본격 도입한다는 것이었다. 이 과정에서 개혁 지도부는 신공공관리에 관한 직접적 언급보다 중국 실정에 맞는 토

....

7) 이러한 논리에 대한 비판도 존재했으며, 중국의 행정개혁이 단지 경제개혁과 경제사회 발전의 필요에 따른 수동적인 개혁에 머무르게 된다면 행정개혁이 정부에 의해 추진되더라도 정부의 자기 개혁(自我改革)이 되지 못하여 개혁의 동력이 약화되고 개혁 방식이 필연적으로 점진적일 수밖에 없으며, 궁극적으로는 경제개혁의 심화에도 장애요인이 될 수 있다는 점 등이 지적되었다(張國慶 1994; 郭寶平 1999).
8) '3정'은 직능 전환(定職能), 기구 조정(定機構), 인력 감축(定人員)을 의미하는 행정 간소화(精簡) 과정이다.

착적 개혁을 강조했지만, 행정개혁의 이념과 지향이 시장 체제로의 전환과 부합한다는 점에서는 신공공관리적 성격을 지녔으며, 구체적인 개혁 사례는 다음과 같다.

작은 정부와 관련해 첫째, 축소 지향적 조직 개편은 1993년 국무원 기구 개혁을 통해 계획경제의 제도적 유산인 18개 산업 주관 부서 가운데 7개 부서를 철폐하고 5개 부서를 개편했고, 국무원 직속 기구와 비상설기구를 대규모 축소했으며, 국무원 편제 정원의 20% 감축을 단행했다(羅幹 1993). 중앙 정부는 동일한 수준의 개혁 요구를 지방정부에도 하달했으며, 인력 감축 규모는 1991년 920만 명의 25%에 달하는 2백만 명에 이르러 중앙 수준보다 더 과감한 개혁이 이루어졌다. 이러한 축소 지향적 개혁은 1980년대 후반부터 지방 차원에서 추진한 '소정부, 대사회'(小政府, 大社會)의 개혁 이념을 중앙 정부가 적극적으로 주도하여 전국에 확산시킨 결과이기도 했다.[9] 당시 기구 개혁의 중점은 시장화 개혁에 부응하는 정부-기업 간 분리와 정부 기능의 전환에 있었으며, 이를 위해 국유 기업 관리 권한을 기업으로 이전하고 정부는 더 이상 직접적 개입이 아닌 정보 및 서비스 제공, 기업 간 협력 유도 등 산업 관리라는 제한적 역할만이 요구되었다.

둘째, 공공 영역 민영화는 주로 국유 기업 개혁을 통해 추진되었고, 이는 현대 기업 제도로 불리는 기업 법인화를 개혁의 기본 방향으로 삼았다. 1994년 공산당 제14대 개혁 방안에 따르면 당시의 개혁은 구체적으로 1백 개의 대중형 국유 기업, 3개의 국가 지주회사, 56개 기업집단을 대상으로 했고, 이들 기업은 다양한 출자 방식을 통해 주식제 기업으로 전환했으며, 소

....

9) '소정부, 대사회' 논리는 1987년 하이난(海南) 성에서 처음 제기되어 1990년대 중앙의 지지를 받았으며, 당시 정부 관료 대 국민 비율이 논쟁으로 부상하여 방만한 행정 체제에 대한 개혁 필요성이 역설되었다. 즉 청나라 이전에는 2천 명 이상이, 청나라 때에는 9백여 명이, 1978년에는 50명이, 2002년에는 28명이 관료 1명을 먹여 살렸다고 분석되었다(이양호 2005, 307-308). 하이난 성 사례는 汝新(1998)을 참고할 것.

규모 기업에 대해서는 '큰 것은 잡고, 작은 것은 놓는다'(抓大放小)라는 원칙을 제시해 점진적인 사유화를 시도했다. 국유 기업 개혁은 정부-기업 간 분리라는 개혁 원칙에 따라 정부 기구 개혁과 유기적 연계 속에 진행되었으며, 이러한 개혁을 통해 과거 정부에 절대적으로 종속되어 있던 국유 기업은 전반적인 경영 자율성을 확보할 것으로 기대되었다. 그러나 주식제 전환 기업의 대부분이 국유 자본의 형태를 띠었기 때문에 서구의 사유화 과정과는 일정한 차별성을 가지며, 1995년 말 전통적인 소유 형태가 여전히 전체 국유 기업의 80%를 상회함으로써(倪吉祥 1998, 20-22) 당시의 개혁은 제도의 도입과 실험 단계에 머물렀다.

셋째, 규제 개혁과 관련해서 중국은 시장경제로의 체제 전환이 이루어진다는 점에서 서구 국가들과는 다른 특수성이 존재한다. 즉 서구의 탈규제(deregulation) 논리는 정부 실패에 따른 작은 정부의 요구, 민간 부문의 창의성 유도를 위한 경쟁 환경의 조성, 급격한 기술 진보와 서비스 수요의 변화, 국제적 시장 개방 압력 등의 요인이 작용한 반면(최병선 1992, 628-634), 중국은 시장 경쟁을 촉진하기 위한 탈규제뿐 아니라 새로운 시장 형성을 위해 보다 적극적인 재규제(reregulation)를 필요로 했다. 즉 중국은 개혁·개방과 동시에 가격통제와 기업의 진입 장벽을 점진적으로 완화했다는 점에서 이미 오래전부터 서구 국가와 유사한 탈규제 개혁을 시행한 것과 다름없지만, 반면 시장 질서를 구축하기 위한 규제 조치들은 제대로 입법화 되지 못했다. 또한 중국의 규제 완화는 각 산업별 성격에 따라 다양한 폭과 속도로 이루어졌고, 여전히 정부 차원의 통합적인 개혁은 추진되지 못하는 제한적인 수준이었으며, 따라서 규제 영역에서 신공공관리의 본격적인 확산이 이루어지지는 않았다.

다음으로 기업가적 정부라는 측면에서는 1980년대부터 분권화 정책에 힘입어 지방정부들이 이미 상당 정도 기업가적 역할을 수행하고 있었으며, 1990년대 본격적인 시장 체제로의 전환과 더불어 중앙정부는 이를 더욱 주도적으로 확산시킬 수 있었다. 일반적으로 지방 차원에서 신공공관리 개혁수단을 도입하여 실험에 성공하면 중앙정부가 이를 적극 수용하는 방식이었다. 대표적인 사례로는 영국의 시민 헌장(Citizen's Charter)과 홍콩의 성과 서약제(performance pledges system) 등을 벤치마킹한 '사회 서비스 승낙'(社會 服務承諾) 제도를 꼽을 수 있다. 영국의 시민 헌장은 서비스를 제공하는 정부기관이 서비스의 기준과 내용, 이를 제공받을 수 있는 절차와 방법, 잘못된서비스에 대해 이를 시정하고 보상받을 수 있도록 하는 헌장을 제정하여 공포하고, 그 실천을 약속하는 고객 지향의 제도다. 중국은 사회 서비스 승낙 제도를 1994년 산둥(山東)성 옌타이(煙台)시에서 시범적으로 도입했으며, 중앙정부도 1995년부터 옌타이의 경험을 전국적으로 확산시키기 시작했고, 당시 건설부는 전국 36개 대도시에서 서비스 승낙 제도를 시행했다(Foster 2006; 範柏乃 2007, 67).[10]

2) 신공공관리 행정개혁의 확산 과정

중국은 공산당 제14대에서 본격적인 시장경제 체제의 확립을 선언했지만, 당시에는 여전히 시장경제에 대한 완전한 청사진이 마련되어 있지 않았다. 따라서 정부 영역과 직접 관련된 재정, 금융, 투자, 가격, 대외무역 등 경

....

10) 이 제도가 전국에 성공적으로 확산되지는 못했지만, 단순히 사라지지는 않고 2000년대에 정무 공개(政務公開) 운동으로 흡수되었다(Foster 2006, 239-240; Yang 2004, 150-185). 이는 중국의 기존 당정 체제가 상당히 폐쇄적인 관료 체제였기 때문에 민간 영역에서 기관 업무를 적절하게 평가하기 위해서는 논리적으로 업무의 공개성이 전제되어야 했기 때문이다.

제체제에 대한 개혁이 미비하여 행정개혁이 계획경제의 제약을 강하게 받을 수밖에 없었다. 그러나 공산당 제15대의 개최는 시장화 개혁이 보다 진전되고, 행정 영역에서도 시장 친화적인 신공공관리 개혁이 더욱 확산되는 계기가 되었다. 특히 행정개혁의 확산은 주룽지(朱鎔基) 총리에 의해 주도되었는데, 그는 전반적인 경제 여건이 어려운 가운데서도 경제의 연착륙과 동시에 방대한 행정개혁을 성공적으로 추진한 지도자로 평가받는다. 주룽지 내각이 출범 시의 기자회견에서부터 적극적으로 밝힌 개혁 과제의 핵심 내용은 3년여에 걸쳐 국유 기업, 금융 체제, 정부 기구에 이르는 3대 개혁 과제를 완성(到位)한다는 것이었다.

먼저, 조직 개편과 관련된 정부 기구의 축소는 주룽지 내각이 중점을 둔 3대 개혁 과제의 하나로서 개혁·개방 이후 진행된 수차례의 개혁 가운데 가장 방대한 규모였다.11) 이러한 개혁을 거쳐 계획경제의 제도적 유산인 산업 관련 부서들이 전면 철폐되거나 국가경제무역위원회 산하의 국(局)으로 편입되었으며, 이는 비로소 시장경제에 부합한 행정 체제의 확립을 가능하게 했다. 그리고 잠정 보류되었던 기구들도 3년의 과도기를 거쳐 전면 철폐됨으로써 시장 행위에 직접 개입하던 정부 기구는 완전히 사라지게 되었다. 뿐만 아니라 이들 부서가 관할하던 고등교육, 과학 연구 등과 관련된 사업 조직들도 대부분 지방정부로의 이관, 기업 형태로의 전환 등을 통해 정부와의 관계를 청산했다. 당시 개혁 지도부가 기구 개혁에 대해 신공공관리와 관련된 구체적인 수사(rhetoric)를 동원하지는 않았지만, 개혁의 실질적인 내용은 결국 신공공관리가 지향하는 바와 동일한 맥락이었다. 이는 개혁의 논리가

....

11) 이를 개괄하면 7개 부(部)가 국급(局級)으로, 2개 위원회가 부급(部級)으로 격하되고, 2개 위원회의 철폐, 1개 부의 회사화, 2개 부의 병합, 3개 총공사의 국급 격하, 그리고 4개 부·위원회를 개편하는 등 각 부·위원회를 40개에서 29개로 축소하는 규모였으며, 목표로 하는 국무원 인원 감축은 50%에 달했다(羅幹 1998).

시장화에 따른 정부 기능의 전환과 관련될 뿐 아니라, 재정의 효율성이 떨어지기 때문에(吃飯財政) 비대한 정부 체제의 축소가 필요하다는 주장에서 잘 드러난다.

둘째, 공공 영역 민영화는 3대 개혁 과제 중 하나였던 국유 기업 개혁의 결과이며, 기구 개혁의 원칙이 정부-기업의 분리에 있었기 때문에 이 양자는 상호 유기적으로 연계되었다. 국유 기업 개혁과 관련해 라우(Lau 1999)는 공산당 제14대가 사유화를 개혁 아젠다로 제시하는 데 그쳤다면, 제15대는 사유화가 국유 기업 개혁의 새로운 이정표(milestone)가 되었다고 주장한다. 즉 중국은 14대에서도 주식제로의 전환과 소규모 기업의 사유화 원칙을 제시했지만 시범적인 수준에 머물렀고, 본격적인 개혁은 15대에 이르러 광범위하게 이루어졌다. 15대에서는 이데올로기적 측면에서도 공유제 실현 방식의 다양화라는 논리를 통해 민간 자본을 국유 기업으로 본격적으로 끌어들이기 시작했고, 대대적인 사유화는 특히 지방정부를 중심으로 활발하게 진행되었다. 가령 국유 기업에 대한 매각이나 임대 등을 통해 1997년 초 산둥, 광둥(廣東), 푸젠(福建) 등지에서는 소형 국유 기업의 70%, 쓰촨의 경우 50%가 사유화되었다. 그리고 산둥의 주청(諸城)시, 광둥의 순더(順德)시, 허난(河南)의 상치우(商丘)시 등은 더 이상 국유 기업이 존재하지 않게 되었고, 많은 지방정부들은 중앙의 정책에 따라 국유 기업을 설립하지 않을 것을 선언하기도 했다(Lau 1999, 60).

셋째, 규제 개혁이 본격적인 개혁 아젠다로 제시된 것은 상술한 개혁 과제들보다 늦었지만 실질적인 개혁 내용은 그에 못지않게 대대적이었다. 중국의 규제 개혁은 WTO 가입이 중요한 동인으로 작용했으며, 이를 총괄한 리란칭(李嵐淸 2001) 부총리는 WTO 가입에 따른 사후 조치 가운데 규제 개혁이 가장 시급한 과제임을 지적한 바 있다. 그러나 중국은 WTO 가입 이전에 이미 광범위한 사전 정비 작업과 개혁 추진을 위한 조직적·법률적 체계를 갖추기 시작했다. 먼저 WTO 가입의 사전 정비 작업을 위해 대외 경제 법률, 행정 법규, 다자간 통상조약과 협정 등을 전면적으로 검토했으며, 이를 통해 2001년 10월 국무원(國務院 2001a)은 2000년 말 이전에 공포한 행정 법규 756건 중 71건을 폐지하고 80건의 효력 정지를 선언했다. 한편 통합적 규제 개혁을 위해서는 2000년에 70개 부서에서 전체 2,854개 항목을 규제 사항으로 규정하여 이를 단계적으로 철폐했으며(何勇 2001), 2001년 9월 '행정 인허가 제도 개혁 업무 영도 소조'를 조직하고, 규제 개혁 기본법 성격의 "행정 인허가 제도 개혁 업무에 관한 실시 의견"을 반포했다(國務院 2001b).[12]

이처럼 조직 개편, 민영화, 규제 개혁 등 축소 지향의 신공공관리 개혁이 중국에서도 15대 기간에 폭넓게 확산되었다. 신공공관리 개혁은 단순히 낡고 비능률적인 공공 영역을 개혁하는 정부 재창조의 의미뿐 아니라, 국가의 경계를 넘나들면서 보다 자유로운 자본의 이동, 규제의 완화를 요구하는 급성장한 국제 자본의 이해관계를 반영한 것이기도 하다(이영철 2003, 60). 이러한 이유로 신공공관리가 세계적으로 빠르게 확산되었으며, 중국도 그 흐름에서 완전히 빗겨 갈 수는 없었다. 특히 중국의 경우 대내적으로 경제체제의 전환이 가속화됨에 따라 시장 이데올로기가 정부 영역에 본격적으로 파급되었고, 대외적으로는 WTO 가입 과정에서 서구 국가들의 개혁 요구, 동아시아 금융 위기에 따른 주변 국가들의 개혁 경험에 대한 학습 등도 개혁 지도부에 많은 영향을 미쳤을 것이다. 그렇지만 중국의 행정개혁은 상술한 축소 지향의 개혁이 이념적 논쟁을 초래할 수 있다는 점에서 서구 국가의 개혁 논리와 경험을 무비판적으로 수용하기보다 중국의 특수성을 강조했으며,

····················

12) 이에 따른 실제적인 규제 철폐가 중앙정부 차원에서는 제16대 이후인 2002년, 2003년, 2004년에 걸쳐 연이어 대규모로 추진된 바 있다(國務院行政審批制度改革工作領導小組辦公室 2003; 정해용 2007a).

축소 지향의 개혁을 명시적으로 언급하지는 않았다는 점에서 차이가 난다.

다음으로 기업가적 정부의 지향이라는 측면에서 중국은 신공공관리 개혁을 보다 적극적으로 수용했으며, 이는 시장 체제로의 전환이 일단락됨에 따라 서구의 공공 관리 혁신 수단을 폭넓게 도입하여 정부 운영의 효율성을 제고하는 것이 무엇보다 필요했기 때문이었다. 특히 중앙 지도부는 1998년 기구 개혁이 일정 정도 진척된 이후 통치 기반의 안정을 위한 반부패 투쟁을 적극적으로 전개하면서 인사관리, 행정 규제, 재정 예산 등의 영역에서 부패가 가장 쉽게 발생할 수 있다는 인식에 따라 이러한 영역에 대한 신공공관리 개혁을 가속화했다(丁茂戰 2006, 130). 그 사례를 개략적으로 보면 인사관리 영역에서는 시장주의에 바탕을 두고 경쟁 시스템의 도입을 위해 경쟁 보직(競爭上崗)이나 공개 선발(公開選拔) 제도를 추진했고, 규제 영역에서는 상술한 행정 인허가 항목의 축소 외에도 행정 서비스 센터(行政服務中心) 설립과 원-스톱 형태의 대민 서비스 제공을, 재정 예산 영역은 각 부처의 예산권을 취소하여 재정 예산 권력을 재정 부문으로 집중시키며, 예산 수지에 대한 집중적이고 투명한 관리를 진행하는 등의 개혁을 추진했다.

그 중 인사관리 영역의 개혁을 부언하면, 중국은 1993년 공무원 제도 도입 이후 1급에서 15급의 공무원 직급 가운데 9급의 처장 아래 공무원은 일반인을 대상으로 공개 시험을 거쳐 선발했으며, 처장급 이상은 종전의 승진 방식을 통한 폐쇄형 임용 체제를 유지했다. 그러나 공무원의 부패와 타성을 극복하고, 경쟁 분위기를 제고시키며, 유능한 인재를 발탁하고, 무능한 인재를 퇴출할 수 있는 인사관리 체제를 확립하기 위해 처장급 이상의 직위에 대해서도 경쟁 보직 제도를 시행했다. 이 제도는 각 지방별로 탐색적인 실험을 통해 1997년의 우선 개혁 과제로 설정했으며, 1년여의 준비를 거쳐 1998년에 규정을 마련했다(中共中央組織部·中華人民共和國人事部 1998).[13] 중국에서 경쟁 보직 제도가 내부 충원에 제한된 반면, 민간의 우수 인재를 적극적으로 충원한다는 점에서, 한국의 개방형 임용과 유사한 제도는 공개 선발 제도다. 이 제도 역시 각지의 경험을 바탕으로 중앙 당국이 1999년 적용 범위와 절차 등에 관한 규정을 하달했고(中共中央組織部 1999), 이후 비공산당원, 여성, 소수민족에 대한 할당 제도도 도입했다.[14]

3) 신공공관리 행정개혁의 진화 과정

중국 공산당 3세대 지도부의 전반적인 개혁 목표가 사회주의 시장 체제의 구축에 있었다면 공산당 제16대 이후 후진타오 중심의 제4세대 지도부는 사회주의 조화 사회(社會主義和諧社會) 건설을 중요한 지도 이념으로 삼았다. 이는 1978년 개혁·개방 이래 덩샤오핑의 선부론(先富論)에 입각한 발전 전략이 중국의 비약적인 경제성장을 가능하게 했지만, 그에 못지않게 사회 전반의 불균형과 다양한 체제 내적 모순을 초래했다는 반성에 따른 새로운 패러다임의 전환이었다. 이에 따라 새 지도부는 시장경제의 지속적인 발전을 위해 도시와 농촌, 연해와 내륙, 경제 사회적 관계, 사람과 자연, 국내 발전과 대외 개방 등 제반 요인을 통합적으로 고려할 이념적 기반으로 '조화 사회론'을 제기하게 된 것이다. 이러한 조화 사회론의 제기는 행정개혁에서도 기존의 시장

---

13) 경쟁 보직제는 2000년 상반기까지 전국 29개 성급 행정단위의 부청장, 부국장급 이하 중견간부들에 대해 실시했고, 산둥·안후이(安徽)·후베이(湖北) 지역은 성(省)·시(市)·현(縣)·향(鄕) 4 단계의 모든 지방정부에 전면 실시했으며, 전국적으로 약 10만 개 직위에 경쟁 보직제가 적용되었다(朱慶芳·張成福 2000, 1417).

14) 공개 선발은 대부분의 성급 단위에서 보편적으로 시행되어 1995년에서 2000년 사이 약 7백여 개 국장급 직위, 7천5백여 개 처장급 직위, 12만여 개 과급 간부가 공개 선발되었으며, 그 과정에서 산시(陝西)성은 거주지와 개인 당안(檔案)에 대한 요구를 폐지했고, 선전(深圳) 시와 허베이(河北) 성에서는 2001년 해외 거주자에 대한 공개 선발을 시작했다(Chan 2003, 409-410).

화에 따른 정부 기능의 전환이나 효율적 정부 운영을 중시하는 것에서 벗어나 좀 더 적극적인 정부 역할을 강조하는 계기가 되었다(楊雪冬 2008).

신공공관리 측면에서 16대 이후 중국의 행정개혁을 살펴보면, 첫째 작은 정부와 관련된 조직 개편은 개혁·개방 이후 수차례의 개혁 가운데 축소 규모가 가장 작았으며, 더 이상 기구 규모가 쟁점으로 부각되지는 않았다. 당국이 언급한 전반적인 기구 개혁 목표는 여전히 정부 기능의 전환에 있었지만, 이는 예전처럼 정부 기능의 시장 이전이 아니라 오히려 일부 규제 기관에 대한 기능 강화가 강조되었다. 둘째, 사유화와 관련해서는 정부 내 국유자산감독관리위원회를 새로 설치하여 과거 분산되었던 국유 기업 관리 기능을 통합했으며, 이를 통해 15대 이후 확대된 사유화 개혁이 좀 더 안정적이고 규범적으로 진행되었다. 그럼에도 불구하고 국유 자산 유실과 개혁의 불공정성 등의 문제가 중국 사회에서 커다란 논쟁을 불러일으켜 개혁에 대한 일정한 반성과 중간 점검의 계기가 만들어졌다.15) 셋째, 규제 개혁과 관련해서는 예전처럼 경제 영역의 탈규제가 여전히 추진되었지만, 다양한 영역의 규제 강화 조치가 활성화되었다는 점에서 많은 변화가 있었다.

다음으로 기업가적 정부와 관련해서도 기존에 시장 논리와 효율성을 중시하던 관리주의적 개혁 동력이 상당히 약화되었다. 이러한 사례로는 1990년대의 대대적인 기구 개편 이후 중요한 개혁 과제로 대두되었던 '행정 삼분제'(行政三分制) 개혁의 유보에서 찾을 수 있다. 행정 삼분제는 각 정부 부서의 업무를 정책의 결정·집행·감독이라는 세 영역으로 나누고, 최종적으로 집행 기능을 시장화해 조직의 효율성을 높이고자 하는 개혁 방안이었다. 이는 행정 체제를 시장 논리에 맞추는 전형적인 신공공관리 개혁 모형에 근거하

· · · · · · · · · · · · · · · · · · · ·

15) 이와 관련된 논쟁은 이른바 2004년 '랑셴핑(郎咸平) 논쟁'을 통해 심도 있게 전개되었으며, 자세한 내용은 서석홍(2008)을 참고할 수 있음.

며, 영국의 대처 정부가 추진한 '책임 집행 기관'(Next Step Agency)에서 정책 아이디어를 원용했다. 선전(深圳)에서 실험을 거친 행정 삼분제는 개혁에 저항하는 세력에 의해 좌절된 것으로 평가되지만(조영남 2008), 이는 단순히 이해관계의 상충에 따른 개혁의 좌절이라기보다 의도된 개혁의 유보로 파악될 수 있다. 즉 1990년대의 기구 개편이 경제체제의 시장화 과정에서 불가피한 측면이 있었으나, 중국이 영미계 국가들의 조직 설계 모형을 전격 도입하기에는 아직 제도적 여건이 충분하지 못하다는 판단이 작용했을 것이다.

인사관리 영역에서도 신공공관리적 개혁 수단들이 제도화 과정에 있기는 하지만 중국의 고유한 인사관리 원칙이 더욱 강하게 관철된다는 점에서 서구 국가와는 다른 개혁 경로를 걷고 있다. 중국은 1993년 〈국가공무원조례〉를 통해 공무원 제도를 처음 시행했으며, 더욱 규범화된 법률 체계를 확립하기 위해 2001년부터 준비하여 2005년에 〈공무원법〉을 통과시키기에 이르렀다. 〈공무원법〉은 과거 십여 년 동안의 개혁을 통해 확보한 새로운 경험들을 포함시켰으며, 공무원 선발에서 정보의 공개와 업무의 투명성 제고, 기회의 균등과 경쟁의 강화를 실현하고자 했고, 나아가 공무원 집단의 질적 수준을 제고하기 위해 성과주의 인사 제도를 확대했다. 즉 중국의 인사제도에는 서구의 신공공관리적 인사관리 수단이 많이 제도화되었지만, 한편으로 중국의 고유한 정치제도에서 비롯된 특징들이 강화되었다는 점에서 서구의 공무원 제도와는 근본적인 차이를 드러내었다. 즉 중국의 공무원 제도는 '당의 간부 관리 원칙'(黨管幹部原則)을 강하게 관철시키고 있으며, 이에 따라 예전과 달리 공무원의 범위에 당무에 종사하는 공산당원까지 포함시켰다(정해용 2007b).

이처럼 중국은 16대 이후 체제 전반의 지도 이념이 조화 사회론과 신발전관으로 전환되었듯이, 공공 행정의 발전 방향도 시장 논리와 효율 지상주의에 경도되는 것이 아니라 새로운 지향점을 활발히 모색하고 있다. 즉 중국의 행정개혁 목표가 과거 경제체제의 시장화에 적응하려는 단일한 목표에서 벗어나 좀 더 다원화된 목표로 전환되었으며, 이는 16대 이후의 행정개혁 목표인 '효율·민주·법치·서비스형 정부'(高效·民主·法治·服務性政府)라는 표현에서도 잘 드러난다.16) 그 가운데 기존의 행정개혁에서도 효율적인 정부, 행정의 민주화와 법치 행정(依法行政)이라는 목표가 꾸준히 제기된 데 비해, '서비스형 정부'라는 목표는 후진타오 시기에 새롭게 부각되었으며, 최근 중국 공공 행정에 대한 화두는 단연 이 주제에 집중되고 있다. 서비스형 정부의 추구는 공공서비스의 부족이 중국 정부가 당면한 가장 중요한 문제임을 직시한 결과이며, 공공서비스의 확대는 필연적으로 축소 지향적 정부와는 대립되는 논리이기도 하다. 즉 과거 계획경제가 부족의 경제였으며, 시장화 개혁을 통해 상품의 공급은 수요를 초과하게 되었지만, 공공재(公共品)로서의 공공서비스는 여전히 공급 부족에 처해 있다는 점에서 새로운 정부 개혁의 방향성을 찾고 있는 것이다(張德新 等 2003, 107).

그동안 중국의 공공 행정은 시장 체제에 적응하기 위해 많은 정부 기능을 시장으로 이전했지만 여전히 미진한 부분이 존재하고, 앞으로도 이는 신공공관리 개혁 논리를 일정 정도 필요로 하는 근거가 될 것이다. 그러나 중국의 지도부는 정부가 예전처럼 무엇을 하지 말아야 할지의 관점보다 그동안 정부가 제대로 하지 못한 일이 무엇인지 찾아야 한다는 새로운 개혁 논리를 제시하고 있다. 이는 세계적으로 최근까지 시장 논리를 중시하던 신공공관리가 확산되어 공공성(publicness) 담론이 쇠퇴함에 따라 서구 각국들이 공공성을

16) 공산당 제17차 2중 전회에서 통과된 "행정 관리 체제 개혁의 심화에 관한 의견"(關於深化行政管理體制改革的意見, 2008. 2. 27)에서는 다시 행정개혁의 목표를 '서비스 정부, 책임 정부, 법치 정부, 청렴 정부(服務政府·責任政府·法治政府·廉潔政府)로 표현하여 서비스 정부를 가장 중요한 목표로 제시했다.

재인식하려는 노력과도 일치하고 있다. 공공 영역은 효용과 경쟁 논리를 우선시하는 시장 영역과는 차별되어야 하며, 지배 엘리트의 통제를 받고 그들이 권력을 독점하는 전통적인 정부 영역과도 동일시될 수 없는 것이다. 이에 따라 공공성의 위기를 극복하기 위해 공사 구분에 대한 이론적 재검토, 취약 계층에 대한 정책적 배려와 기회 제공, 막연한 시장 우월론에 대한 반성, 자율성과 책임성의 조화를 추구하는 조직 재설계, 공공 영역에 대한 불필요한 비판의 자제 등이 강조되고 있다(Haque 2001; 김정렬·한인섭 2008, 24-26).

그러나 이러한 방향성의 전환에도 불구하고 향후 중국의 행정개혁이 긍정적인 경로로 진화할지는 여전히 불확실하다. 이는 기존에 시장화 개혁 과정에서 필요로 했던 신공공관리 개혁이 중국 현실에서 충분히 착근되었는지 의문이며, 새로운 진화의 방향이 권위주의적 행정 체제로 회귀될 수도 있기 때문이다. 그동안 진행된 중국의 공공 행정 개혁에 대해 긍정적인 평가도 존재하지만(Ma 2007), 중국의 개혁이 갖는 특수성에 따른 비판적인 시각도 적지 않다. 찬과 쵸우(Chan & Chow 2007)에 따르면 중국의 행정 구조는 다른 국가들과 다른 특수한 조건을 가지는데, 그 중 '헌법적 메타 정책'(constitutional metapolicy)은 공공 행정을 당의 리더십과 통일적 명령 체계를 갖도록 요구하기 때문에 행정개혁이 오히려 권위주의적 당 지배 체제로 회귀될 수 있음을 지적한다. 당의 간부 관리 원칙이나 동료 의식에 기초하는 당성(黨性) 등의 '실질적 메타 정책'(substantive metapolicy)도 변화에 대한 관용적 태도를 통해 모호성을 증대시키고 법치를 약화시킬 수 있음을 시사한다. 또한 중국 관료들은 권위에 대한 복종이라는 그들만의 '암묵적 지식'에 따라 행동하기 때문에 개혁 의도에 대한 충실한 지지에도 불구하고 이를 창조적으로 해석하고, 개혁 지도부가 다양한 개혁 수단을 도입하더라도 그것이 형식에 그칠 가능성이 높다고 말한다.

5. 맺음말

지금까지 한국과 중국에서 신공공관리 행정개혁이 진행된 과정을 도입·확산·진화의 단계로 구분하여 비교 분석했다. 한국은 발전 국가의 위기 이후 신자유주의의 세계화에 편승하여 행정개혁에서도 정부 영역을 축소하고 기업가적 패러다임에 근거하는 신공공관리 개혁을 도입하기 시작했다. 그후 김대중 정부시기에 IMF 금융 위기에 따른 국내외적 개혁 압력으로 신공공관리 개혁이 전 방위로 확산되었으며, 노무현 정부에 들어서는 기존의 작은 정부는 지양되었지만 행정조직의 관리적 측면에서는 여전히 신공공관리에 근거한 개혁이 지속되는 특징을 보였다. 반면 중국은 경제체제의 전환 과정에서 1980년대의 이행기를 거쳐 본격적인 시장화가 추진된 공산당 제14대 이후 행정개혁이 중요한 개혁 의제로 등장했으며, 이때부터 신공공관리에 친화적인 방향으로 개혁이 진행되었다. 공산당 제15대에서는 작은 정부와 관련된 다양한 개혁이 확산되었으며, 행정조직의 관리적 측면에서도 신공공관리 개혁이 광범위하게 추진되었다. 그러나 제16대 이후 공산당 지도부의 통치 이념이 기존의 시장 논리에 근거한 발전 전략에서 조화 사회 건설이라는 새로운 이념으로 전환됨에 따라 공공 행정 영역도 작은 정부의 추구에서 벗어나 새로운 개혁 논리를 모색하고 있다.

이 글은 신공공관리라는 측면에서 한·중 행정개혁에 대한 비교 연구를 시도했지만, 양국에서 공공 행정이 어떠한 방향으로 진화하고 있는지 심도 있는 연구로는 나아가지 못했다. 그러나 신공공관리의 대안적 방향이 무엇인지를 떠나 오늘날 신자유주의의 세계화로 인해 초래된 경제 위기의 일상화나 환경과 에너지, 사회적 규제의 미비 등에 따라 사회가 다양한 위험에 노출된 상태에서 축소 지향적 정부 개혁이 갖는 한계는 분명하다. 즉 작은 정부가 지나치게 옹호되어서는 안 되며, 오히려 공공 영역의 역할에 관한 각 국 실정에 맞는 진지한 모색이 필요하다. 가령 서구 국가에서 신자유주의의 대안으로 등장했던 제3의 길이 정부가 반드시 각종 사회 서비스를 직접 공급하지는 않지만 그것을 보증하고, 이를 위해 과거 '재정에 의한 복지주의'(fiscal welfarism)에서 '법적인 복지주의'(legal welfarism)로 전환을 주장하는 것도 같은 맥락에서 이해될 수 있다(김수행 외 2006, 69). 그리고 기업가적 패러다임에 근거한 그동안의 신공공관리 행정개혁이 전문성과 자율성에 기반한 전통적인 관료제 모형을 부정하고 효율 지상의 시장 논리에 천착했는데, 무릇 효율성은 민주적 거버넌스가 전제된 효율성이 되어야 할 것이다.

참고문헌

김근세·권순정. 1997. "작은 정부? : 김영삼 행정부의 정부 규모에 대한 실증 분석." 『한국행정학보』 31/3, pp. 275-293.

김근세. 2005. "김대중 행정부의 정부 규모에 관한 실증 분석." 『행정논총』 43/2, pp. 33-61.

김도희. 2006. "한국의 중국 연구: 시각과 쟁점." 『동아연구』 50, pp. 55-88.

김수행·정병기·홍태영. 2006. 『제3의 길과 신자유주의』. 서울대학교 출판부.

김정렬. 2006. "발전 국가의 위기와 행정개혁의 진로: 한국형 신공공관리의 진화단계별 비교 분석." 『한국행정연구』 15/2, pp. 95-125.

김정렬 외. 2007. "신공공관리의 세계화와 경로의존적 진화: 독일 슈레더 정부의 행정현대화 사례를 중심으로." 『행정논총』 45/3, pp. 23-49.

김정렬·한인섭. 2008. 『행정개혁론: 국제비교와 실증분석』. 박영사.

김태룡. 2000. "한국 행정학에 있어서 기업가적 패러다임의 도입실태와 문제." 『한국사회와 행정연구』 11/1, pp. 81-96.

_____. 2004. "한국과 미국의 정부 개혁: 노무현 정부와 부시정부를 중심으로." 『한국사회와 행정연구』 15/2, pp. 97-126.

김태윤. 2003. "김대중 정부 규제 개혁의 평가와 과제: 규제 개혁 체계의 개선을 중심으로." 『규제연구』 12/1, pp. 3-34.

김관석. 2002. "차기정부의 개혁추진체계." 『정부 공공개혁의 비전과 과제』. 한국행정학회 세미나 발표논문.

서석흥. 2008. "2004년 중국 랑셴핑(郎咸平) 논쟁의 쟁점과 해석." 『동북아 문화연구』 14, pp. 403-430.

안병영·정무권. 2007. "민주주의, 평등, 그리고 행정: 한국행정 연구를 위한 이론적·경험적 함의를 찾아서." 『한국행정학보』 41/3, pp. 1-40.

양재진. 2002. "대통령제, 이원적 정통성, 그리고 행정부의 입법부 통제와 지배: 한국 행정 국가화 현상에 대한 함의를 중심으로." 『한국행정연구』 11/1, pp. 168-191.

이양호. 2005. 『China 2050 Project』. Hans & Lee.

이영철. 2003. "신공공관리의 이론적 비판: 원자화된 개인, 강력한 시장, 축소지향형 정부." 『정부학연구』 9/1, pp. 51-80.

이주선. 2001. "김대중 행정부 민영화정책: 평가와 시사점." 『규제연구』 10/2, pp. 123-147.

임도빈. 2003. "한국 신공공관리론적 개혁에 관한 비판적 고찰: 지방자치단체 행정서비스헌 장제 도입사례." 『한국행정논집』 15/1, pp. 1-23.

전성흥. 2007. "'중국모델'의 부상: 배경, 특징 및 의미."『중소연구』31/4, pp. 15-53.

정인화. 2000. "중국의 행정개혁과 정책정향: 당 우위의 절충형 행정개혁."『정부학연구』 6/2, pp. 155-183.

정정길 외. 2007.『작은 정부론』. 도서출판 부키.

정해용. 2007a. "시장 체제하의 중국의 정부규제 개혁: 추진체계와 규제 레짐의 성격분석을 중심으로."『중소연구』31/2, pp. 49-81.

_____. 2007b. "중국의 국가공무원제도 개혁: 2005년 〈공무원법〉 제정의 성과와 한계."『한국비교정부학보』11/2, pp. 1-30.

조영남. 2008. "중국 선전의 행정개혁 실험: '행정삼분제'의 시도와 좌절." 이일영 엮음,『경제특구 선전의 복합성: 窓과 거울』. 한신대학교 출판부.

주경일·김미나. 2006.『한국관료제 인사행정체제의 이해: 공직임용 제도 및 구조의 형성과 발전』. 경세원.

주재현·정윤수. 2000. "행정서비스헌장제의 정착을 위한 정책방향."『한국행정학보』34/1, pp. 245-264.

최병선. 1992.『정부규제론: 규제와 규제완화의 정치경제』. 법문사.

하연섭. 2006. "정책아이디어와 제도변화: 우리나라에서 신자유주의의 해석과 적용을 중심으로."『행정논총』44/4, pp. 1-27.

홍준형. 2000. "제도화된 행정국가와 법치주의."『행정논총』38/2, pp. 301-318.

鄧小平. 2004.『鄧小平文選(第3卷)』. 北京: 人民出版社.

丁茂戰 主編. 2006.『我國政府行政審批治理制度改革研究』. 北京: 中國經濟出版社.

範柏乃. 2007.『政府績效評估與管理』. 上海: 復旦大學出版社.

國務院. 2001a. "關於廢止2000年底以前發布的部分行政法規的決定." 10月 18日.

_____. 2001b. "批轉關於行政審批制度改革工作的實施意見的通知." 10月 18日.

國務院行政審批制度改革工作領導小組辦公室. 2003.『改革行政審批制度 推進政府職能轉變』. 北京: 中國方正出版社.

郭寶平. 1999. "行政改革理論和實踐的特點和誤區."『中國行政管理』. 第1期.

何勇. 2001. "在國務院行政審批制度改革工作電視電話會議上的講話." 10月 24日.

胡偉·王世雄. 1999. "構建面向現代化的政府權力: 中國行政體制改革理論研究."『政治學研究』. 第3期.

江澤民. 1992. "加快改革開放和現代化建設步伐 奪取有中國特色社會主義事業的更大勝利: 在中國共産黨第十四次全國代表大會上的報告." 10月 20日.

李嵐清. 2001. "在國務院行政審批制度改革工作領導小組第二次全體會議上的講話." 12月 4日.

羅幹. 1993. "關於國務院機構改革方案的說明: 在第八屆全國人民代表大會第一次會議上." 3月 16日.

_____. 1998. "關於國務院機構改革方案的說明: 在第九屆全國人民代表大會第一次會議上." 3月 5日.

倪吉祥. 1998. "工廠制與公司制: 國有制主體實現形式之比較." 『國有資産管理』第2號.

汝新 主編. 1998. 『"小政府大社會"的理論與實踐: 海南政治體制與社會體制改革研究』. 北京: 社會科學文獻出版社.

楊雪冬. 2008. "和諧社會建設中的中國政府創新一個初步評價." 俞可平 主編, 『和諧社會與政府創新』. 北京: 社會科學文獻出版社, pp. 1-28.

張德新·薄貴利·李軍鵬. 2003. 『中國政府改革的方向』. 北京: 人民出版社.

張國慶. 1994. 『當代中國行政管理體制改革論』. 長春: 吉林大學出版社.

趙紫陽. 1987. "沿著有中國特色的社會主義道路前進: 在中國共産黨第十三次全國代表大會上的報告." 10月 25日.

中共中央組織部. 1999. "關於進一步做好公開選拔領導幹部的通知." 3月 13日.

中共中央組織部·中華人民共和國人事部. 1998. "關於黨政機關推行競爭上崗的意見." 7月 23日.

朱慶芳·張成福 主編. 2000. 『領導幹部選拔任用工作實務(第三冊)』. 北京: 中國人事出版社.

Aberbach, J. D. & B. A. Rockman. 1987. Comparative Administration: Methods, Muddles and Models, *Administration and Society*, 18.

Baek, Seung-Wook. 2005. "Does China Follow 'The East Asian Development Model'?" *Journal of Contemporary Asia*, 35/4: 485-498.

Chan, Hon S. 2003. "The Civil Service under One Country, Two Systems: The Cases of Hong Kong and the People's Republic of China," *Public Administration Review*, 63/4: 405-417.

Chan, Hon S. & King W. Chow. 2007. "Public Management Policy and Practice in Western China: Metapolicy, Tacit Knowledge, and Implications for Management Innovation Transfer," *The American Review of Public Administration*, 37/4: 479-498.

Cheung, Anthony B. L. & Ian Scott eds. 2003. *Governance and Public Sector in Asia: Paradigm Shifts or Business as Usual*, London & New York: Routledge Curzon.

Derlien, Hans-Ulrich. 1992. Observations on the State of Comparative Administration

Research in Europe: Rather Comparable than Comparative, *Governance*, 5.

Durant, Robert. 2000. "Whither the Neoadministrative State? Toward a Polity-Centered Theory of Administrative Reform," *Journal of Public Administration Research and Theory*, 10/1: 79-109.

Ferlie, E., L. Ashburner, L. & Fitgerald, A. Pettigrew. 1996. *The New Public Management in Action*, Oxford: Oxford University Press.

Foster, Kenneth W. 2006. "Improving Municipal Governance in China: Yantai's Pathbreaking Experiment in Administrative Reform," *Modern China*, 32/2: 221-250.

Haque, M. Shamsul. 2001. "The Diminishing Publicness of Public Service under the Current Mode of Governance," *Public Administration Review*, 61/1: 65-82.

Lau W. K. 1999. "The 15th Congress of the Chinese Communist Party: Milestone in China's Privatization," *Capital & Class*, 68: 51-87.

Ma, Stephen K. 2007. "What Can We Learn from Recent Development in China's Public Administration?," *Public Administration Review*, 67/6: 1088-1091.

Minogue, M., C. Polidano & D. Hulme eds. 1998. *Beyond the New Public Management*, Chelenham: Edward Elgar Publishing Ltd.

OECD. 2000. *The OECD Review of Regulatory Reform in Korea*, Paris: OECD.

Tang, Ching-Ping. 2004. "When New Public Management Runs into Democratization: Taiwan's Public Administration in Transition," *Issues & Studies*, 40/3-4: 59-100.

Terry, Larry D. 1998. "Administrative Leadership, Neo-Managerialism, and the Public Management Movement," *Public Administration Review*, 58/3: 194-200.

Unger, Jonathan & Anita Chan. 1995. "China, Corporatism, and the East Asian Model," *The Australian Journal of Chinese Affairs*, 33: 29-53.

Yang, Dali. 2004. *Remaking the Chinese Leviathan: Market Transition and the Politics of Governance in China*, Stanford: Stanford University Press.